信睿知产名案系列

为红罐而辩

——加多宝与广药装潢纠纷
法律解析及代理实录

北京市信睿律师事务所◎组编

杨晓岩　闫文军◎主编

知识产权出版社
全国百佳图书出版单位

图书在版编目（CIP）数据

为红罐而辩：加多宝与广药装潢纠纷法律解析及代理实录 / 北京市信睿律师事务所组编. — 北京：知识产权出版社，2017.1（2017.6重印）

ISBN 978-7-5130-4574-2

Ⅰ.①为… Ⅱ.①北… Ⅲ.①商品包装—知识产权—民事纠纷—案例—中国 Ⅳ.①D923.405

中国版本图书馆 CIP 数据核字（2016）第 277667 号

内容简介

本书从诉讼代理人的视角出发，以红罐凉茶包装装潢纠纷的背景为铺垫，对案件代理过程中涉及的《反不正当竞争法》对知名商品特有包装装潢提供保护的法理基础、立法目的、保护的条件、保护范围与具体内容、商品包装装潢保护与商标保护的关系、装潢权益归属、如何认定构成擅自使用他人知名商品特有包装装潢的不正当竞争行为及其相应法律责任等理论与实务问题进行了探讨，同时涉及诉讼请求的变更、特殊情形下的指定管辖与合并审理、禁令制度的适用等程序相关的内容。在代理实录部分按照起诉、举证、答辩、上诉、法庭调查与辩论等不同诉讼阶段收录了相应法律文书，并将案件一审判决书作为附录，使读者对于应对诉讼的整体思路、法院审理案件的思路等有全面的了解。

本书可供研究商品包装装潢保护制度等知识产权法的学者、学生，处理类似纠纷的同业人员以及企业经营者和法务人员，关心本案争议的社会公众等参考，期望对读者有所助益。

责任编辑：李 潇		责任校对：谷 洋	
封面设计：张 冀		责任出版：刘译文	

为红罐而辩

——加多宝与广药装潢纠纷法律解析及代理实录

北京市信睿律师事务所 组编

杨晓岩 闫文军 主编

出版发行：知识产权出版社 有限责任公司		网 址：http://www.ipph.cn	
社 址：北京市海淀区西外太平庄 55 号		邮 编：100081	
责编电话：010-82000860 转 8133		责编邮箱：lixiao@cnipr.com	
发行电话：010-82000860 转 8101/8102		发行传真：010-82000893/82005070/82000270	
印 刷：北京科信印刷有限公司		经 销：各大网上书店、新华书店及相关专业书店	
开 本：787mm×1092mm 1/16		印 张：16	
版 次：2017 年 1 月第 1 版		印 次：2017 年 6 月第 2 次印刷	
字 数：260 千字		定 价：58.00 元	

ISBN 978-7-5130-4574-2

序

　　"怕上火"、经营者的成功营销和老少咸宜的口味，造就了凉茶饮料的迅速走红。凉茶产品从南方走向全国，从中国走向世界，成为饮料市场的重要组成部分。

　　市场扩大给经营者带来巨大的经济利益，经济利益带来市场的竞争，而知识产权是市场竞争的重要手段。中国凉茶市场的两大巨头——加多宝公司与广药集团曾是合作对象，合作终止后成为最主要的竞争对手。从 2012 年开始，双方在宣传中针锋相对，在法庭上唇枪舌剑，开始了一系列的知识产权诉讼，其中就凉茶包装装潢的"红罐"展开的诉讼尤为引人注目。这个被称为"中国包装装潢第一案"的"红罐之争"，被列为"2014 年中国十大最具研究价值知识产权裁判案例"。该案不仅在知识产权界引起广泛关注和讨论，也因涉案商品红罐凉茶的极高知名度，在社会公众中成为热议话题。

　　具有识别性的产品的包装装潢，可以得到商标法或反不正当竞争法的保护，是大多数国家的普遍做法。我国《反不正当竞争法》第五条也规定了对"知名商品特有的包装装潢"的保护。但很长时间以来，我国对"知名商品特有的包装装潢"保护的研究并不多，实践中产生的案例也比较少。"红罐"案引起了人们对"知名商品特有的包装装潢"的关注。通过该案，社会公众知道了知名商品特有的包装装潢也是知识产权保护的对象，并且具有很高的市场价值，进而加深了对"世界未来的竞争，就是知识产权的竞争"的理解和认识。可以说，该案对于在社会中普及知识产权知识、提高公众的知识产权意识具有一定的促进作用。与此同时，该案也引发了知识产权学界对于"知名商品特有的包装装潢"保护的研究热情。近三年来，专门针对"知名商品特有的包装装潢"的研讨会，甚至专门研究"红罐"案的研讨会，在全国各地举办了近十次，在全国报刊上发表的相关论文近百篇，还有一些硕士、博士研究生将这个问题作为毕业论文的选题。

从知识产权法研究的角度，"红罐"案提出了很多需要研究的问题。例如，《反不正当竞争法》对知名商品特有包装装潢提供保护的法理基础和立法目的是什么，知名商品特有包装装潢保护与商标保护的关系是什么，与知名商品特有包装装潢有关的权益受到《反不正当竞争法》保护的条件和范围是什么，《反不正当竞争法》保护的"知名商品特有包装装潢"的具体内容是什么，知名商品的包装装潢是否可以与其商标分离，知名商品包装装潢属于其商标权人还是实际经营者，如何认定假冒他人知名商品特有包装装潢的不正当竞争行为，假冒他人知名商品特有包装装潢的不正当竞争行为的相应法律责任是什么，等等。这些问题的研究，对于解决有关知名商品特有包装装潢保护的纠纷，完善我国反不正当竞争法律制度具有重要的意义。

北京市信睿律师事务所的律师，作为加多宝公司的代理人，掌握案件相关第一手资料，亲历案件审理全过程，以案件相关背景事实作为铺垫，结合其理论研究与代理实务，编写了本书。书中既有对凉茶历史和双方当事人从合作到诉讼过程的介绍，也有代理律师对本案相关问题的分析，同时还附有起诉书、上诉状、代理词等代理人向法院提交的文件，以及一审法院的判决书。虽然其分析不可避免地会站在其代理的当事人加多宝公司一方，但读者也可以由此了解诉讼代理人的办案思路。

本书对于研究"知名商品特有包装装潢"保护以及知识产权法的学者、学生，对于处理类似纠纷的从业人员，对于可能会遇到类似问题的企业经营者和法务人员，对于关心加多宝集团和广药集团相关争议的社会公众，都是一份值得研读的资料。

不正当竞争纠纷不仅仅牵涉案件双方当事人的利益，而且与广大消费者切身利益密切相关，对社会公众利益和市场经济秩序产生重要影响。希望本书的出版能够进一步促进对知名商品相关权益保护问题的研究和讨论，为知名商品特有包装装潢不正当竞争纠纷的有效解决，为我国知识产权法律制度的完善提供有益的素材。

李顺德

2016 年 4 月

前　言

随着知识产权在经济与科技发展中的作用日益增强，包括发达国家在内的许多国家都逐渐意识到未来的竞争从根本上可谓知识产权的竞争。而作为市场竞争主体的企业也纷纷执起法律武器保护作为核心竞争力的本企业自有知识产权。

商品包装装潢通过外显的形状、图案、色彩、文字等各个要素构成一个艺术整体，不仅能够传递商品信息、美化商品，而且在商品的宣传促销等方面发挥重要作用，为企业带来竞争优势。

恰是基于此，加多宝公司与广药集团对畅销市场近二十年的红罐凉茶商品的包装装潢展开了激烈争夺，即被称为"中国包装装潢第一案"的"红罐之争"。这场官司的硝烟已弥漫四年之久，尚未停歇。

北京市信睿律师事务所的律师作为加多宝公司的代理人，全程参与，并在代理过程中对涉及知名商品包装装潢保护制度的众多理论与实务问题进行了深入的研究和探讨，收集了国内外的部分案例进行比较分析，收获了一些研究心得和拙见，欲在本书中与大家共同分享讨论。

本书主要分为事实背景、法律分析和代理实录三大部分，由闫文军、杨晓岩、王瑞玲、王辉、白静文、陈庚、李潇执笔。

于此特别鸣谢中国社会科学院法学研究所研究员李顺德教授于百忙之中为本书作序！

期望通过本书，读者对我国知名商品包装装潢保护制度有所了解，同时为面临同类纠纷的读者提供应对思路参考。

目录

信睿知产
名案系列

为红罐而辩

——加多宝与广药装潢纠纷
法律解析及代理实录

第一部分

红罐凉茶包装装潢纠纷
之始末

第一部分

凉茶是我国中草药植物性饮料的通称，是中医药文化中的一个分支，是岭南饮食文化的重要组成部分，具有独特的文化底蕴。2005 年凉茶被列为广东省食品文化遗产，并于 2006 年 5 月入选国家级非物质文化遗产名录（第一批）[①]。凉茶文化中最具代表性的即凭借清热解暑、去湿生津之功效漂洋过海在世界各地的华人中流行 180 多年的广东凉茶，其中历史最为悠久的是被称为"药侠"的广东鹤山人王泽邦于 1828 年始创的王老吉凉茶。[②]

一、王老吉凉茶的产生

清道光年间，鹤山地区经济落后，人们生活困苦。王泽邦一家迁居广州谋生，时逢广州市疫症蔓延，土地失收，民不聊生。王泽邦为挽救病患市民，变卖仅有的家产，长途跋涉前往桂林寻找药材，制成凉茶，免费赠饮救助病人。市民十分感激，因此广为流传，远近驰名，很多人不惜远道而来，只为求一碗凉茶。后王家每日清早煲好凉茶用车推出城卖，以此为一家人生计。传言因当时邻居都习惯叫其乳名"阿吉"，故阿吉熬制的凉茶被称为"吉叔凉茶"，也有称为"王老吉凉茶"。1852 年，因民间传说吉叔凉茶能治疫病，文宗皇帝便召王泽邦入宫，专为文武百官煲制凉茶。半年后离开时得到皇帝赐赠白银五百两，且被封为太医院令。回乡后，王泽邦并未因有钱而放弃卖凉茶，于第二年倚仗太医院令的封衔在广州城中十三行靖远街开设了一间凉茶店，命名为"王老吉"。广州十三行是清代专做对外贸易的牙行，是清政府指定专营对外贸易的垄断机构，是特殊的对外开放区域，也是最为繁华的商贸中心。王家一家数口，分工合作，凉茶生意日渐蓬勃。

[①] 广东省文化厅公众服务网.当凉茶成为文化遗产［EB/OL］.（2006-6-30）［2015-12-15］.http://www.gdwht.gov.cn/plus/view.php?aid=12374.

[②] 本书第一部分一至四与王老吉凉茶发展历史相关内容主要参考：王健仪，创业垂统 [M]. 王老吉凉茶庄，1987。该书作者王健仪言明"部分有关'王老吉'故事之资料及插图乃由香港特别行政区政府新闻处及政府档案处提供。"

随着年事增高，晚年的王泽邦逐渐将凉茶业务交由王贵成、王贵祥、王贵发三个儿子分担，自己偶尔于店中巡视，大部分时间在镇南茶舍下棋聊天，安享晚年，于光绪九年病逝家中。

二、王老吉凉茶传人分家

三兄弟正式接管父亲事业后，尝试使用纸袋包装茶料发售，结果大受欢迎，并且渐渐有许多慕名而来的外地客商，使原本只做本地销售的凉茶产品销量大增。兄弟三人商量大量生产茶包，外销各地，因药料运输十分费时，计划于外埠开设店铺。当时靖远街祖铺生意稳定，经商量，由贵祥一人留在省城，另两兄弟往江苏开店兼做茶包。为避免利益冲突，三人将王家所有资产平分三份，三人各自发展。此时茶铺除挂有"王老吉"三字及葫芦唛商标外，墙上还挂有王泽邦的素描画像。

广州及江都生意非常兴隆，三兄弟也陆续将生意交给各自的儿子管理。王老吉第三代是辉煌的一代，尤其外销生意更是首屈一指。清末民初，大批中国人被卖到国外做苦力无疑是民族的悲剧，却为王老吉凉茶产品的传播提供了途径，因劳工出洋均携带王老吉凉茶包以备水土不服之需，因而使其流传于新大陆。又赶上南洋群岛发生大规模流行性感冒，很多病人饮用王老吉凉茶后恢复健康，故此王老吉驰名远播，凉茶业务逐渐扩展到美国、中国香港和澳门地区、东南亚、非洲、欧洲、美洲、大洋洲等国家和地区（梁启超赴美考察所著《新大陆游记》中有此记载）。

到了王家第三代，生意基础已打稳，只要动动脑筋，财源便滚滚而来。为了展现自己的才华，他们各自绞尽脑汁追求创新，他们的目标是要将王老吉凉茶推广到世界各地。当时不但在江都每一个角落可以见到王老吉的标志及广告，他们还将海报派往各埠。1897年，恒裕（贵发之子）一家为大展拳脚，集资在香港文武庙直街设店并在英政府注册。之后，贵成以长辈身份将家产划分，兄弟几人各自经营，并立下家约二十条，其中第四条订明："凡属王老吉子孙均能载办王老吉货物。"贵成一家人继续留在江都发展（即江苏成记）。贵祥与妻子随儿子于澳门注册速济堂祥记发展。贵发次子及三子接管贵祥在广州省铺的生意，自己与恒裕在港发展凉茶事业。

三、新中国成立以前的发展

1911 年，在香港一支以及在广州远恒济一支王老吉后人将葫芦招牌商标分别于港英政府和中华民国政府成功注册。1925 年，因工人、学生罢工罢课游行示威，王老吉省店生意大受打击，外销市场断绝，本销生意也成问题，省店被迫停业。此时，到处战乱，多处通商口岸被封，外埠客户全部由港店包揽，生意蒸蒸日上，王老吉茶庄更被邀前往英国伦敦中国产品展览会展出凉茶包。

1938 年，广州沦陷，王老吉省店老铺在激战中被日军焚毁，广州第四代继承人恒辉、恒端之子宝瑶、宝璋及远珍相继来香港营业，他们虽未在港设店，但将王老吉公孙父子图凉茶包分销给一些药行代售。1941 年，日军占领香港，到处人心恐惧难安，形同人间地狱，霍乱、疟疾流感等疫病蔓延，大小公私立医院人满为患。

王老吉后人遵照祖训，以济世为怀，大量分派凉茶给病患者，也减轻了医院的负担。大部分市民无法负担私家医生的费用，一旦遇上疾病便即时饮用一两杯凉茶，也有买备一些干料包存放家中留待不时之需。

1945 年，抗日战争胜利，日军投降。次年，广州王老吉在海珠中路逐渐恢复水碗凉茶点档生意。同年，香港发展港民自治计划，王老吉凉茶也恢复外销贸易，停顿了三年有余的外销订单纷纷涌至。鸭巴甸街正店门市生意兴隆，客似云来，每天出售的凉茶供不应求。1946～1947 年，王老吉凉茶相继于湾仔庄士敦道、九龙上海街、西营盘、皇后大道西开设四家分店，生意同样兴隆。

其后，有若干药行出售伪制王老吉凉茶，引致王老吉各店业务生意大受打击，王老吉后人一方面敬告各生意伙伴，一方面查缉假货，并聘用律师起诉售卖假货之商人，经数月追查，终将假货清尽并获赔款。

四、新中国成立以后的状况

澳门一支王老吉后人于第四代时因无法兼顾店业而将凉茶店结束，在港后人 1951 年于澳门觅得铺位重新开业。原本在港后人事业蒸蒸日上，然而 1959

年，在港的王老吉后人在与法商行的一次贸易中被骗，致使店铺被封，虽有伙计们支持与律师帮助，仍不得不卖断王老吉商标权。经过王老吉第四、第五代后人的共同努力，于1971年终于将"王老吉"商标收回王老吉后人手中。1975年王泽邦第五代玄孙王健仪与兄长共同从母亲手中接掌王老吉茶业，重新整顿凉茶事业，恢复声望，推广新产品"甘和茶""王老吉清凉茶"等，发展至全球市场，于42个国家和地区注册了王老吉商标。20世纪90年代初，王健仪与香港鸿道集团董事长陈鸿道经过协商达成协议，开始大力合作生产经营推广王老吉凉茶。

在此期间，新中国成立后，内地的王老吉产业于1956年公私合营中与嘉宝栈、常炯堂等八家企业合组"王老吉联合制药厂"，继续生产相关产品①。60年代中期又更名为"广州中药九厂"。改革开放后，于1982年更名为"广州羊城药厂"，并于1992年企业股份制改组完毕，"广州羊城药业股份有限公司"宣告成立。1996年广药集团正式成立，广州羊城药业股份有限公司为其核心控股子公司。

五、港资进入内地开启合作

1993年，第626155号"王老吉"商标（横匾状图案）在第32类无酒精饮料、固体饮料商品上核准注册，注册人为广州羊城滋补品厂，注册有效期自1993年1月20日至2003年1月19日止。1997年被核准转让至广药集团。

1993年，香港王老吉第五代后人王健仪女士以书面形式明确，将其高祖王泽邦创立凉茶祖方数款之一款由仙草、鸡蛋花、布渣叶、菊花、金银花、夏枯草、甘草共七味配制而成的秘方独家传授给陈鸿道永久专用，并准许鸿道集团及其在内地投资的公司生产上述祖传正方之凉茶。20世纪90年代初，鸿道集团与香港王老吉后人合作生产经营的红色纸包装清凉茶产品远销海外，广受好评。

其后，鸿道集团扩大生产经营范围，于1995年在内地投资设立东莞鸿道食品有限公司，全力发展凉茶事业。因广州羊城滋补品厂已于1993年在第32类上注册了第626155号王老吉商标，故鸿道集团（乙方）与时为商标注册人的广州

---

① 一罐凉茶的命运[J/OL].中国周刊，2013[2015-12-12].http：//www.chinaweekly.cn/bencandy.php?fid=84&id=6585.

羊城药业股份有限公司王老吉食品饮料分公司（甲方）经过友好协商，于1995年3月签订了商标使用许可合同，开启了合作的历程。该合同约定：

"1.甲方同意许可乙方独家使用第626155号注册商标的商品，限于乙方生产之红色纸包装清凉茶饮料。

2.甲方与乙方在各自生产的清凉茶商品上的所有包装图案和颜色均不得与另一方相同。

5.乙方向甲方支付每年商标使用费：第一年为人民币陆拾万元正，从第二年起每年比上年递增20%……

6.乙方使用上述商标有效期由1995年3月28日起至2003年1月止。期满后，甲方将给予乙方优先续约，期满前半年双方协商续约有关事宜。"

1995年9月，双方就前述商标使用许可合同签署了补充协议，被许可使用商品增加罐装包装形式。该补充协议约定：

"1.甲方同意许可乙方在罐装清凉茶饮料上有偿使用第626155号注册商标。

2.甲方与乙方在各自生产的清凉茶商品上的所有包装图案和颜色均不得与另一方相同。

5.乙方就罐装王老吉清凉茶饮料向甲方支付每年商标使用费：前三年每年支付人民币壹拾万元正，第四年支付甲方叁拾万元，以后每年比上年递增23%……

6.乙方使用上述商标有效期由1995年9月14日起至2003年1月止。期满后，甲方将给予乙方优先续约，期满前半年双方协商续约有关事宜。"

同年，由新灵印刷设计公司受陈鸿道委托设计的红色纸盒装、罐装凉茶饮料包装设计图版权转让与陈鸿道；陈鸿道分别在1995年（饮料盒标贴）、1996年（罐帖）向专利局申请并随后被授予了外观设计专利权。

东莞鸿道食品有限公司获外观设计专利权人陈鸿道许可使用前述外观设计专利生产凉茶产品，于1996年委托广东国际容器有限公司加工生产空罐，并实际使用生产经营罐装凉茶。

1997年2月13日，鸿道集团与羊城药业重新签订商标许可使用合同，进一步扩大合作范围。该合同约定：

"1.1 乙方有权在中华人民共和国境内在其生产或委托他人加工生产和销售的王老吉凉茶饮料和龟苓膏产品（被许可商品）上使用王老吉商标，乙方这项权利是专有的，独占的，'被许可商品'取用铁罐（或铝罐装）及瓶装。未经乙方书面同意，甲方不得再许可其他人在生产和销售的饮料及龟苓膏上使用王老吉商标。甲方只可保留生产和销售原已生产的用纸包装的王老吉清凉茶，但包装颜色不能取用红色，包装设计图案不得与乙方生产的'被许可商品'相同。

2.1 乙方向甲方支付使用费为：1997年贰佰万元人民币，1998年起每年支付贰佰伍拾万元人民币。

5.1 有效期：a. 本协议自双方签字之日起开始生效，至2011年12月31日止。b. 双方当事人一致同意并再次确认该商标许可使用将至少保证自签订本协议生效之日起十五年。

6.7 甲方同意在本协议有效期间不直接或间接在使用地区内生产和销售'被许可商品'。"

1997年，第626155号"王老吉"商标经国家商标局核准从广州羊城药业股份有限公司王老吉食品饮料分公司转让至广药集团，经核准续展注册，有效期至2023年1月19日。

1998年，鸿道集团设立全资子公司广东加多宝公司，继续大规模生产经营红罐凉茶。

2000年5月2日，广药集团与鸿道集团签订商标许可协议，协议约定：

"2.2 许可人授权被许可人生产及销售红色罐装及红色瓶装王老吉凉茶。

2.4 许可使用期限自2000年5月2日至2010年5月2日止。

2.6 许可人除本身及下属企业已生产及销售的绿色纸包装'王老吉'清凉茶外，许可人不得在第一条1.3使用商品类别，第32类商品（饮品类）在中国境内使用'王老吉'商标或授权第三者使用'王老吉'商标。"

2002年11月27日，广药集团与鸿道集团签订补充协议："将2000年商标许可协议的许可使用期限变更为20年，自2000年5月2日至2020年5月1日止；各年支付许可费用为……除上述条款变更内容外，其他条款内容不变，仍按照2000年5月2日双方签订的商标许可协议的规定执行。"

2003年6月10日，广药集团和鸿道集团就2000年许可协议和2002年补充协议备案有关事宜签署补充协议，约定："这一次备案申请中填报的终止日期止于第626155号'王老吉'商标续展注册有效期终止之日。第626155号'王老吉'

商标续展注册有效期满前六个月内，甲方应及时办理该注册商标的续展注册手续，以使该注册商标权利继续有效。在甲方完成第二条中规定的续展注册手续后，甲、乙双方应及时按照主合同及本补充协议之规定，再行办理第626155号'王老吉'商标的许可备案手续。在第626155号'王老吉'《商标许可协议》和《"王老吉"商标许可补充协议》有效期间，甲、乙双方办理该注册商标许可备案手续时，均应遵守第一条至第三条的规定，使得该注册商标在主合同有效期间始终保持权利的有效，亦始终保持《商标许可协议》和《"王老吉"商标许可补充协议》备案手续的合法。"

尽管"王老吉"这一字号创于180多年前，但随着19、20世纪中国所经历的历史动荡与社会变迁，其并未一直保有最初的生机活力与知名度。广东加多宝公司运营之初的经营状况并不乐观，2000年的净利润也仍然为负值。此后，凭借发展传承凉茶文化的美好愿景、经王泽邦后人授权的祖传秘方、良好的产品品质和经营者行之有效的营销宣传管理模式等，加多宝公司经营的红罐凉茶受到越来越多消费者的青睐与喜爱，产品的销量与知名度大幅提升，当然也同时招致同行业竞争者的仿冒"搭便车"行为。

2003年，广东加多宝公司为有效保护其红罐凉茶产品特有包装装潢，将三水华力饮料食品有限公司诉至法院，经佛山市中级人民法院初审和广东省高级人民法院终审认定，涉案罐装凉茶饮料为知名商品，广东加多宝公司对其使用的罐装凉茶饮料的装潢享有知名商品特有包装装潢权，并判令侵权者承担相应的法律责任。

自2003年起，广东加多宝公司斥资数亿元竞标获得中央电视台三个黄金时段标王广告播放权，启动"怕上火喝王老吉"的产品广告语宣传，且在此后长达十年时间在中央电视台不间断进行广告投放，为红罐凉茶产品知名度的进一步提升开创了良好的局面。

2006年，粤港澳多个品牌凉茶、秘方集体申遗成功，成为国务院颁布的首批国家级非物质文化遗产，意味着岭南凉茶文化得到世界文化遗产保护公约及我国有关法律的永久性保护。[①] 由广东加多宝公司提供的涉案红罐凉茶之秘方及专

---

① "凉茶始祖"王老吉成就中国第一品牌［EB/OL］.（2014-7-3）［2015-9-5］.http://www.gd.xinhuanet.com/newscenter/2014-07/03/c_1111443162.htm.

用术语位列其中获此殊荣。

2004～2007年，绍兴、北京、石狮、杭州、武汉等地的加多宝公司相继成立，同时经营红罐凉茶。加多宝各公司持续多年大力投入宣传，所经营的红罐凉茶凭借其优良品质连续多年占据全国罐装饮料市场销量首位，并获得政府、行业协会、消费者等各种组织机构的广泛好评和赞誉。承载于红罐王老吉凉茶产品上的王老吉品牌价值也有了巨大的提升，但这同时也为之后的合作破裂及引发的多起纠纷埋下了"伏笔"，这是加多宝公司始料未及的。

六、关系破裂引发纠纷

2010年11月，广药集团在多个媒体发布消息称广药集团"王老吉"品牌价值评估1080.15亿元，成为中国第一品牌。该数值来源于北京名牌资产评估有限公司出具的《"王老吉"品牌价值评估咨询报告》。但对该报告中"王老吉全球品牌资产占有方为广药集团、鸿道集团、香港王老吉三方共有，目前市场上的红罐王老吉是香港王氏后人提供配方由鸿道集团下属加多宝公司独家生产经营"的表述只字未提。

2011年4月，广药集团向中国国际经济贸易仲裁委员会提出仲裁申请，请求裁决前述2002年、2003年签订的补充协议无效。仲裁委员会于2012年5月9日裁决前述补充协议无效，鸿道集团停止使用"王老吉"商标。

鸿道集团收到裁决书后，加多宝公司停止使用王老吉商标，而使用加多宝商标继续生产经营红罐凉茶。

2012年2月，广州王老吉大健康产业有限公司成立；5月，广药集团授权大健康公司使用王老吉商标生产凉茶产品。6月3日，广药集团红罐王老吉凉茶在市场中推出。

2012年7月6日，广东加多宝公司、广药集团分别在北京、广东法院提出诉讼，指控对方侵犯自己享有的知名商品特有包装装潢权。

2012年12月22日，最高人民法院指定前述两案由广东省高级人民法院审理。

2013年2月18日，广东省高级人民法院就上述两案签发受理通知书〔（2013）粤高法民三初字第1、2号〕。

2013 年 3 月 29 日进行了诉中禁令听证程序。

2013 年 4 月 15 日组织双方交换证据。

2013 年 5 月 8 日进行质证。

2013 年 5 月 15 日公开开庭审理。

2014 年 12 月 12 日，广东高院作出一审判决，（2013）粤高法民三初字第 1 号案驳回广东加多宝的全部诉讼请求。（2013）粤高法民三初字第 2 号案支持了广药集团的诉讼请求，判定赔偿经济损失 1.5 亿元。

2014 年 12 月 26 日，广东加多宝公司就上述两案一审判决提交上诉状，上诉至最高人民法院。

2015 年 3 月 30 日，最高人民法院签发上诉案件受理通知书［（2015）民三终字第 2、3 号］。

2015 年 6 月 12 日、16 日进行公开开庭审理。

除涉案包装装潢纠纷外，双方就商标、广告宣传等引发的多起纠纷还处于司法程序中，有待解决。

第二部分

红罐包装装潢纠纷相关
法律问题分析

第二部分

在我国现行立法体系中，商品包装装潢相关权益并未如专利权、商标权、著作权等一样，以专门立法的形式予以保护，而是通过《反不正当竞争法》确立了对商品包装装潢相关权益的保护制度，并规定了较高的保护条件，即将知名商品特有包装装潢权益作为保护的客体。《反不正当竞争法》第五条规定："经营者不得采用下列不正当手段从事市场交易，损害竞争对手：……（二）擅自使用知名商品特有的名称、包装、装潢，或者使用与知名商品近似的名称、包装、装潢，造成和他人的知名商品相混淆，使购买者误认为是该知名商品。"

深入理解《反不正当竞争法》对于知名商品包装装潢的规定是确认权利归属、侵权纠纷的基础，以下将从理论分析出发，对代理本案过程中涉及的部分法律问题进行探讨交流。

一、知名商品特有包装装潢法律保护之比较研究和理论分析

在红罐案中，双方一致主张，作为凉茶包装装潢的红罐系知名商品特有的包装装潢，应受到《反不正当竞争法》的保护。而对于该包装装潢的权益归属和侵权认定，双方针锋相对，各执一词。为了分析本案中所争议的问题，我们需要在了解其他国家对知名商品特有包装装潢保护制度的基础上，从理论上对知名商品特有包装装潢保护的基本问题进行探讨。

（一）关于知名商品特有包装装潢保护的法律规定比较

我国《反不正当竞争法》所保护的"知名商品特有包装、装潢"，在国际公约以及很多国家法律和司法实践中也提供了保护，但是不同国家的保护制度不尽相同，了解各国的保护制度是对知名商品特有包装装潢制度进行理论探讨的基础。

1. 国际公约

《保护工业产权巴黎公约》第十条之二（3）第1项规定，"禁止不择手段地对竞争者的营业场所、商品或工商业活动造成混淆的所有行为。"该条是一条原则性的规定，但涉及的范围十分广泛，包括商品所使用的标记、品牌、包装、装潢、标语以及其他任何区别性标识。但是该条对于如何提供保护并没有更详细的规定。

2. 中国

我国的做法是在《反不正当竞争法》第五条中规定："经营者不得采用下列不正当手段从事市场交易，损害竞争对手：……（二）擅自使用知名商品特有的名称、包装、装潢，或者使用与知名商品近似的名称、包装、装潢，造成和他人的知名商品相混淆，使购买者误认为是该知名商品。"

最高人民法院2006年制定的《关于审理不正当竞争民事案件应用法律若干问题的解释》对上述规定的适用作了较为详细的解释。根据这一司法解释的规定，"知名商品"是指在中国境内具有一定的市场知名度，为相关公众所知悉的商品。

具有区别商品来源的显著特征的商品的名称、包装、装潢，应当认定为《反不正当竞争法》第五条第（二）项规定的"特有的名称、包装、装潢"。足以使相关公众对商品的来源产生误认，包括误认为与知名商品的经营者具有许可使用、关联企业关系等特定联系的，应当认定为《反不正当竞争法》第五条第（二）项规定的"造成和他人的知名商品相混淆，使购买者误认为是该知名商品"。在相同商品上使用相同或者视觉上基本无差别的商品名称、包装、装潢，应当视为足以造成和他人知名商品相混淆。认定与知名商品特有名称、包装、装潢相同或者近似，可以参照商标相同或者近似的判断原则和方法。

3. 美国

美国早期的反不正当竞争法中就有对于商品来源上仿冒行为的规制。1988年修订的《兰哈姆法》第43条第1款规定，在商业中使用的文字、术语、姓名、象征、设计或以上之组合，如果有可能就使用者与他人的从属、关联或联系，有可能就使用者商品或服务的来源、认可或批准，或者有可能就他人的商业活动，造成混淆、误导或欺骗，应当承担法律责任。其中的文字、术语、姓名、象征、设计包括了商标、商号和商品外观。[①] 商业外观包括商品的外观设计、商品包装和服务包装。根据上述规定，如果竞争者的行为违背了该条款，任何市场主体只要认为自己的利益有可能受到损害，都可以提起诉讼。利害关系人提起诉讼的时候，必须证明两个问题：一是自己拥有有效的权利，即自己通过对于相关商标、商号和商品外观的使用，已经具有了可以受到保护的商誉；二是有侵权事实的存在，即被告对于相关商标、商号和商品外观的使用，有可能在商品或服务的来源上造成混淆、误导或欺骗。在法院的审理中，判定未注册商标、商号和商品外观侵权标准与判定注册商标侵权的标准是一样的。[②] 1999 年修订的《兰哈姆法》第43 条第 1 款第 3 项增加了专门针对商业外观的规定："针对未在主簿注册上获得注册的商业外观，在依据本法提起的侵犯商业外观的民事诉讼中，主张商业外观保护的人有义务证明，寻求保护的商业外观是非功能性的。"

根据美国商标法和反不正当竞争法，能够获得商标保护的商业外观必须具有显著性，可以指示商品或者服务的来源。显著性包括内在显著性或通过市场上的使用而获得的显著性，即第二含义。就商业外观而言，第二含义是指产品的外观设计、商品包装或服务包装，通过市场上的使用，已经将商品或者服务与其提供者紧紧联系在一起。[③]

可见，在美国法律中，商品的包装装潢除了可以获得外观设计和注册商标的保护之外，也可以在未注册的情况下作为商业外观受到保护，受保护的条件是该包装装潢具有第二含义。

4. 日本

日本《反不正当竞争法》第 2 条第 1 款第 1 项将以下行为明确规定为不正当竞争行为："将他人广为消费者所知的对商品等的标志（指有关他人业务上的姓名、商号、商标、徽章，商品的容器或包装及其他对商品和经营的标志，以下同），作为相同或者类似的商品等的标志使用，或者将使用这种商品等标志的商品予以转让、交付，或者为转让、交付目的而展览，输出或输入，产生与他人商品或经

---

①② 李明德.美国知识产权法［M］.2 版.北京：法律出版社，2014：629.

③ 同①，833.

营混同的行为。"上述规定，将商品的包装装潢作为《反不正当竞争法》保护的客体。根据这一规定，商品的包装装潢受到《反不正当竞争法》保护的条件是：第一，周知性，即属于广为需求者所知商品的标志。可见，日本强调标志的知名度，而不是商品的知名度。对于周知性周知的范围，日本法院认为，只要在一定区域内被消费者广泛知晓，就可满足周知性的要件。[①] 第二，类似性。类似性包括两个方面的内容：一方面是指使用他人周知性标志的商品是相同或类似的商品；另一方面是在自己的商品上使用"他人广为消费者所知的对商品等的标志"，包括类似的标志。第三，混同的可能性。这里的混同，主要是指商品或服务出处上的混同。而出处上的混同又包括狭义的混同（即所谓商品或服务的出处的混同）和广义的混同（出处虽不同，但却让消费者误信不同的出处间存在某种关联性）。

5. 英国

英国以市场混淆为基础对商业外观进行保护，商品包装可以受禁止仿冒的法律保护。按照英国的判例，如果通过使用特殊的产品包装而使其获得了商誉，就可以禁止他人仿冒。例如，在 Reckitt 案[②] 中，原告销售的柠檬汁的包装是在大小、形状和颜色上均仿柠檬的塑料容器，被告使用了与原告非常类似的包装。法院认为，被告构成了对原告容器的仿冒行为。原因是，原告已成功地说服公众，该以判断柠檬形容器销售的柠檬汁是其制造的。可以看出，英国保护商品包装的前提是其已具有商誉，原告必须能够证明公众将商品包装作为识别商品或者服务的标识。[③]

6. 德国

德国最初是通过《反不正当竞争法》与《商标法》两部法律来保护知名商品特有的包装装潢权的。德国《反不正当竞争法》第 16 条规定："行为人在商业交易中使用姓名、商号或使用营业业务，工业企业或印刷品的专门标志，而使用方式足以与他人有权使用的姓名、商号或特别标志相混淆，可以对行为人请求停止使用。假如使用人已知或可以得知程度足以引起混淆，则应对受害人负损害赔

---

① 田村善之. 日本知识产权法 [M]. 4 版. 周超，等，译. 北京：知识产权出版社，2011：60.

② Reckitt 案，[1990] RPC 341, 406.

③ 孔祥俊. 商标与反不正当竞争法原理与判例 [M]. 北京：法律出版社，2009：776.

偿的责任。这些商业标志与其他用于区分这类业务与他类业务的、在所参与的交易范围内视为营利业务标志的特定设计都视同营利业务的特别标志。"上述规定包括了对包括商品包装装潢在内的商业外观的保护。德国《商标法》第 3 条规定的商标包括"把一个企业的商品或服务与另一个企业的商品或服务相区别"的标志，包括商业外观。德国 1994 年制定的《商标和其他标志保护法》明确规定受保护的客体包括商标、商业设计和地理标志三类。根据该法第 5 条对"其他标志"的解释，其他标志包括在商业过程中作为名称、商号或者工商业企业的特殊标志使用的标志，意图区别一企业，并在相关商业圈内被认为是一个商业企业的显著标志的商业标志和其他标志。[①]

7. 中国台湾地区

中国台湾地区对商品包装装潢的规定类似于日本的做法，其相关规定指明："事业就其营业所提供之商品或服务，不得有下列行为：以相关事业或消费者所普遍认知之他人姓名、商号或公司名称、商标、商品容器、包装、外观或其他显示他人商品之表征，为相同或类似之使用，致与他人商品混淆，或贩卖运送、输出或输入使用该项表征之商品者。"

通过上述介绍可以看出，商品的包装装潢在一定条件下可以受法律保护，但各个国家或地区采用的保护方式不尽相同，主要有商标保护和反不正当竞争保护两种模式。不管采用什么保护模式，在保护的条件和内容上并没有实质性的差别。但从表述看，我国的规定与其他国家或地区的规定有一个明显的区别。我国将"知名商品"作为包装装潢受保护的条件之一，其他国家或地区一般不考虑商品是否知名，而考虑标志的知名度。

（二）对知名商品特有包装装潢提供保护的法理基础和立法目的

1. 法理基础

保护知名商品特有包装装潢的法理基础是防止混淆理论。商品的包装装潢，原本是为了便于运输、摆设和储存，同时使产品更美观，更吸引消费者的注意。

---

① 罗传伟 . 商业外观保护的法律制度研究［M］. 北京：知识产权出版社，2011：157.

但如果该商品在市场上受到欢迎，消费者会希望重复购买这一商品。部分消费者可能会凭借对商品包装装潢的印象再选择购买。这时商品的包装装潢与其他商业外观一样，在一定条件下产生了识别性，成为消费者区别商品来源的标志，此时商品的包装装潢起到商标的作用。如果允许他人使用相同的包装装潢，难免会使消费者产生混淆，并使在先经营者的商誉受到损害。法律对商标的保护自然包括起识别作用的商品的包装装潢。

按照国际上的通行看法，商标权是对于商标及其所代表的商誉所享有的权利，而商标法和反不正当竞争法中的假冒之诉则是对于商标及其所代表的商誉提供保护的法律。[①] 就商标及其所代表的商誉而言，最根本的还是经营者通过使用技术保证产品的质量，通过经营方式保证商品或服务的质量，从而使得自己的商标、商号等标记具有稳定的和不断上升的价值。这些活动附加给标记的创造性不应被忽视。[②] 商标与商誉的关系是理解商标作为一种财产，商标权作为一种知识产权的关键。商标权不是就标记本身所享有的权利，而是就商标所代表的商誉享有的权利。制止不正当竞争的法律，起源于对于商业标识假冒的制止。商品商标、服务商标、商号和其他标记，与作品、发明、外观设计等一样，也属于智力成果。市场主体就这些商业标记所享有的权利，不是就标记本身所享有的权利，而是就标记所代表的商誉所享有的权利。商业标记所代表的商誉，是通过技术创新、广告宣传和营销创新等一系列创造性的智力活动而获得和增长的。[③]

因此，我们可以从保护商誉的角度理解法律对商品包装装潢的保护。对商誉保护的正当性和合理性不容置疑，而对商誉的保护包括对已经注册的标记的保护和对未注册的标记的保护。受保护的未注册标记，有时称为未注册商标，而商品的包装装潢就是其中之一。因此，从法理基础上讲，法律对商品包装装潢的保护与对未注册商标的保护是相同的，与注册商标的保护也是相同的：所有的区别性标记都是为了使得特定经营者的商品与服务特定化，区分此商品与彼商品。据此，当区别性标记成为经营者商誉的一部分时，法律应给予保护。当商品装潢能够区别商品来源防止混淆时，即应受到法律保护。

---

①③　李明德.商誉、商标和制止不正当竞争［M］//中国社会科学知识产权中心，中国知识产权培训中心.《商标法》修订中的若干问题.北京：知识产权出版社，2011.

②　郑成思.知识产权法［M］.2版.北京：法律出版社，2003：7.

我国《反不正当竞争法》将"知名商品特有的包装装潢"作为保护的对象，就是因为知名商品特有的包装装潢经使用而具有识别商品来源的价值。《最高人民法院关于审理不正当竞争民事案件应用法律若干问题的解释》第二条："具有区别商品来源的显著特征的商品名称、包装、装潢，应当认定为反不正当竞争法第五条第（二）项规定的'特有的名称、包装、装潢'。"所以，并非所有的包装装潢都受保护，只有产生区别商品来源功能的知名商品的特有包装装潢才受保护。《反不正当竞争法》第五条第（二）项规定的仿冒行为的本质后果是使得购买者发生误认、误购，从而冲击和不正当地占有被仿冒商品的市场，损害经营者和消费者的利益。

可见，区分商品来源，避免混淆，是反不正当竞争法对知名商品特有包装装潢予以保护的法理基础的切入点。

具体而言，将文字、图案、色彩按照一定的方位顺序排列组合起来，使其具有显著性；将之使用于商品，消费者能够通过显著性来区别商品来源，也即具有了区别性。显著性和区别性是该商品所特有的，不为同类商品所通用，能够区别商品来源，是反不正当竞争法对知名商品特有包装装潢提供保护的法理基础。

2. 立法目的

"现代反不正当竞争法通常都具有保护经营者（竞争者）、消费者和公共利益的多种保护目标。"[1] 日本知识产权专家田村善之先生针对商业外观的法律保护指出："如果允许他人可以自由地模仿并使用这些区别性标记，那么消费者可能会因此而混同商品或服务的提供者与其他模仿者，从而购入模仿者的类似商品或服务。这样，不仅会使长期使用该标记的商业主体之营业额降低，而且也可能会使商业主体辛辛苦苦经营起来的商誉，因模仿者粗制滥造的不良商品以及所提供的劣质服务等受到损害。因此，如果无视上述混同行为，不仅会使商品或服务标记的区别作用难以发挥，而且信誉自由的激励机能也将丧失。另外，当消费者原本想购入某一商业主体的商品或服务时，而事实上却购入了其他商业主体所提供的商品或服务，这种结果会使消费者处于一种不利的地位。所以，无论是为了维持信誉激励机制，使其发挥作用，或是为了使消费者不至于在交易中陷入混乱，都

---

① 孔祥俊.反不正当竞争法的创新性适用［M］.北京：中国法制出版社，2014：74.

有必要禁止那些使用类似他人商品或服务之标记的行为。"①

上述论述总结了法律对商品包装装潢进行法律保护的立法目的，概括起来主要有以下几点：

第一，保护经营者的商誉。如前所述，保护商标及其他商业标记的出发点是保护商誉。就经营者而言，这种区别功能的产生是经营者诚实劳动和有道经营的凝结、浓缩，代表着特定经营者的特定商品或者服务的信誉和评价，经营者借此表现并保持其信誉，从而获取并保持竞争优势，在市场交易中占据优势地位。法律保护这样的一种竞争优势有助于实现信息对称，有助于经营者在同类商品上进行差别化经营，为市场提供更加多样化的产品。随着市场经济的迅速发展，通过保护产品的包装装潢保护经营者商誉的需求更加明显。"随着当代复制技术的高度发展、商品生命周期的缩短以及流通体制的发达等，他人通过投入大量金钱研发和付出巨大努力将产品推向市场所取得的成果，其他人可以轻而易举地进行模仿，且模仿者可以大大降低其成果和商业化的风险，而开发创造者的创造优势很快就会被破坏。"②

第二，保护消费者的利益。当商品包装装潢成为识别性标记后，部分消费者根据商品的包装装潢识别和购买商品。而仿冒他人的包装装潢，其最终目的都是引起市场混淆，从而借助他人早就建立好的良好商誉来推销自己的商品。因此，法律对商品包装装潢进行保护，一定程度上是为了防止消费者的误认和误购，从而达到保护经营者和消费者合法权益的目的。

第三，维护正当竞争秩序。随着市场竞争越来越激烈，经营者通常是力图通过自己优质或独特的商品赢得顾客，而经营者之间要开展正当、公平而自由的竞争，很大程度上必须借助可将自身商品从成千上万商品中区分和识别出来的标记。当商品的包装装潢成为识别性标记后，就成为商品经营者提高商品竞争力的有力武器，可以促进销售和增加利润。法律对知名商品特有的包装装潢提供保护，可以制止不法经营者"搭便车"的行为，促使经营者通过提供高质量的商品和服务提高自己的商誉。正如日本学者中山信弘所指出的："虽然标记性法律将这些标记作为财产加以保护，但其目的则不仅是保护财产权，而且是维护竞争

---

① 田村善之.日本知识产权法［M］.4版.周超，等，译.北京：知识产权出版社，2011：59-60.
② 孔祥俊.商标与反不正当竞争法原理与判例［M］.北京：法律出版社，2009：758.

秩序。"①

（三）商品包装装潢受法律保护的条件和范围

1. 受保护的商品包装装潢是权利还是法益

对于知名商品特有包装装潢的法律性质，学界主要有两种主张：权利说与法益说。主张权利说的理由是，商标权是一种独立的权利。知名商品特有的包装、装潢可以视为未注册的商标，因此知名商品特有的包装装潢也应是一种独立的权利。而另一部分学者则认为，知名商品特有的包装装潢仅仅是一种未上升为权利的法益。

权利和法益的区分，是传统民法中对侵权法保护对象的分类。从我国台湾地区"民法"相关规定可以明显看出这种区分。该规定第184条第1款是对侵害"权利"的规定："因故意或过失，不法侵害他人之权利者，负损害赔偿责任。故意以悖于善良风俗之方法，加损害于他人者亦同。"该条第2款是对侵害"法益"的规定："违反保护他人之法律，致生损害于他人者，负赔偿责任。但能证明其行为无过失者，不在此限。"将保护对象分为权利和法益，主要原因是保护的条件不同。如果权利受到损害，而侵害人具有过错，则应承担责任；法益受到损害，只有侵害人违反保护他人的法律，才承担责任。一些具有相同特征，能够被类型化处理并适用同一套规范的法益，就会被立法者以设定法律权利的方式来保护。由此可见，权利就是类型化的法益。由于人类的类型化能力有限，权利之外尚有大量利益无法被归结为同一类型，而这些无法被归类的利益也就变成了效力低于权利的法益。综上，法益实际上就是法律明文规定加以保护的、由法律主体所享有的、无法对之作出权利类型化处理的利益。

从其他国家的规定看，不管是通过商标法还是反不正当竞争法进行保护，商品的包装装潢并没有像专利、商标、版权那样成为一种类型化的权利，只是在诉讼中法律给予保护的利益。从我国立法看，我国《反不正当竞争法》将知名商品特有的包装、装潢规定为保护客体，而该法也并未规定它的权利性质。除此之外，无论是知识产权法还是其他特别法，都没有再对知名商品特有包装、装潢相关的

---

① 中山信弘.工业所有权法（上）[M].2版增补版.东京：弘文堂，2000：2.

内容加以规定。因此，我们目前并不能将知名商品特有的包装、装潢看作法律所承认的一种类型化权利，而只是某种意义上的"法益"。因此，严格地说，知名商品的包装装潢的经营者并不享有"包装装潢权"，而只享有受法律保护的利益。但我们习惯上将要求法律保护其包装装潢的权利称为"包装装潢权"，并将谁有权获得保护的争议称为"权属争议"，本书在有些地方也使用这些术语。

我国《侵权责任法》并没有区分权利和法益，而是使用了"民事权益"的概念，包括民事权利和权利之外的合法利益。尽管如此，在实践中区分权利和法益仍具有一定的意义。其意义主要表现在保护条件上，由于商品包装装潢只是一种法益，不能得到像商标权、专利权等权利的保护，只能适用《反不正当竞争法》等关于商品包装装潢的特殊规定。除此之外，我们认为，在谁可以得到保护上或者说谁享有受保护的权利上，区分权利和法益也是有一定意义的。权利受到的保护具有绝对性，获得法定权利后，即使他人的侵害没有给权利人带来实际利益的损失，权利人也可以提出保护其权利的主张。而法益的保护具有相对性，只有利益受到损害的人才能主张制止他人的侵害。反过来说，如果他人的行为并不会给某人带来受法律保护的利益的损失，则他就不应享有要求保护的法益。因此，权利和法益的区分，对于认定谁享有"包装装潢权"也有一定的意义。

2. 商品包装装潢受法律保护的条件

从其他国家的规定和司法实践看，商品包装装潢受法律保护的条件主要是两个：一是包装装潢作为商业标记具有显著性，或者说被广为知晓；二是他人使用相同或相似的包装装潢有可能造成混淆。至于商品叫什么名字，并不是包装装潢受保护的条件。

我国《反不正当竞争法》对商品包装装潢保护的条件做了细化规定，以"知名商品"和"包装装潢特有"为条件对商品包装装潢予以保护，并以"造成混淆"作为认定侵权的条件。

《反不正当竞争法》第五条第（二）项规定："经营者不得采用下列不正当手段从事市场交易，损害竞争对手：……（二）擅自使用知名商品特有的名称、包装、装潢，或者使用与知名商品近似的名称、包装、装潢，造成和他人的知名商品相混淆，使购买者误认为是该知名商品。"

从上述规定可以看出，首先，该包装装潢所使用的商品是知名商品，是该包装装潢能够为《反不正当竞争法》所保护的基础条件。《最高人民法院关于审理不正当竞争民事案件应用法律若干问题的解释》第一条对认定知名商品应当考虑的因素做了较为详细的规定，包括该商品的销售时间、销售区域、销售额和销售对象，进行任何宣传的持续时间、程度和地域范围，作为知名商品受保护的情况等，并应当综合考虑上述因素。

其他国家对商品包装装潢的保护并没有要求"知名商品"这一条件。表面看来，我国的保护条件与其他国家有明显区别。但仔细考虑就会发现，其实并非如此。我国《反不正当竞争法》和相关司法解释之所以强调"知名"，大概是因为达到"知名"的程度后，法院才有信心认定该包装、装潢具备了商标法意义上的显著性。[①] 为了使保护商品包装装潢的条件更具有一致性，我国《反不正当竞争法》及相关司法解释将保护条件进一步细化。"知名商品"这一条件，并不是关注商品叫什么名，也不是看商品的名气，而是看商品的包装装潢是否经过大量的使用而具有了显著性，成为识别商品的标志。

需要指出的是，《反不正当竞争法》所保护的特有包装装潢与作为其载体的知名商品是统一体。认定知名商品，应当针对具体商品，且受保护的装潢与其载体具有唯一对应关系，该包装装潢只有使用在该知名商品上，才能受到《反不正当竞争法》的保护；如果其载体变成其他商品，使用在其他商品上的包装装潢就不能作为已被认定的知名商品特有包装装潢予以保护，而是需要重新针对其所使用的商品是否构成知名商品这一保护条件进行认定。

其次，该包装装潢为该知名商品所特有、不是同类商品所通用、能够区分商品来源是获得《反不正当竞争法》保护的必要条件。商品来源最终指向的应当是商品的生产经营者，某一商品的包装装潢是否能够作为知名商品特有包装装潢受到《反不正当竞争法》的保护，还需要满足"特有"这一必要条件，也即消费者是否能够通过该包装装潢将其与其他生产经营者的商品区分开来。这一区别商品来源的功能的实现依赖于包装装潢的使用情况。当某一包装装潢使用于产品并进入流通领域，成为消费者视野中的商品时，该包装装潢所特有的显著性和区别性就成为消费者选购不同商品的商业标识之一。如果消费者能够仅通过该包装装潢

---

① 孔祥俊.商标与反不正当竞争法原理和判例［M］.北京：法律出版社，2009：703.

就将该商品与其他相同或类似商品区分开来，该包装装潢就应当认定为该商品所特有。

在满足上述两个条件的情况下，如果他人在相同或类似商品上使用相同或近似的包装装潢，就很容易造成消费者混淆误认。

3. 商品包装装潢受法律保护的范围

我国《反不正当竞争法》保护知名商品特有包装装潢相关权益的范围界定于"在相同或类似商品上使用知名商品特有包装装潢，或使用与之近似的包装装潢。"即防止混淆，包括相同和类似两种情形。

首先，从使用对象范围上，包括相同或类似商品。

其次，从行为方式上包括使用知名商品特有包装装潢（相同）和使用与之近似的包装装潢两种方式。在近似性的判断上，是从消费者的角度来考察，即消费者因相同或近似的包装装潢而误认为两种不同商品出自同一商品来源。消费者的这一认知，一方面会造成其与知名商品经营者之间的交易机会的丧失，另一方面其消费选择可能违背其真实购买意愿。这也恰恰反映了《反不正当竞争法》对知名商品特有包装装潢予以保护的立法目的，即通过制止这种不正当竞争的行为，一方面保护知名商品经营者本应取得的交易机会和应当获得的利益，另一方面保护消费者遵循其真实购买意愿所应获得的权益。

最后，保护的客体范围（内容）是文字、图案、色彩及其排列组合所构成的整体视觉形象。体现于包装装潢上的商品名称、商标不是《反不正当竞争法》对知名商品特有包装装潢所保护的范围。文字在该整体设计中并不以其本身的读音或字义而单独存在，而是以其具有美感和识别作用的字体、颜色等类似图案的形式起作用。

二、红罐案中特有包装装潢的具体内容和载体

在红罐案中，加多宝公司和广药集团都主张自己对特有包装装潢"红罐"享有权益，但双方所主张的包装装潢的具体内容和载体是不同的。要确定权益的归属和保护，首先要界定特有包装装潢的具体内容和载体。

（一）双方在本案中请求保护的特有包装装潢的具体内容

本案中，加多宝公司请求予以保护的特有的包装装潢的具体内容为："标识底色为红色，文字排列为竖排，字体颜色为黄色，图案布局为中心突出的三个竖排黄色大字，其两边有数列黑色小字，顶端有文字环绕的这一有机整体的视觉形象。"

而广药集团主张的包装装潢，除了上述内容外，突出强调该红罐包装装潢上的三个具体文字，即"王老吉"三个字。因此，双方在包装装潢具体内容上的争议集中在"王老吉"三个字是以其含义还是图案在包装装潢起作用。

一审法院支持了广药集团的主张，将文字字义作为装潢内容："本案所涉知名商品特有包装装潢的内容是指标明在王老吉红罐凉茶产品的罐体上包括黄色字体'王老吉'等文字、红色底色等色彩、图案及其排列组合等组成部分在内的整体内容。"

本案中，双方都主张对"红罐"的包装装潢享有权益，所依据的都是《反不正当竞争法》第五条第（二）项的规定："经营者不得采用下列不正当手段从事市场交易，损害竞争对手：……（二）擅自使用知名商品特有的名称、包装、装潢，或者使用与知名商品近似的名称、包装、装潢，造成和他人的知名商品相混淆，使购买者误认为是该知名商品。"这里所指的"装潢"在国家工商行政管理局《关于禁止仿冒知名商品特有的名称、包装、装潢的不正当竞争行为的若干规定》（下称《禁止仿冒若干规定》）第三条中有明确的规定："装潢，是指为了识别与美化商品，在商品或者其包装上附加的文字、图案、色彩及其排列组合。"可见，其商品或者包装外部附加的文字、图案、色彩及其排列组合的功能是识别商品、美化商品。

在保护该商品的特有包装装潢时，文字起什么作用呢？是以其本身的含义和呼叫起作用，还是作为一个抽象的文字以图案形式起作用？这正是红罐案中双方争议的焦点。

笔者认为，作为知名商品特有包装装潢权益受法律保护时，不应将装潢中所显示的文字以其具体含义作为装潢之内容，而是作为抽象的图案（比如三个竖排黄色大字、两侧竖排黑色小字、顶端文字环绕等）成为装潢的内容。

第一，从装潢的含义看，商品包装上的文字以其图案而不是含义起识别作用。

27

作为《反不正当竞争法》的保护客体，其具体含义要符合国家工商总局的相关规定。根据前述规定内容可以判断，其文字、图案、色彩的有机组合是一个整体的视觉形象，其中任意文字、单独的图案或者某种色彩都不是可以请求《反不正当竞争法》保护的"装潢"的内容。同时，《最高人民法院关于审理不正当竞争民事案件应用法律若干问题的解释》第三条规定："由经营者营业场所的装饰、营业用具的式样、营业人员的服饰等构成的具有独特风格的整体营业形象，可以认定为反不正当竞争法第五条第（二）项规定的'装潢'。"因此，图中的文字含义不是法律保护的特有包装装潢的内容。商品包装装潢中，文字并非以其呼叫或字义起识别作用，而是以特定颜色字体等作为图案，成为装潢的组成部分。

第二，"装潢"作为 TRIPS 的保护客体，可被视为未注册的图形商标。TRIPS 第十五条规定："任何标记或标记的组合，只要能区分一个企业和其他企业的货物或服务，就应可构成一个商标。这些标记，特别是单词，包括个人名字、字母、数字、图形和颜色的组合以及任何这些标记的组合，应有资格作为商标进行注册。"TRIPS 中强调"……组合以及任何这些标记的组合……"是一种整体性保护，不是对其中任何一部分突出保护，更不是对装潢上的商标单独保护。试想，如果将涉案红罐装潢作为商标进行注册，必然要放弃该红罐装潢上的"王老吉"商标专用权的保护，也说明体现于包装装潢上的商标本身并不是包装装潢的内容。

第三，如果将文字商标仍以其具体的含义和呼叫作为装潢的组成部分，则该装潢不应该成为受《反不正当竞争法》保护的对象。知名商品特有的包装装潢之所以成为《反不正当竞争法》保护的对象，是因为该包装装潢独立于商标起到了识别作用。如果必须将商标中的文字仍以其具体的含义和呼叫作为装潢的组成部分，则说明除商标之外的包装装潢不能起到识别作用，本身就不应该作为《反不正当竞争法》保护的对象。因此，如果就某一商品主张特有包装装潢权益，其前提就是认为该包装装潢独立于商标起到了识别作用。如果既主张特有包装装潢，又主张商标之文字以其具体的含义和呼叫作为装潢的组成部分，本身就是矛盾的。本案中，广药集团主张知名商品特有的包装装潢的权益，说明其认为红罐的包装装潢单独起到了识别作用。同时，其又主张"王老吉"三个字仍是装潢的组成部分并起主要识别作用，显然自相矛盾。

第四，如果将商标之文字仍以其具体的含义和呼叫作为装潢的组成部分，则对该包装装潢的保护没有任何意义。知名商品特有包装装潢的案件中，在进行装潢侵权对比时，文字本身并不是比对的内容。装潢，可以被视为未注册的商标，认定近似的方法应与商标相同，即并不会将文字的内容和呼叫一一对比。如生硬地将文字本身当作对比内容，那么除非附着在包装装潢上的诸多文字内容完全一致才可构成侵权，这与《反不正当竞争法》禁止的擅自使用近似装潢的这一部分立法原意相悖，无形中纵容了不正当竞争。红罐案中，广药集团主张其要求保护的知名商品特有的包装装潢中包括"王老吉"三个字，而这三个字又特别醒目，则在侵权对比时如果不使用这三个字，就不构成近似，其针对加多宝公司红罐包装装潢的侵权指控自然不能成立。因为加多宝公司的产品上使用的是"加多宝"三个字，与"王老吉"三个字并无任何相似之处。

本案中，广药集团在对比标准上使用的是双重标准：在确定包装装潢的内容时，强调"王老吉"的显著性，又在侵权对比时不将如此"显著"的要素进行比对，而是抽象为三个竖排黄色大字，这种自相矛盾的理解，显然不符合《反不正当竞争法》所确立的对具有独立识别作用的知名商品特有包装装潢予以保护法律制度的立法本意。

红罐案中，双方都主张红罐包装装潢权益，就是都看到即使去除"王老吉"三个字，涉案装潢仍构成特有装潢，仍具有识别力，这是不可否认的事实。涉案装潢的识别作用体现在整体视觉效果，即采用红色为底色，搭配黄色标识文字及黑色辅助文字，与其他同类商品包装的显著区别在于图案布局、标识底色、文字颜色、文字排列位置、色彩搭配等方面，而并不在于文字之具体内容。

从商标使用许可协议的约定来分析，亦可表明商标与包装装潢并非不可分。自双方签订商标使用许可协议伊始直到之后的数份协议，均对使用同一王老吉商标的来源不同的商品通过不同的包装装潢予以区分做了明确的约定，否则商标使用许可协议根本欠缺合法合理性，更遑论实际履行了，当然更不可能产生本案纠纷。

（二）红罐案中特有包装装潢的载体

在红罐案中，加多宝公司主张本案特有包装装潢的载体是加多宝公司多年以来生产经营的使用王泽邦后人的正宗独家配方的红色罐装凉茶商品，具体包括加多宝公司生产经营的曾经贴有王老吉商标的红罐凉茶及现在贴有加多宝商标的红罐凉茶。而广药集团请求保护的特有包装装潢的载体也是加多宝公司经营的红罐凉茶，而不是其自己自 2012 年 6 月后生产经营的产品。广药集团在二审中增加请求，提出其主张保护的包装装潢的载体还包括大健康公司 2012 年 6 月后推出的红罐凉茶。

可以确定的是 2012 年 5 月前加多宝公司生产经营的红罐凉茶是本案特有包装装潢的载体，双方并无争议。

但是对于 2012 年 6 月之后双方各自经营产品是否属于本案特有包装装潢的载体，双方持不同意见。因此，确定特有包装装潢的载体，并正确理解其含义，是正确界定知名商品特有包装装潢权益归属的前提。

1. 特有包装装潢载体的含义

梁慧星教授曾提出"欲确定法律的意义，须先了解其所用词句，确定其词句之意义。因此，法律解释必须先由文意解释入手，且所做解释不能超过可能的文意。"[1] 本案中，特有包装装潢的载体应是指《反不正当竞争法》规定的特有包装装潢所对应的载体，且不可超越本法中"载体"所示的文意。由《反不正当竞争法》第五条第（二）项规定可知，无论是商品的名称、包装、装潢，其对应的载体都是特定"知名商品"。可见，商品是"知名商品"，是该商品可受到反不正当竞争法保护的前提。

在北京潘瑞克中心诉北京天坛案[2] 中，被告被控的产品包装装潢与原告的近似，但在这个案件中，由于原告北京潘瑞克公司未能提供其产品构成"知名商品"而未得到法院的支持，以其不符合《反不正当竞争法》第五条第（二）项的保护条件为由驳回了诉讼请求。可见，特有包装装潢如想寻求《反不正当竞争法》的保护，其包装装潢必须是附着在"知名商品"这个载体之上。这里涉及两个要素，即"知名"和"商品"。

2. 特有包装装潢的载体为何种"商品"

在红罐案中，对于承载争议的特有包装装潢的商品，有以下几种不同的对象：①加多宝公司在 2012 年 5 月前生产的使用"王老吉"商标的红罐凉茶；②加多

---

① 梁慧星. 民法解释学 [M]. 北京：中国政法大学出版社，1995：214.
② 北京市高级人民法院民三庭. 北京知识产权审判年鉴 [M]. 北京：知识产权出版社，2005：634-641.

宝公司在 2012 年 5 月后生产的使用"加多宝"商标的红罐凉茶；③广药集团大健康公司 2012 年 6 月后推出的红罐凉茶；④王老吉凉茶。其中，加多宝公司主张的载体为①和②，即加多宝公司及其关联公司自 1996 年开始经营至今的红罐凉茶；广药集团在一审中主张的载体是①，二审又提出增加③；一审法院认定为④。

可见，对于①是本案特有包装装潢的载体，双方是没有异议的。加多宝公司通过许可使用"王老吉"商标，使用自行设计的红罐包装装潢，使用王泽邦后人的独家配方而生产经营涉案红罐凉茶商品。该商品上使用的包装装潢就是本案争议的特有包装装潢。

对于其他对象是否属于本案特有包装装潢的载体，我们认为：

（1）加多宝公司在 2012 年 5 月后生产的使用"加多宝"商标的红罐凉茶也是本案特有包装装潢的载体。

对于"商品"，我国学界、司法界一般将其理解为"用来交换的具有价值与使用价值双重属性的劳动产品。"可见，"产品"和"商品"只不过是在不同场合的表述，从区分商品来源的角度来讲，并不存在实质差异。当能够唯一界定的商品确定之后，我们可以从这个商品所具有的不同属性的角度去称谓它，比如商标、商品名称、生产者或者配方。

加多宝公司生产的红罐凉茶，在 2012 年 5 月之后更换了商标。但产品的配方并没有改变，仍然是加多宝公司用原来的配方生产的产品。从产品的角度说，之前的产品与之后的产品仍然是同一产品，使用了相同的包装装潢，只是使用了不同的商标。既然在 2012 年 5 月前生产销售的产品是承载特有包装装潢的知名商品，其在之后生产的产品仍然是特有包装装潢的载体。

（2）广药集团大健康公司 2012 年 6 月后推出的红罐凉茶不是本案特有包装装潢的载体。

一审中，广药集团、大健康公司提交的证据和其在庭审中的表述均非其自 2012 年 6 月后生产经营的产品，而是前述第一种由加多宝公司生产经营的红罐凉茶。广药集团在二审中增加请求，提出其主张保护的包装装潢的载体还包括大健康公司 2012 年 6 月后推出的红罐凉茶。同时，广药集团还以"产品""商品"是不同概念为借口，推翻其在一审中明确的大健康公司红罐凉茶与加多宝公司红罐凉茶不是同一商品的表述，并提出二者是同一商品的主张。我们认为，商品是否是同一商品，应根据商品本身的性质和来源来确定，而不是根据其包装或使用的商标来确定。即便成分并无差别的纯净水，也不能将来源于不同生产经营者的不同商品认定为同一商品，更何况是依据不同配方生产的涉案凉茶商品。广药集团大健康公司虽然在 2012 年 6 月之后推出的凉茶上使用了王老吉商标和红罐包装装潢，但其产品的配方并非加多宝公司使用的配方，这是各方都承认的事实。这种情况下，我们不能说广药集团后来生产的红罐凉茶与加多宝公司生产的红罐凉茶是相同的产品。由于我们都认可 2012 年 5 月之前加多宝公司生产的红罐凉茶是知名商品，是本案特有包装装潢的载体，那么与该知名商品不同的广药集团大健康公司 2012 年 6 月后推出的红罐凉茶产品就不是本案特有包装装潢的载体。

（3）作为本案特有包装装潢载体的知名商品不是王老吉凉茶。

一审法院在认定知名商品时，离开了使用争议包装装潢的具体商品，认定知名商品是"王老吉凉茶"。我们认为，本案特有包装装潢的载体不应是"王老吉凉茶"这一抽象概念。

首先，特有包装装潢的载体只能是使用该包装装潢的商品，而不能指向或包括未使用该包装装潢的商品。王老吉凉茶已经有很长的历史。甚至在"王老吉"商标注册之前，王泽邦及其后人所生产的凉茶就已经习惯上被称为"王老吉凉茶"。在加多宝公司推出红罐凉茶之后，广药集团另有绿盒凉茶、凉茶颗粒、无糖凉茶，均使用王老吉商标，均称为王老吉凉茶。因此，市场上长期存在不同口味、不同包装甚至属于不同商品类别的王老吉凉茶。王老吉凉茶指的是所有这些凉茶，而只有其中一种使用了本案争议的特有包装装潢。把本案特有包装装潢的载体认定为"王老吉凉茶"，相当于说所有的王老吉凉茶都使用了本案争议的特有包装装潢，明显地把没有使用本案包装装潢的产品也作为载体。从法律保护的角度来说是严重错误的，也是与事实明显不符的。

其次，作为特有包装装潢载体的知名商品应是明确的某种商品，而非某类品牌或商标。在某一品牌或商标下可能有不同种类的商品，品牌知名并不等于该品牌的所有产品都知名。特定的某个商品要想在市场获得显著的认可度，还需要借助附着在商品外部的特有名称、包装、装潢的长期使用和出色的产品质量、服务相关联，形成特有名称、包装、装潢与商品自身的明确指代关系，才有可能形成《反不正当竞争法》第五条第（二）项中所指的"知名商品"。广东省高级人民法院以前曾做出过类似的认定。例如，在 2009 年的东莞徐记食品有限公司（简称徐记公司）与顶好食品有限公司（简称顶好公司）擅自使用知名商品特有装潢纠纷中，徐记公司诉顶好公司蛋糕产品包装内的"小魔堡蛋糕"字样的装潢内容是擅自使用徐记"磨堡蛋糕"的变形，认为该相似程度足以造成消费者的混淆和误认。广东省高级人民法院认为，"徐记公司提供的广东省著名商标证书显示徐福记商标为广东省著名商标，但认定商品项目为糖果、巧克力、米果，并不包括涉案磨堡蛋糕所属的商品项目蛋糕或糕点。综上，徐记公司提供的证据不足以证明涉案的磨堡蛋糕为知名商品。"[①]

然而在此红罐案中，广东省高级人民法院采用了不同的思路。法院根据 1995 年 3 月以前"王老吉"商标就知名的证据认定"王老吉凉茶"是知名商品，显然不符合《反不正当竞争法》及其司法解释对知名商品的认定规定。主张受《反不正当竞争法》保护的知名商品特有包装装潢权益不能脱离包装装潢的具体载体而认定抽象的商品名称为知名商品。一审判决书认定"王老吉凉茶"是知名商品后，又在后文中多次用"王老吉红罐凉茶"来替代"王老吉凉茶"，可见法官的真实判断也是认为具有特定包装装潢的"王老吉红罐凉茶"才是知名商品。

加多宝公司主张请求保护的红罐凉茶是知名商品的事实已经被 2004 年的（2003）粤高法民三终字第 212 号生效民事判决书所认定。该判决认定涉案红罐凉茶为知名商品是依据加多宝公司提供的涉案红罐凉茶的生产、销售、宣传等有关证据材料，考察是否符合现行法律法规及司法解释的有关规定，进而作出有充分事实和法律依据的认定。需要特别说明的是，法院认定涉案红罐凉茶为知名商品并非是以其所标识的商标是著名商标作为前提条件和依据，而是在考察商品本身的生产、销售、宣传、推广及受保护的事实等因素的基础上进行综合判断和认定的。该判决认定，在 1996 年，东莞鸿道公司已开始在罐装"王老吉"凉茶饮料上使用本案诉争的装潢标识，并投入大量的广告宣传，使该商品成为知名商品。

广东高院在该案的知名商品认定上认定的是加多宝公司生产经营的红罐凉茶，并写明装潢权应附随于知名商品，而非商标。这一业已生效的判决，广药集团和大健康公司并无异议。

最后，装潢的载体是知名商品，而非知名商品名称。第一，商品名称并不是

[①] 广东省高级人民法院（2009）粤高法民三终字第 40 号判决。

双方当事人所主张的权利，不是本案应当审理的内容。一审法院在（2013）粤高法民三初字第 1 号判决认定"知名商品是……的商品名称。"又认定"本案知名商品指的是'王老吉凉茶'，其中'凉茶'属于此类商品的通用名称，'王老吉'属于特有名称。"一审法院的上述认定不仅存在逻辑错误，而且偷换了认定内容，对双方均未请求且与认定本案包装装潢无关的名称进行了认定。商品名称也是我国《反不正当竞争法》所保护的一种权益，是与"包装装潢"的保护相并列的。把"知名商品"直接等同于"商品名称"，是对《反不正当竞争法》对知名商品相关权益保护的误解。

第二，商品名称是否构成特有名称，应当以事实为依据，结合法律规定的要件进行认定。根据《最高人民法院关于审理不正当竞争民事案件应用法律若干问题的解释》第二条的规定，具有区别商品来源的显著特征的商品的名称、包装、装潢，应当认定为《反不正当竞争法》第五条第（二）项规定的"特有的名称、包装、装潢"。也就是说，是否具有区别来源的显著特征，是认定商品名称是否特有的要件。然而，"王老吉凉茶"这一名称根本不能完成商品的无异议指代，更加不具有区别商品来源的显著特征，不符合法律规定的特有名称的构成要件。

广药集团之所以偷换概念将商品名称作为包装装潢的载体，目的是将加多宝公司经营的知名商品（曾经因使用王老吉商标被称为王老吉凉茶）的荣誉嫁接在广药集团大健康公司 2012 年 6 月以后经营的"王老吉凉茶"上。这种嫁接的荣誉，不仅损害了"知名商品"真正经营者的利益，同时误导消费者，使其对于真正的"知名商品"产生混淆和误认，这才是《反不正当竞争法》应当制止的行为。

3. 请求保护的特有包装装潢的载体何以"知名"

知名商品的"知名"即为它区别来源的作用。[①] 知名商品特有的名称、包装和装潢之所以受到保护，是因为其经使用而具有商品来源的识别意义。这种商品来源的识别意义是由其"因使用而生的显著性"而产生的，因此"知名"是其受到《反不正当竞争法》保护的重要门槛。如何认定"知名"，也应从《反不正当竞争法》及其相关司法解释中寻求认定标准与条件。

《最高人民法院关于审理不正当竞争民事案件应用法律若干问题的解释》

---

① 孔祥俊. 反不正当竞争法的创新性适用 [M]. 北京：中国法制出版社，2014：274.

（2007 年 2 月 1 日起施行）第一条规定："在中国境内具有一定的市场知名度，为相关公众所知悉的商品，应当认定为反不正当竞争法第五条第（二）项规定的'知名商品'。人民法院认定知名商品，应当考虑该商品的销售时间、销售区域、销售额和销售对象，进行任何宣传的持续时间、程度和地域范围，作为知名商品受保护的情况等因素，并就前述各种考虑因素进行综合判断。原告应当对其商品的市场知名度负举证责任。"

涉案红罐凉茶商品自 1996 年由东莞鸿道食品有限公司推向市场，在 1998 年东莞鸿道公司注销后，由加多宝公司承继生产经营至今，销售区域涵盖全国 34 个省级行政区以及亚洲、欧洲、南北美洲、非洲、大洋洲等近 30 个国家和地区。由于加多宝公司通过大规模生产、持续性的市场推广、广泛的媒体宣传和积极参与公益活动，涉案红罐凉茶凭借优良品质和独特口感，近年来连续多年稳居全国罐装饮料销量首位，多次获得各种荣誉，成为名副其实的知名商品，并且实现了由地区知名到全国知名的知名度提升的飞跃。加多宝公司提供的大量证据能够充分证明上述事实，符合《反不正当竞争法》司法解释对于"知名商品"中"知名"要素的规定。

从事实依据来看，"知名"是一个动态的要件，"知名商品"并非是一个能够在较长时间内稳定的客观存在，但司法者却要在某一个具体时间段裁决某一商品是否知名。[①] 因此，判断某种商品是否"知名"，要考量其时间节点，且该商品必须是明确的、唯一的。

首先，在认定知名商品应以起诉时为时点，并严格依据《反不正当竞争法》司法解释规定的诸要素进行综合考量。广药集团在 2012 年 7 月 6 日对加多宝公司提起诉讼，而在该时点，广药集团大健康公司的红罐凉茶才刚刚"满月"，无论从商品销售情况和宣传情况以及受保护的情况等来看，均不可能符合构成知名商品的认定要素。广药集团在一审中未将其自己的产品作为主张包装装潢权益的载体，应该也是因为其知道 2012 年 6 月才推出的红罐凉茶根本不符合法律规定的知名商品的认定要素，不是知名商品的该商品所承载的包装装潢不符合《反不正当竞争法》对商品包装装潢予以保护的条件。

其次，据以知名的商品须是明确的、唯一的。一审法院在判决中表述"王老

---

① 欧丽华.认定知名商品特有包装装潢的三个要素［J］.科技与法律，2012（1）：52.

吉凉茶"为知名商品，显然无法完成这种明确、唯一的指代关系。即便说"王老吉凉茶"可以知名，那么是以何种包装装潢呈现的产品才知名呢？是本案所涉类别的无酒精饮料商品？还是属于其他类别的颗粒剂袋装商品？即便确定是本案所涉类别商品，究竟是绿色的盒装王老吉知名？还是红罐的王老吉知名？在整个判决书中，无论是双方的证据，还是在先的判决，抑或是消费者的偏好，都得出红罐的王老吉凉茶才是知名商品，所以法院实在无需大费周章造成如此混乱的逻辑，即可直接确定红罐王老吉才是知名的。

最后，知名商品的认定标准应以客观因素为主，综合多种因素认定。知名商品中的"名"，不是指商品的名称，而是指相关公众对该商品的知悉情况。广药集团和一审法院在认定知名商品时，强调了"王老吉"商标的知名度，而忽视了涉案包装装潢所使用的商品。《最高人民法院关于审理不正当竞争民事案件应用法律若干问题的解释》提出在认定知名商品时，要结合商品的销售时间、销售区域、销售额、销售对象、宣传的时间、地域及程度等综合认定。然而商品性质的差异往往会造成客观认定因素的不同。例如衡水老白干至今已经历近 70 年风雨，其知名度积累需要几代人的心血，而名噪一时的卡西欧"自拍神器"，其蹿红仅用了不到半年的时间。[①] 像凉茶这种饮料产品，其关键的因素即应是它独特配方的认可度，对此，绿色盒装王老吉与红色罐装王老吉的销量差异可见一斑。所以，在诸多因素的综合考量上，销售额作为一个消费者的认可度指标，其代表性更为突出。"王老吉"商标历史悠久，但销量和认可度可以称为"知名"的也只有红罐凉茶，由此看来，配方、经营是凉茶产品能否知名、何时知名的关键客观因素。

综上，笔者认为，本案特有包装装潢的载体是加多宝公司多年以来生产经营的使用王泽邦后人的正宗独家配方的红色罐装凉茶商品，不包括广药集团大健康公司 2012 年 6 月后推出的红罐凉茶，更不能泛称王老吉凉茶。

三、知名商品特有包装装潢权益的归属

红罐案中，加多宝公司和广药集团都主张自己享有红罐知名商品特有包装装潢的权益。这是双方争议的核心，也是案件的关键。

---

① 刘桉呐.论知名商品特有名称、包装与装潢的法律保护 [J].经济与法，2014（5）：71.

（一）对红罐案中知名商品特有包装装潢权益归属的不同观点

《反不正当竞争法》保护知名商品的特有包装装潢的法理基础在于防止混淆，所以无论是对于理论研究还是市场秩序，明确知名商品特有包装装潢权益的归属十分重要。但在学术界以及司法实践领域中，涉及包装装潢权益归属争议鲜有先例。一般在知名商品特有包装装潢的案件中，也必然涉及包装装潢的权利主体问题。在绝大多数案件中，生产者、经营者、商标权人通常都是一个主体，不存在权利主体的争议，法院很容易地就可以认定经营者。即使经营者与商标权人不是同一个主体，但二者之间并没有争议时，法院也可以很容易地认定享有包装装潢权益的经营者。

红罐案所引发的权属争议的关键事实在于：加多宝公司经营的知名商品红罐凉茶曾使用王老吉商标，在商标使用许可关系终止后，加多宝公司继续使用原来的独家配方经营红罐凉茶，只不过更换加多宝商标；而广药集团又将王老吉商标许可大健康公司使用在不同于加多宝公司配方并采用与原来加多宝公司知名商品近似的包装装潢的凉茶商品上。谁有权使用原来的包装装潢，在商标权人与经营者之间产生了争议。

这场硝烟引发了学者们的思考，但对包装装潢权的归属原则上形成了两种截然对立的观点。有学者认为知名商品是加多宝公司生产的红罐凉茶，自然红罐属于加多宝公司，而另一部分学者则认为知名商品是王老吉牌的红罐凉茶，故红罐属于王老吉公司。① 在诉讼过程中，双方分别提交了专家签字的专家意见书。广药集团提交 11 位专家签字的意见书中，专家的意见主要是：作为"王老吉"凉茶商品的包装装潢，红罐包装的显著性是建立在"王老吉"商标的许可使用的基础上的，在长期的使用过程中与"王老吉"凉茶无法分离。在广药集团与鸿道集团之间商标授权协议终止、"王老吉"商标回归广药集团之后，加多宝公司应无权继续使用原"王老吉"红罐凉茶特有的包装装潢。加多宝公司提交的 30 位专家签字的意见书中，专家的意见是：包装装潢作为未注册商标，与在同一商品上使用的注册商标是彼此独立的两个商标，二者互不隶属，既可以组合在一起，也可以分开使用。在商标许可协议有效期间，尽管商标和包装、装潢是组合在一起

---

① 范传贵 ."王老吉"红罐包装之争再起硝烟［N］.法制日报，2012-9-4（4）.

使用的,但二者的权利仍各有所属。由于加多宝的凉茶和广药的凉茶是品质不同的产品,又共用"王老吉"商标,红罐和绿盒就成为双方各自凉茶产品的特有标记。红罐包装、装潢作为特有的外在表征,和加多宝王氏凉茶产品互为表里,利害相依,是加多宝的竞争工具和财产;绿盒包装、装潢作为特有的外在表征,和广药的凉茶产品也是互为表里、利害相依,是广药的竞争工具和财产。本案中,"王老吉"商标和加多宝知名商品特有包装、装潢组合在一起使用是有条件的,该条件就是有效的"王老吉"商标许可协议。根据该协议,租赁来的"王老吉"商标被放置在加多宝凉茶的红罐包装、装潢上一起使用。商标许可合同解除或其效力终止后,二者组合在一起使用的条件丧失,商标和包装、装潢作为各自的财产,分道扬镳,各归其主,加多宝将租用的"王老吉"商标返还给广药,他自己设计和长期独家使用的红罐包装、装潢则属于加多宝的财产。

一审法院广东高院认为:广药集团及其前身对本案所涉知名商品及其特有包装装潢的知名度做出了巨大贡献,使涉案王老吉红罐凉茶刚推出市场,即享有较高的关注度,拥有较好的消费者群体基础和市场前景,同时广药集团作为"王老吉"商标权所有人,其对"王老吉"知名度和美誉度的维护和提高是涉案王老吉红罐凉茶知名度得以延续和发展所不可或缺的因素。广药集团的"王老吉"商标和该装潢中的其他构成要素一并构成本案包装装潢,本案包装装潢已经不能脱离王老吉商标而单独存在,各构成要素作为一个整体在市场上发挥了识别商品来源的作用。对于相关公众而言,他们也是将本案所涉包装装潢的各种构成要素作为一个整体进行观察,从而对商品来源予以识别。因此,正是因为本案包装装潢包含了广药集团的"王老吉"商标,故在实际使用过程中,相关公众并不会刻意区分法律意义上的商标权与特有包装装潢权,而是认为本案所涉知名商品与广药集团存在密切联系。因此,本案中包装装潢的权益归属于广药集团。

上述不同的观点体现了对特有包装装潢归属问题的不同研究视角。知名商品特有包装装潢的归属不宜套用简单的原则或学说,我们需要在全面了解本案事实的基础上,结合有关法理、法律规定和判例,对这一问题作出公平合理又合法的判断,实现《反不正当竞争法》保护特有包装装潢的立法目的——防止混淆。

目前在我国尚未查到与本案情形类似、具有参考意义的判例,其他国家的判例中,我们只在美国找到了类似的判决。美国将商品的包装装潢作为未注册商标进行保护。虽然使用的法律与我国不同,但保护的条件与我国《反不正当竞争法》所提供的保护非常相似。因此,美国的有关案例对我们仍具有参考价值。

1966 年的纽约最高法院 distillerie flli ramazzotti 案将商标许可合同履行过程中产生的商品外观授予商标许可人。在该案中,原告 distillerie flli ramazzotti 是一家从事一种液体药剂的配制、生产和销售的意大利公司,被告是其在北美的唯一批发商。原告在意大利将浓缩物运送给被告,并以原告商标在北美进行销售。被告以原告名义对被告正在使用的原告商标申请注册,并成为原告商标的受托人,全权代表原告利益在美国销售药剂,但原料仍由原告提供。"二战"后双方信托关系结束,被告成为原告的被许可人。许可关系结束后,被告以自己名义销售与原商品配方大致相似的药剂,其药剂容器外观(瓶子和标签)与被告作为原告被许可人时使用的药剂容器外观大致相似。原告起诉被告侵犯其商标权,构成不正当竞争并申请临时禁令和赔偿。被告反诉主张商标权不属于原告而属于被告。法院认为:"商品外观设计和商品外观引发的商誉是否源于原告自身行为,这并不重要,重要的是因许可而产生的、以该商品外观进行销售的药剂产生的商誉由原告享有。因药剂容器外观而产生的商品外观,是承载原告商誉的、供原告销售商品的容器,已经成为商标许可人的财产……被告多年一直作为被许可人使用该商标和商品外观,无权对原告主张该商标权和商品外观权。……在原被告商标许可关系终止后,被告使用与其在原商标许可合同期间使用的相同的药剂容器,将导致假冒和混淆,是一种不正当竞争行为。……既然原告一直对药剂的质量进行控制,原告自身并没有在美国销售药剂这一事实并不能否认其对商标和商品外观享有的权益。"由此法院判定:"该商品外观已经成为原告药剂销售的工具,被告商品外观与原告大致相似,这将导致原告商誉的挪用和商品来源的误解,在消费者中造成混淆,对原告构成侵权。"[①]

2007 年的康涅狄格州地方法院 Magna Doodle 案则未把商标许可合同履行过程中产生的商品外观授予商标许可人[②]。该案中,原告 Pilot Corporation of America(以下简称 PCA)生产一种儿童绘画工具,拥有专利权和 Magna Doodle 商标权。

---

① 李国庆 . 论美国商标许可合同中的商品外观权益归属——兼评王老吉与加多宝包装装潢纠纷案 [J] . 知识产权,2013(6):97-98. 案例的出处为:Distillerie flli ramazzotti, s.p.a.v. banfi products corporation, 52 Misc.2d 593,276 N.Y.S.2d 413(1966)。

② 同①,98-99. 案例的出处为:Pilot Corp.of America v. Fisher-Price,Inc,501 F.Supp. 2d 292(2007)。

自 1978 年开始，Magna Doodle 产品已在市场上销售。1992 年，Tyco 与 PCA 签订排他性商标许可合同，生产带有 Magna Doodle 商标的绘画工具，并自 PCA 采购关键部件——面板。1997 年，Tyco 与 Fisher-Price Inc.（以下简称 FP）的总公司合并，此后 FP 承担了该许可合同的权利义务，在商标许可合同期间，FP 为 Magna Doodle 设计了产品外观和产品包装的外观，并以自己的名义为产品外观和产品包装外观申请了版权登记。2003 年合同关系终止。此后，FP 开始在市场上销售一种使用 Doodle Pro 商标的绘画工具，其所使用的面板来自新的货源，但其产品和产品包装的外观与 FP 曾经销售的 Magna Doodle 产品完全一致。PCA 起诉 FP 侵犯其商标权、商品外观权并实施反不正当竞争。关于商品外观，原告声称其依合同规定对产品外观和产品包装外观享有权利。法院驳回原告请求，主要理由是诉争包装装潢是由 FP 设计的。FP 是该包装装潢设计的发起人、出资人，在设计的改进中也投入了不少精力；而 PCA 对该包装装潢则没有任何具有创造性的贡献。按照版权法，该设计上的版权归设计人享有，FP 也为 Magna Doodle 画板的包装装潢设计进行了版权登记，因而涉案包装装潢的版权所有者是 FP。不但如此，是 FP 将诉争包装装潢使用在自己生产和销售的 Magna Doodle 画板上，而包装装潢权的取得必须以其用于指示商品的特定来源为基础。因此，即使不考虑诉争包装装潢设计上的版权归属，PCA 主张自己拥有权利，也必须能够证明该包装装潢所指向的特定商品来源是 PCA。但是他并没有提供能够证明 PCA 被认定为 Magna Doodle 画板的生产商或销售商的任何证据，而且它也不可能拿出这样的证据，因为在诉争包装装潢在市场上存在的全部期间内，Magna Doodle 画板的生产商和销售商都是 FP。尽管涉案包装装潢与 Magna Doodle 商标一起使用，但是这一事实并不能表明 PCA 是该包装装潢所指向的特定来源。因此，PCA 无法证明 FP 设计和使用的涉案包装装潢所指向的 Magna Doodle 画板来源是 PCA。

上述两个案件中，对于商标许可人能否得到商品包装装潢的权利，法院给出了不同的结论。其给出不同结论的原因之一是商标被许可人的身份不同。在第一个案件中，商标被许可人本来只是商标权人的销售商。虽然在销售过程中被许可人曾对原告的产品进行稀释和分装，但这一过程并没有改变原告商品的基本性质。对于消费者来说，其所销售的商品仍被认为是原告的商品。虽然被告自己设计了商品的包装装潢，但消费者仍认为这是原告商品的包装装潢。因此，法院将包装装潢的权益判归了原告，即商标权人。而在第二个案件中，虽然被告生产的产品使用了来自原告的部件，但整个产品是由被告生产的。被告不是原告的销售商，其生产和销售的是自己的产品。对于消费者来说，消费者认为该商品是来源于被告的商品。因此，被告所设计的产品外观与被告的产品、被告之间形成固定的联系。因此，法院没有判令原告可以就该包装装潢享有权利。

（二）商品包装装潢权益归属的法律依据和法律视角

1. 竞争法

知名商品特有包装装潢是我国《反不正当竞争法》规定的保护客体之一。虽然该法并没有对包装装潢的权益归属做出明确规定，但有关规定以及《反不正当竞争法》的理论仍是我们认定知名商品特有包装装潢权益归属的主要依据。

根据《反不正当竞争法》第五条第（二）项规定，我们可以从以下三个视角分析商品包装装潢权益的归属问题。

第一个视角：知名商品与包装装潢的关系。我国《反不正当竞争法》所保护的包装装潢，是"知名商品"特有的包装装潢，因此"知名商品"是包装装潢的载体。商品知名是包装装潢受反法保护的前提和必要条件，而商品的归属与包装装潢权利的归属具有密切的联系。我国长期的司法实践中，知名商品特有包装装潢的认定思路是：首先确定知名商品的归属；而装潢附着于知名商品，将装潢使用于该商品的知名商品经营者即为装潢权权利人。这种认定与其他国家的做法也是一致的。例如，美国对于包装装潢的保护，没有规定"知名商品"的条件，但在确定包装装潢权利时，也是将产品的归属作为重要的考虑因素。在前述美国的两个案例中，distillerie flli ramazzotti 案中，"原告一直对产品的质量进行控制"，是法院判决其享有包装装潢权益的参考因素；而 Magna Doodle 案中，"没有提供能够证明 PCA 被认定为 Magna Doodle 画板的生产商或销售商的任何证据"，是法院判决其不享有包装装潢权益的参考因素。

第二个视角：保护知名商品特有包装装潢的法理基础是"防止混淆理论"。"造成和他人的知名商品相混淆，使购买者误认为是该知名商品"，是我国《反不正当竞争法》规定的认定侵犯知名商品特有包装装潢权益的条件。其实，防止混淆不但体现在行为是否违法的认定中，也体现在权益的确定中。将包装装潢的权益确定归于某一主体后，如果本身就制造了混淆，则说明这样做是违反《反不正当竞争法》的。

第三个视角：保护知名商品特有包装装潢的立法目的是"保护经营者、消费者和维护公平竞争"。确定包装装潢的权益归属时，不能只从一个经营者的立场出发，而应综合保护所有的经营者，保护经营者之间的公平竞争，不能使权益归属成为一个经营者不公正地掠夺其他经营者劳动成果的跳板。同时，在确定包装装潢权益归属时，不能只考虑经营者，还要考虑消费者的利益。因此，商品包装装潢权益归属应遵循公平原则，不可有违《反不正当竞争法》的立法初衷。

2. 民法

我国《反不正当竞争法》颁布至今，司法实践中类似案件情况也不尽相同，市场经济的发展会带来更多不可预见的竞争形势和纠纷可能性。特别法的法律依据对于事实的认定可以作为必要不充分的条件，当单单依据特别法不足以充分得出结论时，可以寻求其上位法的法律依据和原则加以补充。由于我国《反不正当竞争法》对于知名商品包装装潢的权益归属没有明确的规定，民法中的公平原则、诚实信用原则也可以作为分析其归属的指导原则。我们可以从民法的调整角度，根据《民法通则》第四条、第七条的"公平原则""诚实信用原则""禁止权利滥用原则"进行判断，因为这些原则也是我国《反不正当竞争法》的基本原则，同样是其维护商业伦理、商业道德的精神的表现形式。司法实践中，这些原则也可直接援引作为判决、裁定的法律依据。例如，在申请再审人四川唐朝老窖（集团）有限公司与被申请人重庆诗仙太白酒业（集团）有限公司、原审被告重庆市长寿区你我他商贸有限公司不正当竞争案中，最高人民法院最终做出裁定的法律依据就是"本院……以诚实信用原则、保护在先权利等为指引，对被诉行为实质上是否构成擅自使用知名商品特有包装装潢的不正当竞争行为做出裁决。"现实中，很多不正当竞争的案例，侵权人往往拥有合法形式的"权利外衣"，因此民法上这些原则的调节显得至关重要，只有在遵循这些原则的基础上，结合具体案情的客观因素综合判断，才能促成不正当竞争引发的民事争议得到实质上的解决。

　　所谓公平原则，是指"民事主体应本着公平正义的观念实施民事行为，司法机关应根据公平的观念处理民事纠纷，民事立法应该充分体现公平观念。"[①] 根据公平原则，任何主体在利益的归属上都没有先天的优势，客观的行为和事实才是真正的认定标准。在不可避免的利益冲突中，坚持公平观念，应依据利益冲突的各方对所争利益所做出的行为来进行判断。[②] 本案中特有包装装潢的归属也理应遵循"公平观念"这一依据，法律的天平应该倾向于对所争特有包装装潢做出客观使用和经营的真正经营者。知名商品特有的包装装潢在市场中的利益来源于它的区别性，而这种区别性只能通过经营者在市场中使用此特有包装、装潢的行为才能建立起来。所以，在市场中使用此知名商品的特有包装装潢的经营者相比于没有实施相应行为的经营者，具有优先的地位来拥有此特有包装、装潢。[③] 可见，《关于禁止仿冒知名商品特有的名称、包装、装潢的不正当竞争行为的若干规定》中规定的"在先使用原则"也是"公平原则"在具体法律法规中的体现。在判断红罐包装装潢的归属时，我们有必要借助《民法通则》第四条的公平原则，更好地理解和适用"在先使用原则"。

　　根据《民法通则》第四条，民事主体进行民事活动时应遵循诚实信用原则。诚实信用原则不仅调节当事人和当事人之间的利益冲突，同时也制约着当事人与社会之间的"契约关系"。徐国栋教授曾指出，诚实信用原则涉及两种利益关系——当事人之间的利益关系和当事人与社会之间的利益关系。在当事人的利益关系中，诚实信用原则要求尊重他人的利益，以对待自己事务的注意对待他人的事务，保证法律关系的当事人都能得到自己应得的利益，不损人利己。同时，当事人与社会的利益关系中，当事人不得通过自己的民事活动损害第三人与社会的利益，必须在权利的法律范围内以符合其社会经济目的的方式行使自己的权利。[④] 本案中，在权利归属的判断上，首先不得违背前述公平原则损害一方而利对方，其次也不能造成混淆，使消费者对原知名商品误认，从而损害他们基于对原知名商品配方的青睐而错选的信赖利益。

---

①　王利明.民法总则研究 [M].北京：中国人民大学出版社，2003：115.
②　向波.关于"比较优势"的赋权理论 [J].知识产权，2012（9）：24.
③　向波."不劳而获"的现实与"公平正义"的神话？——原王老吉凉茶特有包装、装潢利益归属法律分析 [J].知识产权，2012（12）：48.
④　徐国栋.民法基本原则解释 [M].增订版.北京：中国政法大学出版社，2001：79.

此外，根据《民法通则》第七条的"禁止权利滥用原则"，民事活动应当尊重社会公德，不得损害社会公共利益，扰乱社会经济秩序。如果违背诚实信用原则，突破当事人与社会之间的"契约关系"，有损社会利益、混淆消费者的认知，自然也违背了禁止权利滥用原则。在红罐案中，广药集团拥有"王老吉"商标的商标权，其行使商标权应限于法律规定的权限范围内。如果超出法律规定的范围，将本应归属于他人的权益也附属于商标权去行使，也会涉及权利滥用的问题。

3. 知识产权法

在大多数国家，反不正当竞争法都是从侵权行为法发展而来的，但是这种渊源关系后来并没有得到突出的强调。由于《巴黎公约》将其与知识产权联系起来，反不正当竞争反而被纳入知识产权范围。[①] 一般认为，我国《反不正当竞争法》属于知识产权的范围，但它与其他知识产权法仍有一定的区别。这里所说的知识产权法，是指除了《反不正当竞争法》之外的其他知识产权法。《反不正当竞争法》与其他知识产权法存在交叉、互补的部分，且联系紧密，比如《反不正当竞争法》可以对未注册商标、未受专利保护的发明等给予补充性的保护，但知识产权法并不能完全包括反不正当竞争法调整的所有法律关系，比如虚假宣传、商业诋毁等。世界知识产权组织国际局根据 1994～1995 两年计划编纂并于 1996 年出版的《反不正当竞争示范法》第一条（2）[第一条至第六条的规定与保护发明、工业设计、商标、文学和艺术作品以及其他知识产权的规定之间的关系] 规定，"除保护发明、工业设计、商标、文学和艺术作品以及其他知识产权的任何规定外，第一条至第六条应独立地适用于这些对象。"[②] 该示范法并未意图道出二者的关系，从文意表达来看，只是描述了反不正当竞争法的作用是独立的，但它对知识产权的保护是补充性的。从二者的保护客体来看，知识产权法保护的是专利权、著作权、商标专用权等"权利"，该权利一般是法律授予的一定程度的独占性权利；而反不正当竞争法保护的是某种客观存在的"法益"，是通过一般性条款和禁止性条款对违法行为的规制。知识产权法并不是直接认定知名商品特有包装装潢的

---

① 孔祥俊. 反不正当竞争法的创新性适用 [M]. 北京：中国法制出版社，2014：229.
② 孔祥俊.《反不正当竞争示范法》及其注释 [J]. 工商行政管理，1998（10）：45. 条文原文参见 Model Provisions on Protection Against Unfair Competition，presented by the International Bureau of WIPO，WIPO publication No. 832（c）.

法律依据，然而反不正当竞争法与知识产权法存在某种天然联系，知识产权法可以提供确定包装装潢权益归属的视角。

第一个视角：知识产权保护智力成果。知名商品的特有包装装潢上凝结着诸多智力成果，这些智力成果的归属要依据知识产权法的立法精神和保护原则。学界上关于这一问题始终有两种对峙的观点，即功利主义的激励理论和洛克财产权劳动学说[①]。所谓功利主义的激励理论，是强调为社会公共利益的需要，要一定程度禁止免费使用，如果后来者过分搭便车，将引起知识财产创作和投资的先行者数量减少[②]，这是立法者创设知识产权的积极依据。所谓洛克财产权劳动学说，认为知识产权是一种规制人们行为模式的权利，按照该学说的主张，某人不可以仅仅凭借其创作出某种东西就当然地可以广泛制约他人的自由[③]，这是立法者创设知识产权的消极依据。二者不可偏废，尤其是洛克财产权劳动学说这一消极制约依据，可谓知识产权的一个合理边界。知识产权权利人只可凭借其智力成果享有权利，但对于没有进行劳动创设、投资经营的情况，除非有法律规定或经受让取得，否则没有任何依据获得该权利。

第二个视角：避免知识产权的权利冲突。同一知识产品上如果同时存在两项或者两项以上的权利，并且这些权利为不同的主体享有，就会产生权利冲突。当出现表面上的权利冲突时，法院就要根据保护在先权利等原则解决冲突，最后只保护真正的权利人，否定其他人表面看起来上所享有的权利。在确定知识产权权利归属的时候，就要避免之后可能出现的权利冲突。就商品的包装装潢而言，可以成为几种知识产权的保护对象。从商标法的角度，特有包装装潢上如果符合商标注册的条件，可以注册为商标，可得到《商标法》的商标专用权保护。从著作权的角度来看，特有包装装潢的内容多数情况下是一种美术作品。根据《保护文学和艺术作品伯尔尼公约》，国际通行的著作权保护机制为自动取得制度。我国《著作权法》对作品的保护也是遵循自动取得制度。包装装潢的设计，从呈现于世起，就天然享有著作权的保护。从专利权的角度来看，特有包装装潢经申请可获得外观设计专利，享有专利权。确定《反不正当竞争法》所保护的知名商品包

① 李杨.究竟谁动了谁的奶酪——加多宝与广药之争评析［J］.知识产权，2012（12）：18-20.
② 田村善之.智慧财产法政策学初探［M］// 李杨.知识产权法政策学论丛（2009 年卷）.北京：中国社会科学出版社，2009：99-126.
③ 森村进.财产权的理论［M］.东京：弘文堂，1995：168-171.

装装潢的权益，应当考虑该包装装潢是否是其他知识产权的客体，并在存在其他知识产权时按照保护在先权利的原则，避免权利冲突。

（三）包装装潢权益归属的事实依据及法律分析

从前述法律依据和法律视角的分析，结合本案的有关事实，笔者认为，加多宝公司作为将涉案包装装潢使用于涉案商品，并因其经营使得该商品成为知名商品的唯一主体，是涉案知名商品特有包装装潢的唯一权利人。

1. 加多宝公司是涉案包装装潢的首创者和在先使用者

鸿道集团早在 1992 年涉案王老吉商标注册之前已经开始将红色用于凉茶的包装装潢，一改此前凉茶产品多采用体现清润凉爽的绿色或白色为主色的习惯做法，首次将警示炎热的红色作为凉茶包装装潢主色彩。1995 年陈鸿道委托设计公司按其构想完成红罐凉茶包装装潢的设计，并于 1996 年向专利局申请并取得了外观设计专利权。东莞鸿道公司于 1996 年将上述设计用于生产经营红罐凉茶。上述设计无论是否使用在涉案的包装装潢之上，都受到《著作权法》和《专利法》的保护。该设计现用于涉案"知名商品"，与《反不正当竞争法》保护的特有包装装潢构成权利的竞合，权利人可以在不同时间、从不同角度寻求法律保护。在红罐凉茶还没有成为"知名商品"之前，陈鸿道就享有该设计的著作权和外观设计专利权；在该设计使用在涉案商品且该商品经过加多宝公司的经营成为知名商品后，加多宝公司享有该知名商品特有包装装潢权益。

如果将涉案包装装潢的权益认定归广药集团所有，则会造成知识产权的权利冲突。它不但与陈鸿道及其公司对该设计享有著作权冲突，也与陈鸿道的外观设计专利权冲突。当然，有一种观点认为，本案中的红罐外观专利设计已被无效，因为该设计与其申请日前的陈鸿道为专利权人的另一外观设计（饮料盒标贴）相同，且时至今日就算存在也早已过期，红罐装潢的外观设计理所应当进入公共领域，人人可用，所以本案不存在知名商品特有包装装潢权益与外观设计专利权的冲突。从事实上看，确实如此，本案已不存在知名商品特有包装装潢权益与外观设计专利权的冲突。但是按照广药集团和一审法院的逻辑，在认定知名商品特有包装装潢权益的归属时，是不考虑该包装装潢是否享有外观设计专利的，也不考虑其著作权归属的。即使仍处于外观设计专利保护期内，包装装潢的权益仍可能归于其他人。在本案中，虽然陈鸿道的外观设计专利权已经过期，但即使没有过期，广药集团和一审法院的推理中也不会给予考虑。将包装装潢的权益确定归属于广药集团会产生知识产权的权利冲突，说明这种认定以及做出这种认定的逻辑是存在问题的。

2. 加多宝公司是涉案包装装潢的在先使用者,该包装装潢成为识别加多宝公司商品的标志

如前所述，特有包装装潢的权益不是一项直接获得法律授权的独占性权利，而是《反不正当竞争法》基于使用的客观事实提供的法律保护。这种客观事实的产生必须存在知名商品的长期经营，只有通过这种长期经营才能使得特有包装装潢产生区别商品来源的功能。对于包装装潢权益的产生，本案中的以下事实具有重要意义：

第一，涉案包装装潢是陈鸿道提出创意并委托设计而产生的，加多宝公司最先使用在自己生产的红罐凉茶上；第二，加多宝公司生产的红罐凉茶使用王泽邦后人的正宗配方，该配方不同于广药集团的配方，因此其产品的口味也与广药关联公司的绿盒凉茶、大健康公司后来生产的红罐凉茶以及其他公司生产的凉茶不同；第三,2012 年 6 月之前,在凉茶产品上,只有加多宝公司使用涉案的包装装潢；第四，随着加多宝公司的经营，其独特红罐包装装潢的凉茶商品得到消费者的青睐和社会各界的认可和高度评价，获得了商业上的巨大成功。相关证据显示，加多宝公司在生产经营知名商品和涉案装潢的使用上，都凝结着真正装潢权人的付出和努力：自 1996 年产品面世起，陆续在各地平面媒体、电视媒体等进行广告宣传。比如，1997 年在《温州晚报》做广告，有《温州晚报》出具的证明和广告合同书;1997 年在温州电视台做广告，有温州电视台出具的证明和广告合同书；从 1998 年至 2011 年 7 月，多地建厂、扩大生产规模，建厂费用总额为 22.2 亿元；持续大力投入推广宣传，广告费用 32.8 亿元，促销费用 29.5 亿元；2005 年加多宝公司经营的红罐凉茶的配方和术语被认定为广东省食品文化非物质遗产，并在 2006 年被认定为国家级非物质文化遗产代表作；加多宝公司及其红罐凉茶商品获得消费者、政府、行业协会等社会各方面高度评价和认可，收获了众多荣誉。

可见，由于加多宝公司在先、长期、持续使用涉案装潢，使涉案装潢产生区别性，成为消费者识别加多宝公司凉茶的标志。从《反不正当竞争法》制止混淆的角度，加多宝公司的权益应得到保护，其有权制止其他人使用该包装装潢给消费者带来的混淆。从民法诚实信用原则和公平原则的角度，将知名商品归属于生产经营者、装潢的缔造者、使用者——加多宝公司，这才是公平原则的体现。

3. 涉案知名商品红罐凉茶由诞生到知名均由加多宝公司独立经营，而广药集团并未参与

知名商品特有包装装潢权因使用而形成，只有将某一装潢实际使用于具体的商品，并随着商品知名度的提升，使得该包装装潢具有能够区别商品来源的特征时，法律才对该知名商品特有包装装潢给予保护。将这一装潢使用在知名商品上的人是装潢权人。涉案装潢从产生、设计到实际使用于商品生产，再到商品的宣传推广，直至成为知名商品的特有包装装潢，均是由加多宝公司及其关联企业的决策和实施行为而形成的。

2012年5月之前加多宝公司生产经营的红罐凉茶上，虽然使用了"王老吉"的商标，但生产厂家是加多宝公司，并且其生产的配方是加多宝公司获独家授权使用的配方。广药集团虽然拥有商标权，但其对于加多宝公司的生产过程以及产品宣传推广销售均未参与，该产品与广药集团没有识别上的联系，消费者不会将加多宝公司生产经营的红罐凉茶与广药集团联系起来，不会认为是来源于广药集团的商品。因此，广药集团无权主张自己是涉案知名商品经营者而享有包装装潢权益。

从竞争法的角度看，《反不正当竞争法》第一条开宗明义地表达该法不但要保护经营者的合法权益和市场竞争秩序，还要保护消费者的合法权利，其最根本的目的是维护公共利益。红罐之争不仅是两个企业间的争议，其归属的争议关系到企业与社会公共利益之间的利益平衡。企业的竞争如果超出了"正当"的范畴，即侵犯了社会公共利益。消费者的信赖基于的是缔造这一知名商品的商品品质，如果广药集团在未具备法律与事实依据的前提下得到涉案包装装潢权益，硬生生地改变"红罐"与"知名商品"的识别联系，在商标权所有人收回商标权时一同将包装装潢也收回，消费者再次基于对此包装装潢的信赖所购买的商品显然已不

是原来的商品。广药集团由此损害的不仅是加多宝公司对其特有包装装潢的权益，这种切断原有识别联系的偷梁换柱行为更是侵犯了消费者的信赖利益。如果将涉案知名商品特有包装装潢的权益确认归加多宝公司所有，则加多宝公司可以在商标许可合同终止后，继续使用原来的包装装潢，并可以制止其他人的使用。这保护了加多宝公司的合法权益，维护了公平竞争的秩序，同时使消费者可以继续通过包装装潢识别加多宝公司的产品，是符合《反不正当竞争法》的立法宗旨和目的的。总之，本案知名商品特有包装装潢权益归属的认定，应当符合《反不正当竞争法》的立法目的，兼顾争议双方的公平并维护市场竞争秩序和保障公共利益，以事实为依据，以法律为准绳。

从民法诚实信用原则和公平原则的角度看，日本等国家及我国台湾等地区认定知名商品时采用的"贡献原则"，就是民法中基本原则的体现。根据"贡献原则"，在认定知名包装权利的归属问题上，就可以根据对包装知名度的贡献大小来确定谁可以作为包装的权利归属主体。在日本的司法实践中，一些被告对涉案标识的知名做出了巨大贡献，于是被告与涉案标识之间就建立了紧密的联系，所以相关公众就可以通过该标识将被告作为商品的来源主体。[1] 根据上述原则，知名商品特有包装装潢权的归属应当属于客观做出贡献的一方，该原则在我国法律中的体现就在于民法的公平原则、诚实信用原则。本案中，对于涉案的红罐包装装潢，其设计的产生、商品的生产和经营的主体是加多宝公司，广药集团仅仅拥有对王老吉这一注册商标的权利，对于包装装潢本身并未做出实质性贡献。相反，一审法院未考虑商标使用权变化后知名商品名称与实质的变化，笼统地认定"王老吉凉茶"为知名商品进而将特有包装装潢权的归属给予广药集团，而使真正的"缔造者""使用者"徒劳无功，失去自己辛苦经营的成果，是有违公平原则的，与法理、情理皆背道而驰。

广药集团曾在与鸿道集团签订的一系列商标许可使用合同及补充协议中约定，加多宝公司不可以使用除红罐包装装潢之外的王老吉凉茶，据此，涉案双方明确在商标权收回之前各自使用自己的包装装潢。根据诚实信用原则，在合同解除后，双方依然要履行避免各自包装装潢混淆的后合同义务，而广药集团在商标

---

[1]　林秀芹，黄钱欣. 知名商品特有包装的权利归属问题研究——以日本新近司法案例为视角 [J]. 知识产权，2013（4）：62.

许可关系结束之后，仍试图使用红罐包装，这必然造成混淆，不仅损害了加多宝公司对知名商品特有包装装潢的权利，更有违诚实信用原则，损害了消费者的信赖利益。

有观点认为，加多宝公司当初没有使用自己的商标，而是通过许可使用了"王老吉"商标，就认可了经营红罐凉茶所产生的商誉不归于自己，而是归于商标权人。因此，判令该商品的包装装潢归于广药集团，也并不违反公平的原则。持这种观点的人，首先是承认将红罐包装装潢归于广药集团是不公平。为了给这种不公平找借口，把原因推到加多宝公司身上，认为使用别人商标就要冒所有权益都归商标权人的风险。这是一种错误的逻辑，没有事实和法律依据。经营者使用他人的商标，如果产品是他人的，包装是他人的，其经营所产生的商誉会归于商标权人；但如果经营者经营的是自己的商品，使用的是自己的包装，不会预料到自己经营积累的商誉全部归于商标权人，法律也没有这样的原则与规定。

另外，从"禁止权利滥用"原则看，广药集团主张包装装潢的权益应归于商标权人，实质是对商标权的滥用。商标权人的权利范围是对其所拥有的商标的使用权和禁止他人非法使用的权利。商标权人不能行使其商标权禁止他人使用与商标标识无关的标识，更不能凭借商标权就他人的其他标识取得权益。广药集团在一、二审中据以申辩的理由条条离不开其为注册商标权人，但本案关注的焦点是知名商品特有包装装潢权的归属。庭审中，广药集团代理人对我们的代理意见归纳了四个学说——设计说、使用说、投入说和判决说。对于因使用而形成的商品包装装潢相关权益应由使用者享有。设计是使用的前提，经营中的投入也是使用，判决是对权利归属的确认，故在先使用是判断包装装潢归属的原则。无论从哪个角度来说，加多宝公司都是唯一的涉案知名商品特有包装装潢相关权益的唯一权利主体。那广药集团的观点又可归纳成什么学说呢？商标说？在本案中广药集团一直以商标权人的身份，认为涉案装潢与王老吉商标不可分离，装潢是商标的附属，应当一并归于商标权人。这种观点显然是违背商标法对商标权与反不正当竞争法对知名商品特有包装装潢权两种不同权利客体予以保护的初衷和具体规定。

4. 生效判决确定了加多宝公司是涉案知名商品特有包装装潢的权利人

广东高院（2003）粤高法民三终字第 212 号判决明确指出：可以认定广东加

多宝饮料食品有限公司对其使用的"王老吉"罐装凉茶饮料的装潢享有知名商品特有装潢权。广药集团明知加多宝公司设计使用该装潢并在司法程序中成功被认定为权利人，却从未提出异议，表明广药集团非常清楚自己并不是涉案知名商品特有包装装潢的权利人，并且认可加多宝公司是涉案包装装潢的权利人，否则其应当以有独立请求权第三人身份或共同原告申请参加诉讼。加多宝公司因为使用享有涉案装潢权，并经生效判决确认，加多宝公司对该项无形财产的所有已经长达十多年，享有占有、使用、收益、处分权。

我国民事诉讼相关法律法规明文规定，生效判决可以作为证据使用。该判决中的认定已然可以证明加多宝公司是涉案包装装潢的真正权利人，关于涉案装潢的归属业已确定，除非有相反证据或足以推翻前述判决的确凿证据，否则法院不应当回避或否认这一明确的归属关系。

5. 涉案合同为商标许可使用合同，无关装潢授权

从双方商标许可协议的约定来看，涉案的任何一份合同都只是有关商标的授权，只字未提包装装潢，更没有任何装潢附图或者具体的装潢内容，不能想当然地将合同并未涉及的装潢纳入许可范围。一审法院描述了红罐包装装潢的具体表现形式，但依据双方合同中约定加多宝使用"红罐"这一条款，就认定为"授权"，这是对"约定"和"授权"的混淆。

1997年合同中第1.1条：甲方（羊城药业）只可保留生产和销售原已生产的用纸包装的王老吉清凉茶，但包装颜色不能取用红色，包装设计图案不得与乙方（鸿道集团）生产的"被许可商品"相同。

2000年协议中第2.6条：许可人（广药集团）除本身及其下属企业已生产及销售的绿色纸包装"王老吉"清凉茶外，许可人不得在第一条1.3使用商品类别第32类商品（饮品类）在中国境内使用"王老吉"商标或授权第三者使用"王老吉"商标。

首先，双方商标许可协议签订之前，陈鸿道先生已经开始使用红色纸包装经营凉茶，而广药集团及前身签订合同前根本没有生产销售过红色包装凉茶，广药集团如何对根本不存在的事物享有权利并授权他人使用？

其次，如果认为合同中被许可方经营"红色罐装"为授权，也就等于承认

颜色的独占性，在没有获得其他显著性条件的前提下，依据"颜色耗尽"[①] 理论，单一颜色是不可能拥有独占权的，广药集团在签订合同时提出这样的要求并非为将创始某种颜色的独占权授权于被许可方，这只是为作区别而约定的。

最后，从双方的协议名称及内容可以看出，二者的法律关系是商标许可使用合同关系，不是委托生产或者许可销售的关系。

因此，一审判决认定加多宝公司之所以有权生产经营王老吉红罐凉茶，是基于广药集团的授权，广药集团收回商标时附属于知名商品的特有包装装潢应归还商标权人，并认为这是加多宝公司应当预见到的，缺乏依据。授权他人使用的前提是权利已经形成，如前所述，在涉案商标使用许可协议签订之初，涉案装潢根本不存在，对于根本不存在的权益客体何谈授权使用？如果依照广药集团的主张，认为商标许可合同中约定由广药集团授权鸿道集团在红色纸包装和红色罐装产品上使用商标就是对包装装潢的授权，那么只能有一种解释，那就是广药集团认为红色是涉案装潢的全部内容，而这显然也是没有任何事实和法律依据的。

总而言之，任何知名商品都有一个从不知名到知名的过程，法律之所以给予知名商品高于普通商品的保护，其前提条件便是该商品通过经营者的生产、推广、宣传的行为成为知名商品，获得消费者的认可。故此，对于一个商品而言，谁的经营和努力促使该商品成为知名商品，谁才有权享有知名商品对应的一切权利。换言之，谁使涉案红罐凉茶成为知名商品，使涉案包装装潢具有特有性，谁便是涉案红罐凉茶知名商品特有包装装潢权的权利人。

综上，笔者认为，涉案包装装潢由加多宝公司在先使用在涉案商品上，使用了该包装装潢的红罐凉茶在加多宝公司的经营下成为知名商品，加多宝公司是涉案知名商品特有包装装潢唯一权利人，广药集团既非涉案包装装潢的在先使用者，也不是涉案知名商品的经营者，无权针对加多宝公司的红罐凉茶主张知名商品特有包装装潢相关权益。

（四）从商品包装装潢保护与商标保护的关系分析包装装潢权益归属

法律保护的商品包装装潢是一种具有识别作用的商业标记，而商标法所保护

---

① 杜颖.商标法［M］.北京：北京大学出版社，2010：58.

的商标也是具有识别作用的商业标记，二者保护的法律基础是相同的，但保护制度有区别。在很多情况下，知名商品上使用特有包装装潢的同时还使用了商标。因此，正确认识《反不正当竞争法》对商品包装装潢提供的保护与商标法对商标标识提供的保护二者之间的关系，对于认定商品包装装潢权益的归属非常重要。在红罐案中，加多宝公司在使用自己设计的包装装潢的同时，还使用了广药集团的"王老吉"商标，从而引发了该包装装潢归属的争议。

1. 商品包装装潢保护与商标保护之比较

商品包装装潢保护与商标保护有很多可比的内容，此处主要就红罐案中涉及的内容（主要包括权属和保护条件等）进行分析，而不对二者进行全面的探讨。

（1）商品包装装潢与注册商标。

就权属而言，注册商标的权属比较明确，商标权人就是权利人。商标权人可以将其商标许可给他人使用，即使许可使用也不会影响商标权的归属。商标可以转让，转让后受让人成为新的商标权人。注册商标权是因注册而产生的权利。根据我国《商标法》的规定，商标注册后，不管商标权人有没有使用该商标，都可以行使商标权。当然，我国《商标法》对于商标的使用提出了具体要求。而在侵权诉讼中，如果商标权人没有使用其商标，其获得的赔偿很有限。"除为维权而支出的合理费用外，如果确无实际损失和其他损害，一般不根据被控侵权人的获利确定赔偿。"[①]

而商品的包装装潢，是因为使用并达到一定的条件而受保护。只有商品知名、包装装潢特有，从而他人擅自使用会引起消费者混淆误认时，包装装潢才能受到法律保护。而法律对商品包装装潢的保护，是赋予了使用人制止他人不正当竞争的权利，并不使使用人具有单独转让的权利。商品的包装装潢，不能离开其知名时所承载的商品。因此，如果使用人就其经营的知名商品特有包装装潢转让给他人，而他人用于与原使用人不同的商品，则受让人并不能获得受保护的权利。这是因为，法律保护商品包装装潢的目的之一是防止消费者混淆。但是如果将商品的包装装潢单独转让给第三人，而不是把自己经营的事业一并转让，而第三人并不经营相同的商品，则会导致消费者的混淆。

---

① 《最高人民法院关于当前经济形势下知识产权审判服务大局若干问题的意见》第七条规定。

（2）商品包装装潢与未注册商标。

从理论上讲，商品的包装装潢如果产生识别作用就是未注册商标。就我国《商标法》所保护的商标而言，未注册商标只有成为驰名商标时，才能得到《商标法》的保护。因此，从商标的意义上讲，我国《商标法》并不保护未注册且不驰名的商标。《反不正当竞争法》保护的商品包装装潢以"知名"为条件。这就是说，一个未进行注册的商品特有包装装潢，未达到"知名"的条件时，不受法律的保护；在达到知名的条件后，受《反不正当竞争法》的保护；如果该包装装潢符合商标法关于"驰名"的条件，则可作为未注册驰名商标受到《商标法》的保护。

因此，是作为知名商品特有包装装潢保护还是作为未注册驰名商标保护，取决于当事人自由意志下的不同选择。而就权利的归属和性质而言，二者是相同的，即只有经过使用，才受到法律保护，而法律保护并不能脱离使用该包装装潢的商品。

2. 包装装潢保护与商标保护的关系辨析

对于包装装潢保护与商标保护之间的关系，业界存在不同的意见。特别是当同一商品上既有商标又有特有的包装装潢时，商标与包装装潢的保护是否处于同一位阶，两种权利是否可以分离，是一个既有理论意义又有现实需求的问题。而在红罐案中，这一问题也成为双方当事人争议的焦点。

（1）知名商品特有包装装潢的保护与商标保护处于同一位阶。

有观点认为，《商标法》对商标的保护高于《反不正当竞争法》对知名商品包装装潢的保护，在同一商品上存在商标保护和知名商品特有包装装潢保护时，包装装潢附属于商标。笔者认为，我国《反不正当竞争法》对包装装潢提供的保护与《商标法》对商标标识提供的保护，二者是相互独立的，处于同等位阶，并非谁是谁的附属。

第一，从立法基础来看，二者取得保护的法律依据不同。知名商品的包装装潢受《反不正当竞争法》保护，是为防止不正当竞争而规定的；而商标权是以注册商标专用权的形式受《商标法》保护，未注册商标只受防御性的保护。根据TRIPS及国际公约惯例，反不正当竞争法对未注册的商业标记在竞争地理区域和营业范围内提供积极的、有限的排他性保护。[①] 据此，当装潢符合注册商标要件并进行注册后，可享《商标法》中商标专用权的排他性保护；当装潢不符合注册商标要件或未选择以申请商标的方式去保护时，仍然可以受到《反不正当竞争法》保护。

第二，权利客体独立，一个是知名商品特有包装装潢，一个是商标。商标的标识虽然不排除可能与商品的包装装潢相同，但就客体而言，二者是独立的。商标自产生以来，其作用即区别商品和服务的来源，经营者使用商标就是用来区分商品和服务来源的；而商品的包装、装潢的使用最初并不是为了区别商品和服务的来源，只有包装装潢特有且该商品成为知名商品时，才产生识别作用。包装装潢所产生的识别作用与商标的识别作用不同，其中发挥主要作用的是具有美感的文字、图案、颜色的有机组合的识别力。知名商品的包装装潢是经使用而产生的，无需经注册，其识别力直接发挥吸引顾客的功能；而商标经注册获得专用权后起到区别商品或服务来源的作用。当然，某一商品既可用商标来区别来源，也可用包装装潢区别来源，或同时使用商标和包装装潢区别来源，但并不等于商标或包装装潢就吸收了另一标识的区别功能，二者仍各自具有区别功能。

第三，从主体资质的角度来看，主张权利者所基于的身份不同。能够对知名商品特有包装装潢主张权利的主体为该知名商品经营者；能够对商标主张权利的主体为商标权人和获授权的商标使用人。

第四，从保护条件的角度，反不正当竞争法对商品包装装潢的保护以知名商品特有为条件，而商标法对商标的保护主要以注册为条件（驰名商标特殊保护除外）。

第五，从保护客体使用情况的限制的角度来看，受反不正当竞争法保护的商品包装装潢可以在使用过程中进行适当地修改，而受商标法保护的注册商标在使用时不得随意修改。

总之，反不正当竞争法对商品包装装潢的保护与商标法对商标的保护是处于同等位阶、相互独立的，两者之间并无隶属关系。

---

① 冯文博，杨佳.论知名商品特有包装装潢权的归属——以王老吉红罐包装权益纠纷为例 [J].法制与经济，2014（9）：60.

（2）知名商品特有的包装装潢可独立于商标受法律保护。

当同一商品上既有商标又有特有的包装装潢时，包装装潢的保护是否因商标而受影响呢？换言之，如果一个商品上的商标是知名度较高的商标，甚至是驰名商标，是否就会使消费者忽略商品的包装装潢，从而商品的包装装潢无法得到法律的保护呢？如果说包装装潢能得到法律保护，商标是否是包装装潢的组成部分呢？这些问题涉及知名商品特有的包装装潢是否可独立于商标受法律保护。

在同一商品上，商标和包装装潢都有识别作用。有的消费者习惯通过商标识别商品，有的消费者习惯通过包装装潢识别商品，也有的消费者既通过商标又通过包装装潢识别商品。在探讨商品包装装潢的保护时，只应考虑商品包装装潢的单独识别作用，而不应把商标考虑在内。即便商品包装装潢上显示了商标，也不能就此认为商标本身是包装装潢的内容而受到《反不正当竞争法》对商品包装装潢的保护。正如最高人民法院所指出的："《商标法》和《反不正当竞争法》各有其独立的适用条件和保护对象，应该分别处理和独立判断。……不同商业标志分别对商品来源起识别作用，不同消费者可以通过不同的商业标识来识别商品来源。"[①]

在红罐案中，双方所争议的一个问题是，在加多宝公司 2012 年 5 月前所经营的红罐凉茶上，如果离开"王老吉"三个字，其特有的红罐包装是否产生了识别作用。加多宝公司主张红罐包装本身已经产生了识别作用，消费者可以只凭借红罐包装识别商品。而广药集团和一审法院认为，"最吸引相关公众注意之处在于红色主调和竖排的、黄色字体'王老吉'三个字，'王老吉'三个字已经与王老吉红罐凉茶包装装潢的其他组成部分紧密地结合在一起，已经成为该包装装潢的一个重要组成部分，即商标与包装装潢已经融为一体，不可分离。"这种观点本身就是矛盾的。一方面主张商品包装中最吸引相关公众注意的仍是其中的商标，这就否定了装潢的识别作用；但另一方面又主张包装装潢成为《反不正当竞争法》保护的客体，实质上承认除商标外的包装装潢具有识别作用。这种矛盾的观点，反映了其对包装装潢与商标关系的不正确认识。

---

① 最高人民法院（2011）民申字第 623 号裁定。

（3）同一商品上的商标和特有包装装潢，不能看作注册商标专用权人在同一种或者类似商品上注册的相同或者近似的商标。

《商标法实施条例》第三十二条规定，"注册商标专用权移转的，注册商标专用权人在同一种或者类似商品上注册的相同或者近似的商标应当一并移转"。有人认为，同一商品上的商标与包装装潢，类似于上述规定的情形。与被许可商标无法区分的"未注册商标"应与注册商标一并转移，商品特定的包装、装潢也要随商标一并转移。许可合同的终止，大致可以类比为商标从被许可人那里重新"转让"给许可人。为了避免混淆，被许可人应当一并停止使用那些与被许可商标无法区分的"未注册商标"。也就是说，被许可人应当停止使用被许可商标所特定的包装、装潢。

笔者认为，上述意见误解了《商标法实施条例》第三十二条上述规定的本意。我国《商标法》第三十条规定："申请注册的商标，凡不符合本法有关规定或者同他人在同一种商品或者类似商品上已经注册的或者初步审定的商标相同或者近似的，由商标局驳回申请，不予公告。"可见，在商标注册过程中，如果同一种商品或者类似商品上有已经注册的或者初步审定的相同或者近似的商标，是"他人"的商标则会影响到注册，是"本人"的商标则不会影响注册。这就是说，在注册中允许同一申请人同一种商品或者类似商品注册相同或者近似的商标。这种商标在转让时要受限制，只能一并转让，否则就会出现不同的商标权人在同一种商品或类似商品上有相同或者近似商标的情况，会导致消费者无法通过商标识别商品来源，或者产生商品来源上的误认。这一规定针对的是商标标志本身的近似性，而不是曾使用在同一商品上。

商标与商品的包装装潢本身并不是近似的标志，只是曾使用在同一种商品上。曾使用在同一种商品上的商标与包装装潢，在使用时曾指向同一商品，但这与标志近似的商标根本不同。标志近似的商标，无论何时使用、由谁使用，都可能会造成消费者混淆。而同一商品上使用的多种标志各自具有识别性，不一定必须归属于一个主体。同一商品上的商标与包装装潢相当于同一商品上的多个不近似的商标，并不要求一并转移。例如，IBM 公司曾长期在其笔记本电脑上使用"IBM"和"ThinkPad"商标。2004 年年底，联想公司收购了 IBM 的 PC 事业部，其中包括了"ThinkPad"商标。现在，"ThinkPad"成为联想公司在笔记本电脑上使用的商标。这样，曾在同一商品上使用的"IBM"和"ThinkPad"商标分属于不同的主体，并不因二者曾使用在同一商品上而只能同时转让。

在红罐案中，主要涉及"王老吉"商标与以红色为主的罐体包装装潢，二者是完全不近似的标志。在加多宝公司使用王老吉商标期间，二者形成了不同的识别作用。通过"王老吉"商标，消费者识别该商标为王老吉系列商品之一；通过红罐包装装潢，消费者识别其为加多宝公司的产品。在这种情况下，二者并非指向同一来源，并不像近似商标一样让消费者产生来源的混淆。

（4）同一商品上的商标和包装装潢的权益可属于不同的主体。

这一问题有时也称为包装装潢与商标能否分离的问题。前面所分析的包装装潢是否与商标独立保护的问题，主要针对包装装潢是否能够单独受法律保护。而这一问题是在承认包装装潢可以单独受保护的基础上，其权益是否必须归属于在同一商品上的商标的商标权人的问题。在红罐案中，因加多宝公司通过许可使用了广药集团的"王老吉"商标，并使用了自己设计的红罐，于是就产生了红罐包装装潢的权益是否归属于商标权人广药集团的问题。

对这一问题，业界存在两种不同的观点。一种观点认为，同一商品上的包装装潢可与商标分离，权益分属于不同的主体；另一种观点认为，商品包装装潢的权益与商标不能分离，只能归属于商标权人。我们同意第一种观点，商品包装装潢与商标是可分离的权益，可归属于不同的主体。

首先，从商品包装装潢与商标保护产生的基础看，商品包装装潢受法律保护是因为其具有显著性，起独立识别作用。在同一商品上既有商标又有特有包装装潢的情况下，不排除对某些消费者不通过商标而仅通过包装装潢建立其与商品之间的联系，这就意味着商品包装装潢的权益不一定归属于商标权人。

其次，从商誉的角度看，保护商标和保护知名商品的特有包装装潢都是为了保护商誉。商誉是因商品或服务而产生的，归属于某一主体。享有商誉的人也是有权获得法律保护的人。广药集团和一审法院认为包装装潢与商标的权益不可分的一个主要理由是，商标承载了商誉，商誉只能归于商标权人，因此商品的包装装潢的权益也只能归于商标权人。笔者认为，这一结论存在推理上的错误。商标可以是商誉的载体，但并不是唯一的载体，知名商品特有的包装装潢也是商誉的载体。商誉因为商品经营的成功而获得，本来应归属于商品的经营者。但如果经营者使用的不是自己的商标，商标权人同样也会因该商品上使用了商标而获得商标所承载的商誉，但并不能说该商品所形成的商誉全部都归属于商标权人。当该商品的特有包装装潢成为识别商品的标识时，商品包装装潢就成为商誉的载体之一，而包装装潢上所体现的商誉只与经营者有关，与商标权人无关，只能归属于商品的经营者。

再次，从保护消费者和防止混淆的角度，知名商品特有包装装潢的权益应归属于经营者，可与商标权人分离。知名商品特有包装装潢属未注册商标，其具有识别商品来源的功能，成为消费者识别经营者所经营的具体产品的标识。如果认为包装装潢的权益只能归属于商标权人，则商标权人将该包装装潢用于与原经营者所经营商品不同的商品上，会使消费者误认为是原经营者所经营的商品。如此不但会侵犯消费者的知情权，损害消费者的利益，实际上也是商标权人的"搭便车"，故意造成消费者混淆，违背公平竞争的原则。

最后，从知名商品实际经营的角度来讲，红罐包装装潢与曾使用的"王老吉"商标分离具有现实的必要性。纵使涉案知名商品上曾经同时使用了红罐包装装潢和"王老吉"商标，但目前同时使用王老吉商标和红罐装潢的产品并非原知名商品，因此如果教条地坚持二者不可分离，那么消费者基于红罐包装装潢而识别的商品就不是原来的知名商品，这明显违背立法本意。为了防止这种混淆的发生，必须正视红罐包装装潢与"王老吉"商标分离的现实必要性。

（5）对红罐案一审判决关于商标权与包装装潢关系认定的分析。

红罐案的一审判决中，广东高院指出："广药集团的'王老吉'商标和该装潢中的其他构成要素一并构成本案包装装潢，本案包装装潢已经不能脱离王老吉商标而单独存在，各构成要素作为一个整体在市场上发挥了识别商品来源的作用。对于相关公众而言，他们也是将本案所涉包装装潢的各种构成要素作为一个整体进行观察，从而对商品来源予以识别。因此，正是因为本案包装装潢包含了广药集团的'王老吉'商标，故在实际使用过程中，相关公众并不会刻意区分法律意义上的商标权与特有包装装潢权，而是认为本案所涉知名商品与广药集团存在密切联系。"对此，笔者不能认同。

第一，装潢并非商标的附属物，加多宝公司的红罐装潢不天然附属于"王老吉"商标。

从商品知名的因素来看，装潢权与商标权相互独立，王老吉商标不是加多宝公司的红罐凉茶成为知名商品的决定性因素。消费者给予红罐凉茶广泛的认可主要是基于加多宝公司使用的王氏后人正宗配方所延伸的口感和品质，而并非因为商标。且法院反复强调王老吉商标的悠久历史，但鸿道集团使用王老吉商标的初衷是配合王氏后人正宗配方，与王老吉商标在当时是否已经知名没有必然联系。且广药集团主张王老吉商标在许可给鸿道集团使用前已经具有较高的知名度，这不符合事实。广药集团支持该主张的唯一依据是 1992、1993 年的两份著名商标证书，但该证据的商标并非指向涉案商标，而是针对药品类别。涉案许可使用的第 626155 号商标核准注册时间为 1993 年 1 月 20 日，广药集团未提供任何该商标实际使用（包括使用该商标的商品销售情况及宣传情况等）的证据，根本无法证明涉案商品类别上的商标在许可使用前已经知名。

从经济效益来看，加多宝公司在使用王老吉商标开始经营的前几年都是亏损的，经过多年的努力经营后才用自身的品质赢得了市场竞争力，这否定了使用王老吉商标必然会给商品带来巨大知名度、销量，给经营者带来巨额回报的推论。广药集团在多项商品上均使用王老吉商标，无论是绿盒凉茶、凉茶颗粒还是其他系列产品，其销量与知名度都无一可以与加多宝公司生产经营的红罐凉茶相比。

第二，涉案包装装潢并非与王老吉商标融为一体不可分离。

讨论商标权和包装装潢权是否可以分割本身就是有问题的。在双方曾签订的合同中，广药集团不把"盒装王老吉的包装装潢"与"王老吉"商标捆绑许可给加多宝公司，盒装装潢与"王老吉"商标已经被分离，然而如今又要讨论红罐与"王老吉"商标是否可分，难道在这个问题上存在双重标准吗？

首先，王老吉商标与涉案红罐包装装潢是两种商业标识，各有其不同的构成要素，本就不同，无需谈及分离。即使去除"王老吉"三个字，涉案装潢仍构成特有装潢，这是不可否认的事实。涉案装潢的整体视觉效果是采用红色为底色，搭配黄色标识文字及黑色辅助文字，与其他同类商品包装的显著区别在于图案布局、标识底色、文字颜色、文字排列位置、色彩搭配等方面，而并不在于文字内容。即使装潢和商标存在不可分离的情形，唯一的情况便是装潢和商标仍然继续使用在加多宝公司的红罐凉茶上，则可以保证消费者看到装潢和商标仍然能够识别出知名商品的唯一来源。而广药集团主张"王老吉"三个字是装潢的核心内容，缺乏这三个字涉案装潢便不具有显著性，按此逻辑，加多宝公司的红罐凉茶装潢并未使用王老吉三个字，不构成侵权，广药集团为何还要起诉呢？

其次，从使用的角度，二者是否可以分离，关键看二者是作为一个有机的不可分的整体具有识别力，还是分别具有识别力。[①]加多宝公司在使用"加多宝"商标之后，即使在广药集团推出了装潢极为近似的红罐凉茶且冠有"王老吉"商标的情况下，消费者仍然愿意选购加多宝公司的产品，这一方面证明消费者此前一直是依据红罐装潢本身识别商品来源的，另一方面也证明涉案包装装潢并非与王老吉商标不可分割；还有，市场上长期存在两种凉茶均使用"王老吉"商标，即广药集团关联企业的绿盒凉茶和加多宝公司的红罐凉茶，而绿盒凉茶的销量远远落后于红罐凉茶，这便证明，消费者完全是依据各自的包装装潢区分商品做出购买选择的，也证明二者本就是可分的。一审法院已经认可该包装装潢的独立识别功能，同时又认为涉案装潢离开"王老吉"商标就不能独立区分商品来源，显然是自相矛盾的；既然一审法院认为涉案包装装潢已经符合反法保护的要件，即认可该包装装潢的独立识别功能，那么该包装装潢就该受到独立的保护，而不应受到商标权的限制。商品包装装潢与商标、商品名称、企业名称等是并列的独立识别商品来源的商业标识，如果不能排除消费者仅根据包装装潢区分商品来源的可能性，就不能主观地认定商标或商品名称是区别商品来源的唯一标识。前述同时期同样使用"王老吉"商标、同被称为王老吉凉茶的绿盒与红罐两种不同包装装潢形式的不同商品各自拥有消费群体和市场份额，恰恰能够证明消费者实际是通过包装装潢区别商品来源的，而不是商标或商品名称。一审法院将消费者区分商品来源的要素唯一限定为商标，认为相关公众不会刻意区分商标与特有包装装潢的各自独立识别作用的认定是不当的。

再者，从反不正当竞争法和商标法的关系来看，知名商品特有包装装潢之所以能够写入反不正当竞争法，之所以能够获得和商标权同等位阶各自独立的司法保护，其根本原因即在于特有包装装潢已经具有了独立区分商品来源的功能和作用，无需也不应当将其作为商标的附属物。消费者一直是依据红罐装潢本身区分

[①] 冯文博，杨佳.论知名商品特有包装装潢权的归属——以王老吉红罐包装权益纠纷为例 [J].法制与经济，2014（9）：60.

红罐与绿盒商品来源不同的，证明红罐包装装潢并非与王老吉商标不可分割；装潢和商标是否独立、能否分开不是坐而论道的问题，而是消费者的识别和购买行为决定的。装潢与商标能否分离实际上是根据现有事实确定了知名商品及知名商品权利人后才能考察的问题，而不应反推，即不能先笃定商标与装潢是不可分离的，再以这种所谓的不可分割性为依据认定装潢的权利人，一审法院在这一点上的逻辑推理是错误的。实际上，装潢和商标能否分离使用本身就是一个伪命题，违背了两部法律对各自的权利主体、客体、内容的独立性的规定。

另外，商标使用许可协议的约定已经清楚表明，商标与包装装潢并非不可分。自双方签订商标使用许可协议伊始直到之后的数份协议，均对使用同一王老吉商标的来源不同的商品通过不同的包装装潢予以区分，作了明确的约定。

第三，大量司法判例从实践证明装潢与商标二者既不重合，也无包含关系，只是保护的角度不同。

（2013）民提字第 3 号判决中法院认为："根据《商标法》和《反不正当竞争法》系专门法和特别法的关系，凡是知识产权专门法已经保护的领域，一般情况下，反不正当竞争法不再给予其重合保护。"

（2008）民申字第 983 号裁定也表明："一种商品既可以通过商标与同类商品相区别，并通过广泛宣传和销售而为相关公众所知悉，也可以通过企业名称、商品的特有名称、包装或装潢等标识与同类商品相区别，并通过广泛宣传和销售而为相关公众所知悉。因此，商标的使用与商品的知名度并无必然联系。"

既然广药集团选择以《反不正当竞争法》对知名商品特有包装装潢的保护作为主张权利的法律依据，一审法院在审理中就应当适用《反不正当竞争法》关于对知名商品特有包装装潢进行保护的条件进行认定：从主体上，广药集团是否是其所主张的知名商品的经营者；从对象上，广药集团所经营的商品是否是知名商品；从包装装潢内容上，是否特有，也即是否能够区别商品来源；是否是在先使用等方面，进行认定。一审法院并未适用《反不正当竞争法》的有关规定对广药集团主张涉案知名商品特有包装装潢权进行有理有据的认定，而是将包装装潢和商标捆绑在一起，将涉案知名商品包装装潢权判归涉案非知名商品经营者的商标权人广药集团所有。

可见，不管是从理论上分析，还是以最高法院裁决为例的司法实践来看，商标与知名商品特有包装装潢是两个并列的、相互独立的权利，当事人可以依据不同的法律对商标专用权和知名商品特有包装装潢权寻求不同的法律保护和救济。如果借"不可分"这一借口混淆知名商品的真正归属，将引起财产关系的不稳定，从而将引起社会关系的不稳定，这最终会损害社会公众的利益。

四、红罐案涉及的行为是否构成不正当竞争

红罐案实际上指两个案件，即加多宝公司起诉大健康公司的案件和广药集团起诉加多宝公司的案件。在加多宝公司与广药集团各自做原告的案件中，皆主张对方因使用自己的知名商品特有包装装潢而构成不正当竞争。双方的诉讼请求所依据的都是《反不正当竞争法》第五条第（二）项之规定"……（二）擅自使用知名商品特有的名称、包装、装潢，或使用与知名商品近似的名称、包装、装潢，造成和他人的知名商品相混淆，使购买者误认为是该知名商品；……"这里所说的不正当竞争行为，属于市场混淆行为，亦可称为假冒知名商品特有名称、包装、装潢。我们从该种不正当竞争行为的构成要件来分析双方是否分别构成不正当竞争行为。

（一）假冒知名商品特有包装、装潢不正当竞争行为的构成要件

假冒知名商品特有包装装潢构成不正当竞争行为的要件有两个：一是假冒的包装装潢是知名商品特有的；二是竞争者擅自使用该包装装潢或与之近似包装装潢，致使其商品与知名商品相混淆，使购买者误认为是该知名商品。

具体而言，认定是否构成假冒知名商品特有包装装潢，一般按以下步骤进行：

首先，需要认定原告的商品是不是知名商品。国家工商行政管理局《禁止仿冒知名商品特有的名称、包装、装潢的不正当竞争行为的若干规定》第三条第一款指出，"知名商品，是指在市场上具有一定知名度，为相关公众所知悉的商品。"《最高人民法院关于审理不正当竞争民事案件应用法律若干问题的解释》第一条规定"在中国境内具有一定的市场知名度，为相关公众所知悉的商品，应当认定为反不正当竞争法第五条第（二）项规定的'知名商品'。人民法院认定知名商

品，应当考虑该商品的销售时间、销售区域、销售额和销售对象，进行任何宣传的持续时间、程度和地域范围，作为知名商品受保护的情况等因素，进行综合判断。原告应当对其商品的市场知名度负举证责任。"上述两个关于知名商品含义的规定是基本一致的。最高法院的司法解释，除了界定了知名商品的含义外，还规定了认定知名商品时考虑的因素，以及举证责任的分配。但是国家工商行政管理局《禁止仿冒若干规定》第四条"商品的名称、包装、装潢被他人擅自作相同或者近似使用，足以造成购买者误认的，该商品即可认定为知名商品。"对于这种认定知名商品的方法，理论和实务界还存在不同的看法。

其次，需要认定要求保护的知名商品的包装、装潢是不是特有的。国家工商行政管理局《禁止仿冒若干规定》第三条规定："本规定所称特有，是指商品名称、包装、装潢非为相关商品所通用，并具有显著的区别性特征。"前述最高人民法院司法解释第二条规定"具有区别商品来源的显著特征的商品的名称、包装、装潢，应当认定为反不正当竞争法第五条第（二）项规定的'特有的名称、包装、装潢'。有下列情形之一的，人民法院不认定为知名商品特有的名称、包装、装潢：（一）商品的通用名称、图形、型号；（二）仅仅直接表示商品的质量、主要原料、功能、用途、重量、数量及其他特点的商品名称；（三）仅由商品自身的性质产生的形状，为获得技术效果而需有的商品形状以及使商品具有实质性价值的形状；（四）其他缺乏显著特征的商品名称、包装、装潢。前款第（一）、（二）、（四）项规定的情形经过使用取得显著特征的，可以认定为特有的名称、包装、装潢。知名商品特有的名称、包装、装潢中含有本商品的通用名称、图形、型号，或者直接表示商品的质量、主要原料、功能、用途、重量、数量以及其他特点，或者含有地名，他人因客观叙述商品而正当使用的，不构成不正当竞争行为。"上述规定为如何认定知名商品特有包装、装潢提供了具体的标准和依据。

再次，认定是否擅自使用了原告的特有包装装潢。这里的"擅自使用"包含了以下两个方面的含义：一是行为人主观上存在过错，知道他人在先使用了特有包装装潢，仍将他人相同或近似的包装装潢用于自己的商品。一般来说，行为人具有制造混淆的故意，企图通过使用他人的包装装潢，让消费者将其商品误认为他人的商品而购买；二是行为人没有合法的根据可以使用他人的包装装潢，仍在没有经过在先使用人同意的情况下使用了该包装装潢。

最后，需要认定是否造成混淆误认。国家工商行政管理局《禁止仿冒若干规定》第五条规定："对使用与知名商品近似的名称、包装、装潢，可以根据主要部分和整体印象相近，一般购买者施以普通注意力会发生误认等综合分析认定。一般购买者已经发生误认或者混淆的，可以认定为近似。"最高院司法解释第一条规定，"足以使相关公众对商品的来源产生误认，包括误认为与知名商品的经营者具有许可使用、关联企业关系等特定联系的，应当认定为反不正当竞争法第五条第（二）项规定的'造成和他人的知名商品相混淆，使购买者误认为是该知名商品'。在相同商品上使用相同或者视觉上基本无差别的商品名称、包装、装潢，应当视为足以造成和他人知名商品相混淆。认定与知名商品特有名称、包装、装潢相同或者近似，可以参照商标相同或者近似的判断原则和方法。"

（二）加多宝公司使用涉案知名商品特有包装装潢的行为不构成不正当竞争

在广药集团起诉加多宝公司的案件中，广药集团主张加多宝公司生产、销售一边标注"王老吉"、一边标注"加多宝"的红罐凉茶以及两边均标注"加多宝"的红罐凉茶的行为，构成擅自使用他人知名商品特有包装装潢的不正当行为。笔者认为，上述主张不能成立。

1. 广药集团并不是涉案知名商品的经营者，不享有包装装潢相关权益

在前面的论述中，我们已经说明，涉案包装装潢的相关权益不属于广药集团，而属于加多宝公司。

2. 加多宝公司的行为不属于"擅自使用"他人包装装潢的行为

无论广药集团对涉案的包装装潢是否享有权益，加多宝公司的使用都不属于"擅自使用"。

首先，加多宝公司使用的包装装潢，是其自行设计并多年使用的。将自行设计的具有显著性、能够区别商品来源的包装装潢使用于凉茶商品，并将该商品打造成知名商品，从而使其特有包装装潢获得反不正当竞争法的保护，加多宝公司对涉案包装装潢的使用正当合法，不具有主观恶意。

其次，加多宝公司经营的涉案知名商品凉茶并未改变，还是原来的配方，还是原来的味道。当消费者将红罐包装与加多宝公司的产品之间形成固定的联系后，加多宝公司继续生产原来的产品时，有必要让消费者便于识别其产品。

最后，加多宝公司不具有制造混淆的故意。如前所述，加多宝公司生产的红罐凉茶成为知名商品，在市场上广受消费者喜爱。在加多宝公司停止使用王老吉商标后，加多宝公司没有理由和动机让消费者混淆。加多宝公司的出发点只是让消费者继续识别加多宝公司的产品，避免可能产生的混淆。加多宝公司继续使用红罐的包装装潢，也是出于继续保护消费者对加多宝产品识别习惯的目的，不可能希望消费者将加多宝的产品混淆为广药集团的产品。

生产一侧"王老吉"一侧"加多宝"的红罐产品是为了对忠于加多宝味道的顾客进行一个善意的提示，并未有主观恶意，且此种做法是在商标许可使用权到期阶段的一个转变过渡的过程，此行为并非侵犯"王老吉"商标商誉的行为。

因此，作为涉案知名商品的唯一经营者，加多宝公司在仅更换商标但商品本身并未改变的商品上继续使用涉案装潢，消费者通过装潢识别购买的仍是涉案知名商品红罐凉茶，来源仍是加多宝公司，不存在任何和"他人知名商品"相混淆误认之可能；加多宝公司经营的涉案知名凉茶从始至终并未改变，不论是配方还是味道，或是红罐包装都是一路传承下来的。加多宝公司使用涉案的包装装潢，乃正当合法使用，不属于反不正当竞争法所规制的"擅自使用"。

3. 加多宝公司的使用行为不可能与广药集团所主张的"包装装潢"混淆，不会使消费者误认

首先，加多宝公司使用的包装装潢与广药集团所主张的包装装潢不具有近似性。

广药集团所主张的包装装潢得到了一审法院的认可："知名商品特有包装装潢的内容是指标明在王老吉红罐凉茶产品的罐体上包括黄色字体'王老吉'等文字、红色底色等色彩、图案及其排列组合等组成部分在内的整体内容。"而加多宝公司使用的包装装潢与上述包装装潢的显著区别在于，加多宝公司没有使用"王老吉"三个字，而是使用了"加多宝"三个字。二者相比，并不构成近似。

按照《最高人民法院关于审理不正当竞争民事案件应用法律若干问题的解

释》的规定，认定与知名商品特有名称、包装、装潢相同或者近似，可以参照商标相同或者近似的判断原则和方法。因此，我们可以把广药集团所主张的包装装潢看作一个商标，该商标属于文字和颜色、图案组合而成的商标。"商标法第五十二条第（一）项规定的商标近似，是指被控侵权的商标与原告的注册商标相比较，其文字的字形、读音、含义或者图形的构图及颜色，或者其各要素组合后的整体结构相似，或者其立体形状、颜色组合近似，易使相关公众对商品的来源产生误认，或者认为其来源与原告注册商标的商品有特定的联系。"① 认定商标相同或者近似时，以相关公众的一般注意力为标准；既要进行对商标的整体比对，又要进行对商标主要部分的比对，比对应当在比对对象隔离的状态下分别进行。② 按照上述标准，在认定加多宝公司使用的包装装潢与上述法院认定的包装装潢是否近似时，以相关公众的一般注意力为标准，对二者文字的字形、读音、含义或者图形的构图及颜色整体进行对比，又要进行对主要部分的比对。而对于主要部分，一审法院还认定，"最吸引相关公众注意之处在于红色主调和竖排的、黄色字体'王老吉'三个字。"而加多宝公司的红罐上，使用的是"加多宝"三个字，字形、读音、含义与"王老吉"截然不同。因此，二者的主要部分不近似，不可能导致消费者的混淆误认。

其次，加多宝公司使用的包装装潢不会造成消费者与他人商品相混淆。

造成消费者混淆是指消费者因不能分辨而误认买错原本想买的商品。加多宝公司经营的涉案知名凉茶从始至终并未改变，不论是配方还是味道，或是红罐包装都是一路传承下来的。而消费者即使通过包装装潢识别买到更换了商标的涉案商品红罐凉茶，但其来源仍是加多宝公司，实质上并没有买错或存在误认，更没有损害消费者的合法利益。

广药集团据以主张权利的知名商品是加多宝公司生产经营的红罐凉茶，其指控侵权的商品也是加多宝公司生产经营的红罐凉茶，二者商品来源一致，均为加多宝公司。加多宝公司现在使用加多宝商标的凉茶商品上使用涉案包装装潢仍然不会改变商品来源的同一性，即使是主观上的误认也不会改变客观上同一来源的事实。

---

① 《最高人民法院关于审理商标民事纠纷案件适用法律若干问题的解释》第九条第二款。
② 《最高人民法院关于审理商标民事纠纷案件适用法律若干问题的解释》第十条。

此外，广药集团据以主张权利的知名商品是加多宝公司生产经营的红罐凉茶，最后进行装潢近似性对比的却被偷换成广药集团大健康公司 2012 年 6 月以后推出的红罐凉茶。认定知名商品应以起诉时为时点，并严格依据反不正当竞争法司法解释规定的诸要素进行综合考量。广药集团没有提供任何一份证据证明其自己的王老吉红罐凉茶是知名商品。显而易见，该商品并不是法律规定中的"他人知名商品"，被侵害的商品既不是知名商品，其使用的包装装潢也不特有（广药集团、大健康公司自认与加多宝公司在先使用的包装装潢近似），广药集团、大健康公司何来依据"知名商品特有包装装潢"相关法律法规主张被侵权？

综上所述，笔者认为，不论广药集团享有本案知名商品特有包装装潢的假设是否成立，加多宝公司使用红罐包装装潢的行为都合理合法，有理有据，不损害他人利益，不构成擅自使用他人知名商品特有包装装潢的不正当竞争行为。

（三）广药集团大健康公司生产、销售"王老吉"红罐凉茶的行为构成擅自使用他人知名商品特有包装装潢的不正当竞争行为

首先，加多宝公司享有本案知名商品特有包装装潢的相关权益，权利人享有排除他人使用、维护其正当利益的权利。

其次，大健康公司使用的红罐包装装潢与加多宝公司请求保护的包装装潢近似。

加多宝公司请求予以保护的特有的包装装潢的具体内容为："标识底色为红色，文字排列为竖排，字体颜色为黄色，图案布局为中心突出的三个竖排黄色大字，其两边有数列黑色小字，顶端有文字环绕的这一有机整体的视觉形象。"根据《最高人民法院关于审理不正当竞争民事案件应用法律若干问题的解释》第四条规定和《最高人民法院关于审理商标民事纠纷案件适用法律若干问题的解释》第九条、第十条的规定，大健康公司生产的红罐装潢与加多宝公司请求保护的包装装潢相比，可以看出：

从包装的主视图看，双方产品主视图中心是三个竖向排列的黄色文字，两边各配以竖排黑色的辅助性说明文字，两部分文字均采用竖版的排列方式，主视图顶部均为深色底色，主视图底部均为产品的净含量标注及黑色环线，视觉上基本无差异。

从包装的右视图看，双方产品包装上层均为黄色标识文字，中部配以黑色辅助文字表述产品性质，左下部均标有黄色"冷热皆宜"文字，右底角为食品"QS"标识。

从包装的左视图看，双方产品上层布局均为黄色标识文字，中部为黑色辅助文字，底部为产品的条形码。

从包装的后视图看，后视图与主视图基本相同。

上述这些相同要素足以造成将广药集团大健康公司的产品与加多宝公司的红罐产品相混淆，使消费者产生误认误购。广药集团与大健康公司在案件审理中明确表示广药集团和大健康公司自己生产的红罐凉茶与加多宝公司生产的红罐凉茶的包装装潢近似，足以造成消费者误认误购。

再次，广药集团大健康公司生产、销售"王老吉"红罐凉茶，属于对包装装潢的"擅自使用"。

红罐包装装潢是由加多宝公司设计并长期使用的，虽然在使用时是与"王老吉"商标一并使用于商品，但广药集团仅拥有注册商标专用权，在商标许可合同终止后，可以收回其商标。而正如前面的分析，知名商品特有包装装潢权与商标权是两个相互独立的权利。广药集团收回商标权并不意味着可以拥有加多宝公司享有的红罐包装装潢权益。广药集团并没有权利使用红罐包装装潢，在使用时更没有得到加多宝公司的同意，构成"擅自使用"。

广药集团与加多宝公司的商标使用许可合同终止后，广药集团可以以各种方式使用其王老吉商标，其可以继续扩大其绿盒王老吉凉茶的生产，也可以生产罐装的凉茶。而生产罐装凉茶时，有多种装潢可以选择。广药集团选中了加多宝公司使用的红罐包装装潢，让消费者以为广药集团大健康公司经营的标有王老吉商标的红罐凉茶仍是其以前购买的加多宝公司生产经营的凉茶，造成消费者混淆，具有主观恶意。

最后，广药集团大健康公司生产、销售"王老吉"红罐凉茶，造成了消费者对其与加多宝产品的混淆。

广药集团大健康公司生产、销售"王老吉"红罐凉茶与加多宝公司生产经营的红罐凉茶是不同配方的不同商品。在红罐案质证庭时，大健康公司明确表示其红罐凉茶与加多宝公司经营的红罐凉茶不是同一商品。如果消费者将大健康公司生产的红罐凉茶误认为与加多宝公司 2012 年 5 月之前生产的产品是同一商品，就属于反不正当竞争法中的"误认"。事实上，由于二者的包装装潢相同，消费者不可避免地会误认。有人认为，这种误认是因使用同一商标造成的，而大健康公司有权使用王老吉商标，因此大健康公司的行为并不违法。但是如果大健康公司生产的是绿罐或其他装潢的凉茶，至少仅通过包装装潢识别来源的部分消费者就不会选择购买，其销量也不会是现在大健康公司红罐凉茶的销量。2013 年 4 月，济南和沈阳两地发生了消费者因红罐包装产生混淆而错买凉茶的事件，消费者进行了"口味维权"，将广药告上法庭。①

广药集团和大健康公司擅自使用与同类竞争商品加多宝公司知名商品红罐包装装潢相似的包装装潢，使消费者对商品来源产生混淆和误认，具有主观恶意，不正当地挤占了加多宝公司的市场份额，加多宝公司及消费者的合法权益因此受到损害，损害和行为间存在因果关系，其行为构成不正当竞争。

五、红罐包装装潢纠纷的相应法律责任

（一）不正当竞争行为的法律责任

知名商品特有包装装潢受《反不正当竞争法》保护，违反该法之规定，构成不正当竞争行为，亦可认为属于广义的侵权行为，应承担相应的法律责任。笔者从法律责任的一般理论和规定出发，分析红罐案中侵权主体应承担的法律责任。

法律责任是指因违反了法定义务或契约义务，或不当行使法律权利、权力所产生，由行为人承担的不利后果，即由特定法律事实所引起的对损害予以补偿、强制履行或接受惩罚的特殊义务。法律责任方式可以分为补偿性方式和制裁性方式。

不正当竞争行为是经营者违反《反不正当竞争法》的规定，损害其他经营者的合法权益，扰乱社会经济秩序的违法行为。所以，只要实施了不正当竞争行为以及与不正当竞争有关的违法行为，就要承担相应的法律责任。不正当竞争行为应承担的法律责任形式主要可以分为经济责任、民事责任、行政责任和刑事责任

---

① 加多宝：王老吉凉茶没有手写配方［N/OL］.（2013-5-30）［2015-12-30］. http：//www.ycwb.com/ePaper/ycwb/html/2013-05/30/content_168113.htm?div:-1.

等。经济责任、民事责任的意义在于保护合法经营者的合法权益不受侵害，以及受到实际损害时得以补偿。行政责任要通过不正当竞争行为的监督检查部门对不正当竞争行为的查处和制裁来实现，具有惩罚性，目的在于使被破坏的市场竞争秩序得以恢复。刑事责任于本法只是作了原则规定，主要针对那些对其他经营者、消费者和社会经济秩序损害严重、情节恶劣的不正当竞争行为，具体适用我国刑法的相应规定。

就假冒他人知名商品特有的包装装潢的不正当竞争行为而言，主要涉及三种责任承担方式。根据《侵权责任法》第十五条规定，承担侵权责任的方式主要有：（一）停止侵害；……（六）赔偿损失；……（八）消除影响、恢复名誉。以上承担侵权责任的方式可以单独适用，也可以合并适用。

1. 停止侵害

所谓停止侵害，是指侵害人终止其正在进行或者延续的损害他人合法权益的行为。停止侵害的功能在于及时制止侵害行为，防止损害的扩大。

根据当事人的请求适用停止侵害的民事责任时，要考虑案件的具体情况和停止侵害的实际需要；如何具体适用此种责任形式，应当以确有必要为前提，与侵权行为的严重程度相当，且不能造成不必要的损失。

实践中既要考虑对侵权行为予以有效遏制，充分发挥停止侵害的救济作用，又要考虑妥善适用停止侵害这一责任形式，避免造成当事人之间的重大利益失衡。

2. 赔偿损失

作为一种法律责任制度，损害赔偿制度源于私法。所谓的不正当竞争行为损害赔偿制度，是指行为人在参与或者从事与市场竞争有关的活动中，实施了危害市场公平竞争秩序的不公平竞争行为，侵害了他人的合法权益，而应由实施该不公平竞争行为的市场主体对受害方的损失给予相应赔偿的法律责任制度。

首先，在确定不正当竞争行为损害赔偿责任时，应以行为人是否有过错作为其是否承担民事责任的基础，即过错责任原则。其次，不正当竞争行为损害赔偿具有补偿性，受害主体不能通过赔偿获取大于侵权损害的利益，不要求对行为人实行惩罚性赔偿，即全部赔偿原则。最后，在确定赔偿范围时，应考虑损害与侵权行为之间的因果关系，只有因侵权行为所引起的损害才能列入赔偿范围。

赔偿数额的确定依据《反不正当竞争法》第二十条的规定，"经营者违反本法规定，给被侵害的经营者造成损害的，应当承担损害赔偿责任，被侵害的经营者的损失难以计算的，赔偿额为侵权人在侵权期间因侵权所获得的利润；并应当承担被侵害的经营者因调查该经营者侵害其合法权益的不正当竞争行为所支付的合理费用。"《最高人民法院关于审理不正当竞争民事案件应用法律若干问题的解释》第十七条规定，"确定反不正当竞争法第五条规定的不正当竞争行为的损害赔偿额，可以参照确定侵犯注册商标专用权的损害额的方法进行。"《商标法》第六十三条第一款规定："侵犯商标专用权的赔偿数额，按照权利人因被侵权所受到的实际损失确定；实际损失难以确定的，可以按照侵权人因侵权所获得的利益确定；权利人的损失或者侵权人获得的利益难以确定的，参照该商标许可使用费的倍数合理确定。对恶意侵犯商标专用权，情节严重的，可以在按照上述方法确定数额的一倍以上三倍以下确定赔偿数额。赔偿数额应当包括权利人为制止侵权行为所支付的合理开支。"[①]《最高人民法院关于审理商标民事纠纷案件适用法律若干问题的解释》第十五条规定，"商标法第五十六条第一款规定的因被侵权所受到的损失，可以根据权利人因侵权所造成商品销售减少量或者侵权商品销售量与该注册商标商品的单位利润乘积计算。"

根据不正当竞争赔偿制度，不正当竞争行为的实施者既要赔偿受害主体的直接损失，也包括间接损失，即已经预见到和可以预见到的损失。直接损失主要表现为因侵权行为对受害人造成的直接损失以及使受害人因此而多支出的费用；间接损失是指受害人因侵权行为而失去的利益，即权利人正常行使权利时能够得到的合理的预期收入。在某些情况下，法院在确定侵害人的赔偿责任时还应考虑侵权人的主观恶性大小。

3. 消除影响、恢复名誉

消除影响是指侵权一方在侵权行为影响的范围内，为受害一方消除不良后果

---

① 2013年修改前《商标法》的相应规定是第五十六条第一款的规定："侵犯商标专用权的赔偿数额，为侵权人在侵权期间因侵权所获得的利益，或者被侵权人在被侵权期间因被侵权所受到的损失，包括被侵权人为制止侵权行为所支付的合理开支。"

的一种补救措施。

知识产权侵权民事责任中，如果侵权行为造成权利主体名誉或者商业信誉受损，权利人可以请求消除影响，从而恢复名誉或者商业信誉。消除影响、恢复名誉的范围应当与侵权行为所造成的不良影响范围相一致。为消除影响、恢复名誉所采取的措施应当是公开的，以在不特定的社会公众中消除不法侵权行为所造成的影响，通常采取登报声明的方式进行。

《反不正当竞争法》第五条、第九条、第十四条规定的不正当竞争行为包括：假冒他人的注册商标；擅自使用知名商品特有的名称、包装、装潢，或者使用与知名商品近似的名称、包装、装潢，造成和他人的知名商品相混淆，使购买者误认为是该知名商品；擅自使用他人的企业名称或者姓名，引人误认为是他人的商品；在商品上伪造或者冒用认证标志、名优标志等质量标志，伪造产地，对商品质量做引人误解的虚假表示；利用广告或者其他方法，对商品的质量、制作成分、性能、用途、生产者、有效期限、产地等做引人误解的虚假宣传，捏造、散布虚伪事实，损害竞争对手的商业信誉、商品声誉。当这些不正当竞争行为涉及经营者的商业信誉时，权利人可诉求不正当竞争者承担消除影响的责任，具体可要求不正当竞争者刊登声明以消除影响。

（二）红罐案中的有关法律责任

1. 加多宝公司作为原告案件中的赔偿责任

加多宝公司起诉广药集团及大健康公司的案件，一审法院没有作出侵权的认定。但笔者认为，正如前面之分析，广药集团大健康公司 2012 年 6 月起生产经营红罐凉茶的行为，已经构成了擅自使用他人知名商品特有包装装潢的不正当竞争行为，应当承担相应的法律责任，赔偿加多宝公司的经济损失。

就赔偿损失而言，根据《反不正当竞争法》第二十条的规定，权利人可以以侵权人在侵权期间因侵权所获得的利润为计算损失数额的依据。

加多宝公司在一审诉请中提出：大健康公司应赔偿因其上述不正当竞争行为给加多宝公司造成的经济损失暂计 3096 万元人民币（最终具体赔偿数额以审计结果和年报中利润数额较大者为准）。

审计机构做出的粤大信专审字〔2013〕第 11020 号《专项审计报告》的审计结果大于前述年报中的数据 3096 万元，故应以审计报告的结果作为认定大健康公司承担不正当竞争行为赔偿责任数额的依据。

2. 广药集团作为原告案件中的赔偿责任

广药集团作为原告的案件，一审法院判令加多宝公司赔偿广药集团经济损失 1.5 亿元以及合理维权费用 26 万多元。笔者认为，即使不考虑包装装潢权益的归属和侵权的认定，单就赔偿数额的确定而言，上述判决也存在明显的错误：

第一，广药集团不存在法院判决的损失。侵权赔偿责任要求侵权行为与损害结果之间存在因果关系。在（2013）粤高法民三初字第 2 号判决中，法院判定加多宝公司不正当地挤占了广药集团的市场份额，侵害了广药集团的合法权利，然而在纠纷发生前广药集团过去只生产绿色纸包装的王老吉凉茶，不存在被挤占了涉案红罐凉茶产品市场份额。在纠纷发生后，广药大健康公司生产红罐凉茶，是从无到有、从少到多的市场份额增加的过程，实际上是挤占了原属于加多宝公司的市场份额，而不是相反。广药集团不是涉案知名商品的经营者，也未提供任何一份证据证明其受到何种损害，其赔偿主张无事实依据。广药集团认为加多宝公司挤占了其市场份额，但却未提供任何一份证明其市场份额减少的证据。而且，如果按照其主张，那么在 2012 年 6 月以前，广药集团根本没有经营红罐凉茶，当然谈不上市场份额，更无从减少，何来损失？即便一审法院认定赔偿，起算时间也只可能自 2012 年 6 月起计。

第二，加多宝公司产品销量领先是加多宝公司多年经营逐渐累积的成果，以涉案装潢在先使用者加多宝公司销售产品所获利润作为涉案装潢在后使用者广药集团的损失，没有事实和法律依据，违反诚实信用原则。

第三，广药集团申请通过审计以加多宝公司的获利作为经济损失赔偿数额的期间仅为 2012 年 5 月 10 日至 2013 年 3 月 31 日；对于 2011 年 12 月至 2012 年 5 月以及 2013 年 4 月 1 日之后的时间段，广药集团并未明确以审计的获利情况作为计算依据，一审法院径自以前述审计期间所获得的数据计算月平均值，再乘以不在审计期间内的其他时间段的月份数，并以其数值作为加多宝公司在该时间段的获利，实际是一种推断，没有事实和法律依据。事实上，未在审计期间的获利情况也是有数据可依、能够查明的，根本无需推算。而且对于损失的举证责任在于广药集团，因为广药集团未尽举证责任，一审法院就直接以推算的方式认定获利并作为赔偿数额，明显违反法律规定。

第四，一审法院将审计报告中加多宝公司审计期间内的净利润与出口销售收入之和作为加多宝公司在审计期间内的获利，是错误的。在审计报告所附利润表中第一项主营业务收入中已经包括了出口产品主营业务收入，该部分的获利已经包含在净利润中，一审法院的计算方法属于重复计算。

第五，广药集团在多个案件中都主张以加多宝公司的侵权获利作为计算依据，但计算的期间有交叉，构成重复索赔。

3. 其他责任

在广药集团作为原告的案件中，一审法院判令加多宝公司在《南方日报》《广州日报》和人民网上刊登声明以消除影响。作出上述判决的理由是：加多宝公司"给广药集团的企业商誉和产品声誉造成了严重的不良影响。"笔者认为，上述认定和判决是没有事实和法律依据的。

承担责任以相应损害发生为前提，加多宝公司在自己的知名商品上继续使用红罐装潢不会导致误认误购，不会损害非知名商品经营者广药集团的利益，自然无需消除影响。

如广药集团将红罐装潢使用在非知名商品上，才会误导消费者，损害知名商品经营者加多宝公司的正当利益和良好声誉，才应当承担消除影响之责任。

六、本案所涉相关程序性问题

（一）知识产权侵权纠纷中的诉讼请求问题

红罐案系假冒知名商品特有包装装潢的不正当竞争民事纠纷，属于知识产权侵权民事诉讼的一种。在该案中，实质上除了侵权问题外，还涉及知识产权权属的问题。以下结合本案谈一下知识产权侵权诉讼中的诉讼请求问题。

1. 确定知识产权侵权纠纷中诉讼请求的原则

根据民事诉讼的基本理论，诉讼包括三大要素，即当事人、诉讼请求和诉讼理由。诉讼请求，是指起诉方当事人就其与对方当事人之间的民事纠纷提出的如何处理的主张。其作为诉的构成要素，具有直接反映民事纠纷中的权益争议事实、表达起诉方当事人提起诉讼和进行诉讼的目的所在、明确法院裁判的对象等作用。诉讼请求具有主观利益性。

提出诉讼请求是诉讼的基本要求，而如何提出恰当的诉讼请求需要实践经验的积累，且要有一定的技巧与策略。诉讼请求要与案件的事实相对应。如果诉讼请求不当或过高，可能会被法院驳回，甚至会造成诉讼程序无法启动的不利结果；如果诉讼请求过低，可能会使原告的损失无法得到全部弥补。

诉讼请求只有同时具备合法性、合理性才能得到支持。诉讼请求是起诉方当事人提交给法院要求给予支持的客体，其内容是如何解决民事纠纷的具体主张，目的是获得有利于自己的诉讼结果，其主张完全依赖于民事实体法的规定。由此可见，诉讼请求能否得到法院支持，取决于诉讼请求是否同时具备合法性和合理性。所谓诉讼请求的合法性是指，诉讼请求的权利来源是法定的或者学理普遍认可的，具有程序法上的依据；诉讼请求的内容具有实体法上的依据。所谓诉讼请求的合理性是指，诉讼请求必须符合公序良俗的法律原则。

根据《民事诉讼法》第一百一十九条的规定，有具体的诉讼请求是起诉必须符合的条件之一。具体的诉讼请求是指原告针对实体权利方面提出的主张在内容和所涉及的范围上应当能够明确界定。但实践中，原告为了能够最大限度地制止侵权行为，维护自己的合法权益，其可能会在诉讼请求中使用不确定的表达方式。对于这种情形，法院在审理过程中会首先要求原告就不确定的表达方式予以进一步解释说明，并确定其具体含义和指向。

2. 知识产权侵权纠纷中诉讼请求的具体内容

提出诉讼请求的依据是由有关法律具体规定产生而来的请求权，而基于知识产权这一绝对权而衍生的有停止侵害请求权、消除危险请求权和消除影响请求权，以及债权性质的损害赔偿请求权。根据《民法通则》第一百一十八条规定："公民、法人的著作权（版权）、专利权、商标专用权、发现权、发明权和其他科技成果权受到剽窃、篡改、假冒等侵害的,有权要求停止侵害,消除影响,赔偿损失。"司法实践中,法官做出裁判时需要引用明确的法律规范作为依据,而具体的法律条文并不对请求权做出区分。将知识产权请求权和损害赔偿请求权加以区分,具有方法论上的意义,有助于更准确地理解与知识产权相关的法律条文和其蕴含的制度价值。

根据《侵权责任法》第十五条的规定,承担侵权责任的方式主要有:停止侵害;排除妨碍;消除危险;返还财产;恢复原状;赔偿损失;赔礼道歉;消除影响、恢复名誉。以上承担侵权责任的方式可以单独适用,也可以合并适用。

在知识产权侵权诉讼中的诉讼请求,应基于法律中具体条文的理解,以及学理上对知识产权请求权的正确认识,并结合案件的事实和证据合理确定。在知识产权侵权诉讼中可以提出的诉讼请求大致可以分为以下几类。

(1)停止侵害。

在知识产权侵权民事诉讼中,原告在起诉时一般都会首先提出要求被告停止侵害的诉讼请求,这是知识产权领域中最普遍、最基本的权利诉求。原告起诉时对此项诉讼请求是否需要明确,如何恰当表述是需要思考的问题。

停止侵权的诉讼请求基本上即要求判令被告方停止某项或多项具体的侵权行为。

红罐案中,加多宝公司提起诉讼时,提出的停止侵权的诉讼请求为:"1.立即停止使用加多宝公司知名商品红罐王老吉凉茶特有的包装装潢;2.立即停止使用加多宝公司'红罐'、'红罐凉茶'和'红罐王老吉'等知名商品特有名称;3.立即停止生产红罐王老吉凉茶。"2013年3月6日,加多宝公司变更其诉讼请求为请求判令大健康公司:"1.立即停止使用与加多宝公司知名凉茶商品特有包装装潢相同或者近似的包装装潢;停止生产和销售带有与加多宝公司知名商品特有包装装潢相同或者近似的产品,并销毁全部库存的侵权包装装潢。"

可见,对于停止侵害的诉讼请求,应当针对具体的行为,并且尽可能地涵盖各种损害权利人权益的侵权表现形式。就涉及商品包装装潢的不正当竞争纠纷而言,停止使用包装装潢是最核心的请求,具体则涉及包装装潢本身的停止使用(包括罐体的生产、销售、销毁现存等),使用了该包装装潢的产品的停止侵害(包括该产品的生产、销售等),含有该包装装潢内容的各种宣传行为也可属于停止使用的范围。

（2）消除影响和赔礼道歉。

根据《民法通则》第一百三十四条、《侵权责任法》第十五条的规定，消除影响、恢复名誉与赔礼道歉是民事责任承担的方式。知识产权侵权民事责任中，如果侵权行为造成权利人（法人或者自然人）名誉或者商业信誉受损，权利人可请求消除影响，从而恢复名誉或者商业信誉；如果侵权行为造成权利人（自然人）"名誉感"受损，权利人可请求赔礼道歉。消除影响一般采取公开的方式进行，比如刊登声明，赔礼道歉则未要求必须公开进行。司法实践中常常见到的登报公开赔礼道歉权利人多为自然人，且侵权行为造成权利人名誉和"名誉感"均受损的情况下适用。

《反不正当竞争法》第五条、第九条、第十四条规定的不正当竞争行为包括：假冒他人的注册商标；擅自使用知名商品特有的名称、包装、装潢，或者使用与知名商品近似的名称、包装、装潢，造成和他人的知名商品相混淆，使购买者误认为是该知名商品；擅自使用他人的企业名称或者姓名，引人误认为是他人的商品；在商品上伪造或者冒用认证标志、名优标志等质量标志，伪造产地，对商品质量作引人误解的虚假表示；利用广告或者其他方法，对商品的质量、制作成分、性能、用途、生产者、有效期限、产地等做引人误解的虚假宣传，捏造、散布虚伪事实，损害竞争对手的商业信誉、商品声誉。如这些不正当竞争行为均涉及经营者的商业信誉，则权利人可诉求不正当竞争者承担消除影响的责任，一般在媒体刊登声明以消除影响。

本案中加多宝公司提出"2. 在相关媒体包括但不限于中央电视台、各省级电视台、各省级以上报刊、大型门户网站及其官方网站上公开发表声明，消除因其使用与加多宝公司知名凉茶商品相同或近似包装装潢而给加多宝公司造成的不良影响。"的诉讼请求。

广药集团大健康公司在 2012 年 6 月以后才开始生产的"王老吉"凉茶上擅自使用加多宝公司使用多年的红罐包装装潢来搭便车，意图分抢市场份额，引起消费者的混淆和误认。消费者基于对原知名商品口感的青睐和对红罐的习惯性识别错选了大健康公司生产的"红罐凉茶"，其口感和配方完全不同，会使消费者误认为加多宝公司多年生产经营的红罐凉茶改变了配方和工艺，由此带来的品牌形象跌落是对加多宝公司商誉的极大损害。并且广药集团大健康公司以各种宣传媒介对该行为予以宣传，在全国范围内造成严重不良影响。因此，加多宝公司提出了在具有全国性影响力的媒体要求大健康公司刊登声明以消除影响的诉讼请求。

（3）赔偿损失。

财产责任的适用在知识产权侵权案件中主要是如何确定赔偿损失的问题。虽然知识产权的损害赔偿有其自己的特点，在确定赔偿时要加以考虑，但在原则上它与一般民事侵权行为确定损害赔偿并没有实质区别。

赔偿损失的范围不仅要考虑直接损失，而且要考虑间接损失。当事人在诉讼中请求的范围一般包括直接损失、间接损失以及律师费、调查取证费等为案件所支付的合理维权费用。原告在确定损害赔偿请求的数额时，既可以自己的损失来主张，也可以侵权者的获利为索赔依据，还可以综合考虑实施侵权行为的时间、销售侵权制品数量、销售侵权制品的损害后果、侵权获利的情况、侵权的社会影响等因素确定请求数额。当然，哪些请求合理，哪些可能获得法庭支持以及支持的范围都需要事实证据的支持。这一举证责任在于提出索赔请求的一方。

然而，在法院对赔偿请求数额的认定上，因请求方自己受到的损害或侵权方的获利等举证上存在一定的困难，由法院根据相关规定结合案件具体情况，适用法定赔偿的案例较多。但法定赔偿是有上限的，这样的结果就是，实际判处的赔偿数额可能会与请求的赔偿数额相差很远，而提出请求的一方却需要支付高额的诉讼费，因此在确定诉讼请求时要进行综合的考量，确定合理的赔偿请求。

红罐案中，加多宝公司起诉时提出的诉请为要求大健康公司"赔偿因其不正当竞争行为给加多宝公司造成的经济损失 50 万元；承担本案全部诉讼费用。"在诉讼过程中，根据收集到的证据变更诉讼请求为"赔偿因其上述不正当竞争行为给加多宝公司造成的经济损失暂计 3096 万元人民币（最终具体赔偿数额以审计结果和年报中利润数额较大者为准）；加多宝公司保留针对 2013 年 2 月之后大健康公司的持续侵权行为继续索赔的权利。大健康公司承担本案全部诉讼费用。"

3. 诉讼请求的变更

我国现行法律赋予了当事人变更诉讼请求的权利，主要规定于民事诉讼法及相关司法解释中。

1991 年的《民事诉讼法》第五十二条规定："原告可以放弃或者变更诉讼请求。被告可以承认或者反驳诉讼请求，有权提起反诉。"上述规定在 2007 年、2012 年民事诉讼法修改时均未变化，只是在 2012 年修改时调整为第五十一条。可见，《民事诉讼法》只规定了原告可以变更诉讼请求，但对变更诉讼请求的时间没有做出明确的规定。

最高人民法院在司法解释中对变更诉讼请求的时间做了规定。1992 年《最高人民法院关于适用〈中华人民共和国民事诉讼法〉若干问题的意见》第一百五十六条规定："在案件受理后，法庭辩论结束前，原告增加诉讼请求，被告提出反诉，第三人提出与本案有关的诉讼请求，可以合并审理的，人民法院应当合并审理。"而 2002 年《最高人民法院关于民事诉讼证据的若干规定》第三十四条规定："当事人增加、变更诉讼请求或者提起反诉的，应当在举证期限届满前提出。"2015 年《最高人民法院关于适用〈中华人民共和国民事诉讼法〉的解释》第二百三十二条规定："在案件受理后，法庭辩论结束前，原告增加诉讼请求，被告提出反诉，第三人提出与本案有关的诉讼请求，可以合并审理的，人民法院应当合并审理。"上述三个司法解释，对于诉讼请求的变更，用语不同。1992 年和 2015 年的司法解释，用的是"增加诉讼请求"，而 2002 年的司法解释用的是"增加、变更诉讼请求"，而相对应的《民事诉讼法》中并没有"增加诉讼请求"的用语，只有"变更诉讼请求"的用语。笔者认为，"增加诉讼请求"和"变更诉讼请求"从解释上来讲，外延和内涵并无实质上的区别。所谓增加诉讼请求，就是指在起诉、反诉时的诉讼请求的基础上再加多一些其他的诉讼请求事项，包括诉讼请求事项的增加和诉讼请求量的增加。所谓变更诉讼请求，是指当事人将先前提出的诉讼请求更换为新的诉讼请求。变更诉讼请求，可以理解为放弃和增加诉讼请求。如果变更为一个全新的诉讼请求，可以理解为放弃了原来的诉讼请求，增加了一个新的诉讼请求；诉讼请求量的增减变化本来就可以视为放弃或增加诉讼请求。因此，三个司法解释中的"增加诉讼请求""增加、变更诉讼请求"所指向的是同一种行为，并且与《民事诉讼法》中的"变更诉讼请求"相对应。

在"变更诉讼请求"的时间限制上，三个司法解释是不同的。1992 年和 2015 年的司法解释规定的时间是在"法庭辩论结束前"，这里的法庭辩论指的是一审中的法庭辩论。2002 年的司法解释规定的时间是"在举证期限届满前"。2015 年的司法解释实施后，1992 年的司法解释废止，同时"最高人民法院以前发布的司法解释与本解释不一致的，不再适用。"①

在红罐案一审审理时，2015 年的司法解释还没有颁布，当时实施的是 1992 年的司法解释和 2002 年的司法解释。两个司法解释位阶相同，而 1992 年司法解释相较于 2002 年司法解释是旧法、一般法，根据新法优于旧法、特别法优于一般法的法律适用原则，两者规定不一致的地方，应当以后者为准。因此，本案一审审理时，原告变更诉讼请求的时间应限制在举证期限届满前。一审法院于 4 月 15 日组织进行了证据交换，并于 5 月 8 日进行了质证。而根据《最高人民法院关于民事诉讼证据的若干规定》第三十八条的规定"人民法院组织当事人交换证据的，交换证据之日举证期限届满"，变更诉讼请求最迟应在 5 月 8 日之前提出。一审法院接受了广药集团在 5 月 15 日开庭审理时当庭变更诉讼请求，违反了法律和司法解释的规定。

（二）红罐案中涉及的管辖问题

1. 红罐案两地起诉，最高院指定管辖

2012 年 7 月 6 日，广药集团向广州市中级人民法院起诉鸿道集团、加多宝公司擅自使用知名商品特有名称、包装、装潢纠纷，案号（2012）穗中法民三初字第 490 号，由广州市中级人民法院依法受理。

同日，加多宝公司向北京市第一中级人民院起诉广州王老吉大健康产业有限公司擅自使用知名商品特有名称、包装、装潢纠纷，案号（2012）一中民初字第 8778 号，由北京市第一中级人民法院依法受理。

最高人民法院于 2012 年 11 月 22 日做出《关于将北京市第一中级人民法院

---

① 2015 年《最高人民法院关于适用〈中华人民共和国民事诉讼法〉的解释》第五百五十二条的规定。

受理的（2012）一中民初字第 8788 号案移送广东省高级人民法院审理的通知》和《关于将广州市中级人民法院受理的（2012）穗中法民三初字第 490 号案移送广东省高级人民法院审理的通知》，将两案指定广东省高级人民法院审理。

2. 指定管辖的适用

《民事诉讼法》第三十七条第二款规定，人民法院之间因管辖权发生争议，由争议双方协商解决；协商解决不了的，报请他们的共同上级人民法院指定管辖。

同时，《最高人民法院关于适用〈中华人民共和国民事诉讼法〉的解释》第四十条规定，依照民事诉讼法第三十七条第二款规定，发生管辖权争议的两个人民法院因协商不成报请他们的共同上级人民法院指定管辖时，双方为同属一个地、市辖区的基层人民法院的，由该地、市的中级人民法院及时指定管辖；同属一个省、自治区、直辖市的两个人民法院的，由该省、自治区、直辖市的高级人民法院及时指定管辖；双方为跨省、自治区、直辖市的人民法院，高级人民法院协商不成的，由最高人民法院及时指定管辖。

上述法律和司法解释明确了处理管辖权争议的一般原则是，发生争议的人民法院之间进行协商，协商不成，报请共同上级人民法院指定管辖。

司法实践中，两个以上人民法院对同一案件发生管辖权争议又分为两种情况：

（1）两个以上人民法院对同一案件都有管辖权。在此情况下，先立案的人民法院不得将案件移送给另一个有管辖权的人民法院。人民法院在立案前发现其他有管辖权的人民法院先立案的，不得重复立案；立案后发现其他有管辖权的人民法院已先立案的，应当在七日内裁定将案件移送先立案的人民法院。

（2）当事人基于同一法律关系或者同一法律事实而发生纠纷，以不同诉讼请求分别向有管辖权的不同人民法院起诉的，后立案的人民法院在得知有关人民法院先立案的情况后，应当在七日内裁定将案件移送先立案的人民法院合并审理。

在知识产权民事纠纷案件中，要注意"基于同一法律关系或者同一法律事实发生的纠纷"与法律关系和法律事实相互"关联"的两类不同案件。例如，商标、专利侵权诉讼中原被告之间存在合同纠纷，侵权案件的实体审理不仅要依据商标法、专利法等知识产权实体法，还要基于合同纠纷的审理结果，被告在另一地人民法院提起的侵权诉讼与原被告之间的合同纠纷，两个诉讼之间是相互关联的两个不同案件，不得将后一个案件移送先立案的人民法院合并审理。

两个以上人民法院发生管辖权争议，应当立即停止对案件的实体审理，依照民事诉讼法第三十七条和《最高人民法院关于适用〈中华人民共和国民事诉讼法〉的解释》第四十条规定，协商不成报请共同的上级人民依法指定管辖。上级人民法院应当在收到下级人民法院报告之日起三十日内作出指定管辖的决定。人民法院之间发生管辖权争议，在争议未解决之前，任何一方人民法院均不得对案件作出判决。对抢先作出判决的，上级人民法院应当以违反程序为由撤销其判决，并将案件移送或指定其他有管辖权的人民法院审理，或由自己提审。

3. 对红罐案中管辖权问题的分析

司法实践中，之所以发生管辖权争议，通常是因为法院之间辖区界限不明，或者对法律的规定理解不一致，也有因地方保护主义为其局部经济利益争先立案，而上级法院指定管辖法院时通常要考虑案件事实的复杂程度，案件影响力大小，方便当事人诉讼及指定管辖法院的审判力量等因素。

笔者认为，最高人民法院之所以指定广东省高级人民法院管辖红罐案件的审理，可能主要基于以下考量：

（1）红罐案件社会关注度高，案件影响力较大。本案被消费者及媒体称为"中国装潢第一案"，涉案的加多宝公司和广药集团均是国内凉茶行业的领军企业，双方生产销售的凉茶均为国内外消费者所熟知和青睐，并在国内凉茶行业中处于领先地位，因此红罐案一经披露即受到相关消费者的广泛关注。同时本案又是广药集团和加多宝公司在双方继"王老吉"商标许可纠纷案件后发起的又一诉讼，涉诉标的额巨大，案件的判决结果将直接影响国内凉茶行业的产业格局，因此从案件的影响力来说，应当由高级人民法院审理。

（2）本案法律关系复杂，事实认定困难。本案为知名商品特有包装、装潢纠纷，由于涉案双方均曾使用"王老吉"商标生产销售凉茶产品，双方对于涉案的知名商品指向分歧较大，对于涉案知名商品特有装潢的内容意见不统一，同时由于广药集团和加多宝公司之间十多年的"王老吉"商标许可关系的存在，由此产生的商标权与特有包装装潢权的界定区分存在一定难度，也使得本案不同于一般的知名商品特有包装装潢案件。

（3）本案涉诉双方均为广东本地公司，由广东法院审理便于双方应诉，而且广东高院在处理知识产权纠纷案件中具有较丰富的案件审理经验和审判资源。

（三）临时禁令问题

1. 红罐案提出诉中禁令申请

加多宝公司在起诉后向法院提出诉中禁令申请，要求被告停止使用与原告红罐相类似的包装装潢，被告大健康公司提起反诉，同时提出诉中禁令申请，要求原告停止使用与被告相类似的红罐包装装潢。

广东高院于 2013 年 3 月 29 日先就本诉原告加多宝公司的诉中禁令申请进行听证，对于大健康公司就其反诉提起的诉中禁令申请另行组织听证。

在本次听证结束后，广东高院裁定准许大健康公司撤回反诉及诉中禁令申请，并于 4 月 23 日作出裁定驳回加多宝公司的诉中禁令申请。

加多宝公司在诉讼程序中提出的禁令申请属于临时禁令的一种，为与在起诉前提出的临时禁令即诉前禁令相区别，多被称为诉中禁令。

2. 临时禁令的立法沿革

禁令是指在诉讼前或诉讼中，根据权利人的申请，在对争议事项进行全面审理之前，法官责令极有可能侵权的当事人实施某种行为，或禁止一定行为的命令[①]。这一起源于英美法系的一项古老法律制度已形成较为完善的程序规则。

而我国引入禁令制度源于世界贸易组织《与贸易有关的知识产权协议》（下称"TRIPS"）第五十条关于临时性措施的要求。为了履行我国加入世界贸易组织的承诺，2000 ～ 2001 年，我国先后修改了《中华人民共和国专利法》（下称"专利法"）、《中华人民共和国著作权法》（下称"著作权法"）和《中华人民共和国商标法》（下称"商标法"）三部单行法，将禁令制度（或称"临时性措施"）首

---

① David M Walker. 牛津法律大辞典［M］. 李双元，等，译. 北京：法律出版社，2003：751.

先应用于知识产权领域的部分法律部门。2000 年修订的专利法第六十一条规定"专利权人或者利害关系人有证据证明他人正在实施或者即将实施侵犯其专利权的行为，如不及时制止将会使其合法权益受到难以弥补的损害的，可以在起诉前向人民法院申请采取责令停止有关行为和财产保全的措施。人民法院处理前款申请，适用中华人民共和国民事诉讼法第九十三条至第九十六条和第九十九条的规定"①，也即对诉前禁令的规定。随后，最高人民法院通过了相关司法解释，对诉前停止侵权行为的临时措施的适用作了进一步规定②。《最高人民法院关于对诉前停止侵犯专利权行为适用法律问题的若干规定》第十七条"专利权人或者利害关系人向人民法院提起专利侵权诉讼时，同时提出先行停止侵犯专利权行为请求的，人民法院可以先行作出裁定"的规定将禁令适用范围从"诉前"扩展到"提起诉讼时"，也即诉中禁令。

2008 年修订的专利法已不再援引民事诉讼法的有关规定，而是直接对适用中的主体、条件、担保、审查时间、复议、时效、救济等相关事项作明确规定③。

我国在知识产权领域对禁令制度的引入和适用虽然还存在若干问题及可完善之处，但无疑为在更广阔的领域更好地适用这一程序上的救济措施打下了基础，积累了实践经验。

2012 年修订的《中华人民共和国民事诉讼法》（下称"民事诉讼法"）新增两条（第一百条、第一百零一条）包含禁令内容的规定：

第一百条　人民法院对于可能因当事人一方的行为或者其他原因，使判决难以执行或者造成当事人其他损害的案件，根据对方当事人的申请，可以裁定对其

---

① 2001 年修订的《著作权法》第四十九条和《商标法》第五十七条有类似的规定。

② 最高人民法院于 2001 年 6 月 5 日通过了《最高人民法院关于对诉前停止侵犯专利权行为适用法律问题的若干规定》，第 17 条将适用范围扩大到诉讼时；于 2001 年 12 月 25 日通过了《最高人民法院关于诉前停止侵犯注册商标专用权行为和保全证据适用法律问题的解释》，第十六条亦规定了适用范围包括提起诉讼时或诉讼中。

③ 《专利法》（2008 修正）第六十六条：
专利权人或者利害关系人有证据证明他人正在实施或者即将实施侵犯专利权的行为，如不及时制止将会使其合法权益受到难以弥补的损害的，可以在起诉前向人民法院申请采取责令停止有关行为的措施。申请人提出申请时，应当提供担保；不提供担保的，驳回申请。
人民法院应当自接受申请之时起四十八小时内作出裁定；有特殊情况需要延长的，可以延长四十八小时。裁定责令停止有关行为的，应当立即执行。当事人对裁定不服的，可以申请复议一次；复议期间不停止裁定的执行。
申请人自人民法院采取责令停止有关行为的措施之日起十五日内不起诉的，人民法院应当解除该措施。
申请有错误的，申请人应当赔偿被申请人因停止有关行为所遭受的损失。

财产进行保全、责令其作出一定行为或者禁止其作出一定行为；当事人没有提出申请的，人民法院在必要时也可以裁定采取保全措施。

人民法院采取保全措施，可以责令申请人提供担保，申请人不提供担保的，裁定驳回申请。

人民法院接受申请后，对情况紧急的，必须在四十八小时内作出裁定；裁定采取保全措施的，应当立即开始执行。

第一百零一条 利害关系人因情况紧急，不立即申请保全将会使其合法权益受到难以弥补的损害的，可以在提起诉讼或者申请仲裁前向被保全财产所在地、被申请人住所地或者对案件有管辖权的人民法院申请采取保全措施。申请人应当提供担保，不提供担保的，裁定驳回申请。

人民法院接受申请后，必须在四十八小时内作出裁定；裁定采取保全措施的，应当立即开始执行。

申请人在人民法院采取保全措施后三十日内不依法提起诉讼或者申请仲裁的，人民法院应当解除保全。

第一百条包含了诉中禁令的规定，第一百零一条则包含了诉前禁令的规定。

于 2014 年 12 月 18 日通过的《最高人民法院关于适用〈中华人民共和国民事诉讼法〉的解释》第一百五十二条就保全措施的担保相关问题作了进一步解释：

第一百五十二条 人民法院依照民事诉讼法第一百条、第一百零一条规定，在采取诉前保全、诉讼保全措施时，责令利害关系人或者当事人提供担保的，应当书面通知。

利害关系人申请诉前保全的，应当提供担保。申请诉前财产保全的，应当提供相当于请求保全数额的担保；情况特殊的，人民法院可以酌情处理。申请诉前行为保全的，担保的数额由人民法院根据案件的具体情况决定。

在诉讼中，人民法院依申请或者依职权采取保全措施的，应当根据案件的具体情况，决定当事人是否应当提供担保以及担保的数额。

新修订的民事诉讼法明确将禁令制度的适用范围扩展至所有民事诉讼领域，而不再仅局限于专利法、商标法、著作权法等领域的侵权行为。这标志着禁令制度在我国民事诉讼领域的全面适用，也说明我国的禁令制度正在从引入、摸索到逐步发展和完善。

3. 临时禁令适用中的程序性问题

临时禁令制度的价值主要在于防止侵权行为的发生、持续、加重，力求在较长的诉讼进程中避免给权利人造成更多难以弥补的损失。这一价值的实现需要较为完善的程序保障和统一的实体审查标准的有效运用。我国临时禁令制度的确立及适用也正经历着从不完善到逐步成熟的蜕变过程。

任何一种侵权行为都存在持续加重的可能性以及权利人遭受扩大不可弥补损失的风险，而不仅仅局限于侵犯专利、商标、著作权的行为。我国临时禁令制度在确立之初，具有很大的局限性。然而实践中，更多类型的侵权行为，比如侵害商业秘密、侵害知名商品相关权益等，都需要通过临时禁令制度对权利人可能遭受的或继续加重的无可弥补的损害进行救济，使其保持现状。但是多年来却并未有明确的法律规定临时禁令制度可以适用于其他类型的知识产权案件或民事案件，这与其他国家关于临时禁令制度的立法存在一定差距。

经过十余年司法实践的积累，立法机关从客观实际需要出发，在 2012 年修订的民事诉讼法中新增了关于诉中禁令和诉前禁令的规定，将临时禁令制度的适用范围扩展至民事诉讼领域。

由于临时禁令制度是在对案件进行全面审查之前对被申请人的特定行为采取限制措施，会对当事人的权益造成重大影响，因而需要完善公正的程序规定提供保障。

（1）关于主体，以当事人申请为原则，法院认为必要为补充。

根据专利法、商标法、著作权法等的规定，有权提出禁令申请的包括权利人或利害关系人，比如 2008 年修订的《专利法》第六十六条第一款"专利权人或者利害关系人有证据证明他人正在实施或者即将实施侵犯专利权的行为，如不及时制止将会使其合法权益受到难以弥补的损害的，可以在起诉前向人民法院申请采取责令停止有关行为的措施。"

2012 年修订的民事诉讼法第一百条规定人民法院根据当事人的申请可以作出诉中禁令裁定；第一百零一条规定利害关系人可在诉前申请保全措施。同时，第一百条还规定了"当事人没有提出申请的，人民法院在必要时也可以裁定采取保全措施"。

（2）关于担保，区分类型加以规定，法院裁量。

根据 2014 年 12 月 18 日通过的《最高人民法院关于适用〈中华人民共和国民事诉讼法〉的解释》第一百五十二条的规定，对于申请诉前禁令，应当提供担保；对于诉中禁令，由法院决定是否需要担保。关于担保的数额，均由法院根据案件的具体情况确定。

对申请诉前禁令规定了应当提供担保，这充分考量了临时禁令制度的利益平衡与救济原则，通过对申请人行为的一定限制，被申请人的权益如受到不当损害可以获得一定的救济，从而使得临时禁令制度能够得到公正的适用。

（3）关于审查时间，诉前或紧急情况 48 小时。

2012 年修订的民事诉讼法第一百零一条关于诉前禁令申请的审查时间，沿用了专利法等的规定，即"接受申请后必须在四十八小时内作出裁定"；而第一百条关于诉中禁令申请的审查时间，则规定了"对情况紧急的，必须在四十八小时内作出裁定"。

这里有两点需要进一步讨论：

首先，关于"接受申请"如何理解。前述法律规定中的"接受申请"究竟应当理解为申请人向法院提交临时禁令申请法院接收该申请材料之日，还是法院作出立案受理通知之日，还是业务庭收到该申请材料之日，还是进行实质性审查之日，法律并没有明确的规定和解释。而且案件受理与审查需要经过一定的程序，四十八小时的审查时限存在难以切实执行的客观困难。

其次，关于"情况紧急"如何理解。对于形形色色的各类侵权行为，何种情形属于紧急情况，很难用统一的标准予以衡量，更多地依赖于审查人员的判断，而判断情况是否紧急应当考量的因素往往是对实体审查内容的判断，比如是否造成难以弥补的损害等，要求审查人员在短短四十八小时内仅依据申请书和较少的初步证据材料等作出适当的裁定，也是比较困难的。因此，四十八小时的审查时限是否能够在司法实践中贯彻落实，还有待考证与研究。

（4）在申请人不提起诉讼或者申请仲裁时，诉讼禁令的效力由原来的十五日延长至三十日。

根据现行民事诉讼法的规定，申请人在人民法院采取保全措施后三十日内不依法提起诉讼或者申请仲裁的，人民法院应当解除保全。这是否意味着诉前禁令的最长时效为三十日呢？如果申请人在该三十日期限内提起诉讼或申请仲裁，已执行的诉前禁令的效力是继续还是终止？是否需要重新提出诉中禁令申请，还是自动转化为诉中禁令继续生效？另外，对于诉中禁令的时效，现行法律也并未作出明确规定。笔者认为，在申请人提起诉讼或者申请仲裁后，诉前禁令就自动转变为诉中禁令，在诉讼过程中一直有效，除非法院做出解除禁令的裁定。在终审判决生效后，如果终审判决做出了永久禁令的决定，则永久禁令取代了临时禁令；如果终审判决驳回了禁令的诉讼请求，临时禁令也自动失效。因此，除非法院做出解除的裁定，临时禁令及诉中禁令的效力应维持到判决生效。

（5）关于救济，仅规定了担保这种救济方式难以体现平等性。

虽然有关法律和司法解释规定了申请有错误的，申请人应当赔偿被申请人因停止有关行为所遭受的损失，但对于"被申请人因停止有关行为所遭受的损失"的认定标准未有定论。是以申请人担保范围为限吗？如果被申请人的损失远远超出申请人担保范围而申请人又无力弥补，被申请人是否可向禁令作出机构申请赔偿呢？从现有的规定看，赔偿义务人是申请人，赔偿的范围不限于其担保。如果给被申请人带来的损失大于担保的范围，申请人仍应全部赔偿。我们认为，如果申请人无力赔偿，而作出禁令的法院在发布禁令时有违法行为，申请人也可以要求法院给予赔偿。因此，无论是申请人还是法院，在申请临时禁令与作出临时禁令决定时，都应当十分慎重。

禁令作出即具有执行力。如果在执行过程中，被申请人或禁令作出机构发现禁令不当，能否及时进行更正？现行法律并未涉及禁令取消变更的规定，使得被申请人在临时禁令制度中处于被动的不平等地位，这极有可能使得临时禁令制度沦为申请人利用的工具，不利于其价值的实现。我们认为，为了避免损失的扩大，作出临时禁令的法院可以根据自己的判断或被申请人的申请，做出解除临时禁令的裁定。

（6）关于听证，虽然没有明确规定，但实践中适用较为普遍。

临时禁令措施的执行必将对当事人的实体利益产生重大影响，为了体现平等公正，需要各方当事人共同参与，对申请内容的合理性进行有针对性的论辩，使得审查机构在较短时间内依据有限的资料作出恰当的裁决。

然而如何在较短的时间内，特别是诉前禁令和情况紧急下的四十八小时内进行听证程序或者采取变通措施，还有待实践中总结经验，为立法上明确规定听证程序铺垫道路。

4. 临时禁令的实质性条件

虽然临时禁令仅是在案件全面审查之前的临时性措施，但却直接影响当事人的实体权益，因此在审查临时禁令申请时不应当仅进行形式审查，还应进行相对的实质审查。

从前述关于临时禁令制度的法律规定中可以归纳出胜诉的可能性和损害的不可弥补性是必须审查的两个内容，而实践中，将双方的利益平衡、公共利益等纳入考量范围的情况也较普遍。

（1）关于胜诉可能性的审查。

合法权利人是获得胜诉的前提，因此在判断胜诉可能性时，首先要对申请人是否为合法权利人进行审查。

权利依据主要包括各种权利证明文件，比如专利证书、商标注册证、著作权登记证明、许可使用合同、所有权证书等。在被申请人不能提供充分反驳证据的情况下，对上述权利证明仅作形式真实性的审查，而无需对该证明文件取得的合法性以及是否可撤销等进行实质审查。

对于法律没有明确规定的权利类型，比如知名商品相关权益的权利人的确定，就需要慎重。

接下来对具体行为的审查判断则不应仅停留在形式审查，而应当结合双方当事人的论点与论据进行综合判断。虽说临时禁令是在对案件进行全面审查之前的程序，但就审查内容来说是对实体问题的预判。而且由同一审查组织对同一案件相关材料进行审查，从结果上来讲，禁令裁定与最终裁判结果相悖的情况几不可见。因此，对胜诉可能性的判断要慎之又慎，如果难以判断，以不作出禁令裁定为宜。

（2）关于难以弥补的损害。

现行法律并没有对何谓"难以弥补的损害"进行清晰的界定。实践中，衡量难以弥补的损害，更多的是依赖于法官的自由心证，这就不可避免地使得对难以弥补的损害的认定更容易受到非客观的人为因素的影响，不利于临时禁令制度的公正适用。

申请人对难以弥补的损害负有举证责任，虽然在此阶段并不要求申请人提供确实充分的证据证明损害的发生和大小，但至少应当提交诸如己方产品生产销售情况及市场份额的变化或被控侵权产品的销售情况等，初步证明可能遭受的损失。

何谓"难以弥补"？笔者认为，首先，对于人身相关权利（权益）的损害较难用金钱衡量，可以认定为难以弥补；其次，即便是可以用金钱弥补的损失，也要考量被申请人的偿付能力；最后，结合胜诉的可能性进行审查判断。

（3）考量双方的利益平衡。

虽然法律没有明确规定，但在司法实践中，法院往往将双方的利益平衡作为审查是否作出禁令裁定的考量因素之一，也就是说要判断采取临时禁令措施对被申请人造成的损害是否会明显超过不采取禁令给申请人带来的损害，如果执行禁令对被申请人造成的损害明显超过不采取禁令给申请人造成的损害，不宜作出禁令裁定。

（4）将社会公共利益作为审查内容。

如果被控行为所涉及的社会公共利益远远大于不采取禁令给申请人造成的损害，则不宜作出禁令裁定；如果执行禁令对被申请人造成的损害远远小于不采取禁令对社会公共利益造成的损害，则应当作出禁令裁定。

然而就我国目前的立法现状和司法实践来看，上述几点审查的内容均没有统一的标准，可操作性存在一定欠缺，还有待更深入的理论研究与有指导意义的司法实践的经验积累，以便制定出客观、公正、具有可操作性的统一的标准，使得临时禁令制度更好地保护当事人的合法权益，服务于社会主义市场经济建设。

5. 红罐案中临时禁令问题思考

广东高院就加多宝公司提出的诉中禁令组织的听证围绕五个问题进行：1）如果不采取诉中禁令，是否可能使将来的判决不能执行或难以执行，或将会使申请人的合法权益受到难以弥补的损害；2）申请人在与被申请人的诉讼中胜诉的可能性；3）申请人与被申请人之间的利益平衡及采取行为保全措施对被申请人造成的损害是否会明显超过不采取诉中禁令给申请人带来的损害；4）采取诉中禁令措施是否会损害社会公共利益；5）如果采取诉中禁令，是否需要提供担保，担保金额是多少。

广东高院认为结合双方的证据和辩论意见难以判断胜诉的可能性，在此情况下，如果同意加多宝公司的诉中禁令申请，肯定会给大健康公司造成重大甚至毁灭性损害，这一损害是难以弥补的；如果不同意诉中禁令申请，最多只会造成加多宝公司产品销量利润下降，不至于导致停产，更谈不上毁灭性损害或难以弥补，因此认定采取诉中禁令的措施对被申请人造成的损害远远超过不采取禁令措施对加多宝公司造成的损害，驳回加多宝公司的禁令申请。

对于广东高院的上述认定，笔者认为有不当之处。

对于涉及知识产权的侵权诉讼（不正当竞争行为本质上也属于侵权行为），首先要确定的就是权利的归属，也即权利主体的问题。对于法律所明确规定的经行政许可授予的权利如专利权、商标权等，以其权利证书所记载的权利人或许可合同的被许可人等为权利主体。一旦确定了禁令申请人为相应的权利人，则应该能够对胜诉的可能性做出初步的判断，至少应大于50%。虽然本案所涉及的知名商品特有包装装潢权益并不是法律明确规定的权利，而仅作为一种法律上的权益，其权利归属的判断比之前述专利权、商标权等可以凭借有效的权利证书为依据相对较为困难，但对于因使用而形成的知名商品特有包装装潢权益归属于在先使用者这一保护在先权利的基本原则，应当比较容易判断加多宝公司作为在先使用者享有该权益，更何况还有已生效裁判文书认定加多宝公司是涉案知名商品特有包装装潢权益的合法享有者。因此，笔者认为，从基本的法理和生效判决等证据至少能够初步认为加多宝公司的胜诉可能性大于50%。而关于对申请人和被申请人损害程度大小的判断上，并非适用了相同的衡量标准，而是区别对待。凭什么因为被控侵权的一方可能面临停产就对其可能的侵权行为不加制止，又凭什么认定主张权利的一方仅受到销量利润的减少而不致受到毁灭性的难以弥补的损害？如何又能判断被控侵权者有能力弥补在诉讼期间不停止侵权行为给权利人带来的加重损害呢？可见，法院在对该问题的认定上有所偏颇。

笔者希望在未来有关临时禁令制度的立法和司法实践中能够逐步完善临时禁令制度并行之有效地适用，以切实保护权利人的合法权益。

（四）证据提交时间问题

1. 红罐案中涉及的证据提交时间问题

红罐案中，各方当事人均提交了大量的证据材料。广东高院分别于 2013 年 4 月 15 日和 2013 年 5 月 8 日组织进行了证据交换和质证。而在 5 月 15 日开庭审理之时，广药集团和大健康公司又当庭提交多份并不属于新证据的证据材料。加多宝公司当即表明该部分证据属于超期提交的证据，且不属于新证据，不予质证。

2. 关于证据提交时间的有关规定

《最高人民法院关于民事诉讼证据的若干规定》第三十四条规定，当事人应当在举证期限内向人民法院提交证据材料，当事人在举证期限内不提交的，视为放弃举证权利。对于当事人逾期提交的证据材料，人民法院审理时不组织质证，但对方当事人同意质证的除外。当事人增加、变更诉讼请求或者提起反诉的，应当在举证期限届满前提出。第三十八条规定，交换证据的时间可以由当事人协商一致并经人民法院认可，也可以由人民法院指定。人民法院组织当事人交换证据的，交换证据之日举证期限届满。当事人申请延期举证经人民法院准许的，证据交换日相应顺延。第四十三条规定，当事人举证期限届满后提供的证据不是新的证据的，人民法院不予采纳。

而现行《民事诉讼法》第六十五条规定，当事人对自己提出的主张应当及时提供证据。人民法院根据当事人的主张和案件审理情况，确定当事人应当提供的证据及其期限。当事人在该期限内提供证据确有困难的，可以向人民法院申请延长期限，人民法院根据当事人的申请适当延长。当事人逾期提供证据的，人民法院应当责令其说明理由；拒不说明理由或者理由不成立的，人民法院根据不同情形可以不予采纳该证据，或者采纳该证据但予以训诫、罚款。

于 2015 年 2 月 4 日起施行的《最高人民法院关于适用〈中华人民共和国民事诉讼法〉的解释》对举证期限作了进一步的规定。

第九十九条　人民法院应当在审理前的准备阶段确定当事人的举证期限。举证期限可以由当事人协商，并经人民法院准许。

人民法院确定举证期限，第一审普通程序案件不得少于十五日，当事人提供新的证据的第二审案件不得少于十日。

举证期限届满后，当事人对已经提供的证据，申请提供反驳证据或者对证据来源、形式等方面的瑕疵进行补正的，人民法院可以酌情再次确定举证期限，该期限不受前款规定的限制。

第一百零一条　当事人逾期提供证据的，人民法院应当责令其说明理由，必要时可以要求其提供相应的证据。

当事人因客观原因逾期提供证据，或者对方当事人对逾期提供证据未提出异议的，视为未逾期。

第一百零二条　当事人因故意或者重大过失逾期提供的证据，人民法院不予采纳。但该证据与案件基本事实有关的，人民法院应当采纳，并依照民事诉讼法第六十五条、第一百一十五条第一款的规定予以训诫、罚款。

当事人非因故意或者重大过失逾期提供的证据，人民法院应当采纳，并对当事人予以训诫。

当事人一方要求另一方赔偿因逾期提供证据致使其增加的交通、住宿、就餐、误工、证人出庭作证等必要费用的，人民法院可予支持。

第一百零三条　证据应当在法庭上出示，由当事人互相质证。未经当事人质证的证据，不得作为认定案件事实的根据。

当事人在审理前的准备阶段认可的证据，经审判人员在庭审中说明后，视为质证过的证据。

涉及国家秘密、商业秘密、个人隐私或者法律规定应当保密的证据，不得公开质证。

从上述规定可以看出，现行民事诉讼法及其司法解释对于逾期提交的证据的处理较之前的规定有所放宽，但限定了条件并规定了处罚措施等。

3. 对红罐案中一审法院准许大健康公司、广药集团在开庭审理时补充提交证据做法的分析

大健康公司和广药集团在 2013 年 5 月 15 日庭审中当庭提交的十三份证据属于超出举证期限提交的证据，而且不属于法律规定的新证据，一审法院准许广

药集团及大健康公司开庭审理时补充提交证据并且予以采纳的行为违反《最高人民法院关于民事诉讼证据的若干规定》第三十四条、第四十三条的规定。并且对于两案中分别处于原告和被告的广药集团和大健康公司所提交的逾期证据的认定上，一审法院的理由明显不同。

在大健康公司作为被告的案件中，一审法院以加多宝公司变更诉讼请求为由，认为"因本案案情复杂，当事人在本院指定的证据交换日期前收集并提交全部证据确实存在一定的困难，而且加多宝公司在开庭当天再次变更了诉讼请求，因此，应给予大健康公司相应的时间提交证据，其在开庭审理时补充提交证据应予准许"。

而在广药集团作为原告的案件中，根本不涉及加多宝公司变更诉讼请求的问题，但一审法院仍然采纳了广药集团超期提交的证据，认为"因本案案情复杂，当事人在本院指定的证据交换日期前收集并提交全部证据确实存在一定的困难，而且加多宝公司在第二次质证前两天才向本院提交补充证据，因此应给予广药集团相应的时间提交证据，广药集团在开庭审理时补充提交证据应予准许"。

对比两案即可看出，在对同样问题的处理上，同一法院却采用了不同的标准，实难体现公平公正。

第三部分

红罐包装装潢纠纷代理
实录

第二部分

一、起诉

2012 年 7 月 6 日，广东加多宝饮料食品有限公司以广州王老吉大健康产业有限公司为被告向北京市第一中级人民法院提起擅自使用知名商品特有包装装潢纠纷诉讼，提出请求判令被告立即停止使用原告知名商品红罐王老吉凉茶特有的包装装潢并赔偿因其不正当竞争给原告带来的经济损失 50 万元等诉讼请求。后因广药集团亦于同日以相同案由向广州市中级人民法院起诉广东加多宝公司，经最高人民法院指定该两案一并移送广东省高级人民法院审理。广东省高级人民法院于 2013 年 2 月 18 日签发该两案受理／应诉通知书。

2013 年 3 月，我所开始接触该案，并根据委托方提供的初步材料拟定了分析意见暨工作方案，向广东加多宝公司提出我所对该包装装潢纠纷的诉讼思路及初步分析，并就委托方可能面临的诉讼风险进行分析提示，同时提供了包括如何进一步明确诉讼请求及完善事实和理由等在内的工作方案供委托方参考。我所出具的分析意见暨工作方案获得了委托方的高度认可，随即双方就该案的代理事宜达成协议，我所确定了以杨晓岩律师为代理人，并由闫文军、王瑞玲、王辉等多位律师组成团队协同工作。

在认真分析原起诉状所提出的诉讼请求及事实和理由的基础上，我们对原诉讼请求进行了变更与明确，同时结合具体证据材料对事实和理由部分进行了更为详尽系统地阐述，并在征询参考了另两位代理人和当事人的意见后形成书面文件即下附《起诉意见》提交给法院。

起诉意见

案号：（2013）粤高法民三初字第1号

原告：广东加多宝饮料食品有限公司（以下简称"加多宝公司"）

住所地：广东省东莞市长安镇长青北路

法定代表人：张树容

被告：广州王老吉大健康产业有限公司（以下简称"大健康公司"）

住所地：广州市南沙区金岭北路 93 号 498 室

法定代表人：吴长海

案由：擅自使用知名商品特有包装、装潢纠纷

诉讼请求：

1. 判令被告立即停止使用与原告知名凉茶商品特有包装装潢相同或近似的包装装潢；停止生产和销售带有与原告知名商品特有包装装潢相同或近似的产品，并销毁全部库存的侵权包装装潢。

2. 判令被告在相关媒体包括但不限于中央电视台、各省级电视台、各省级以上报刊、大型门户网站及其官方网站上公开发表声明，消除因其使用与原告知名凉茶商品相同或近似包装装潢而给原告造成的不良影响。

3. 判令被告赔偿因其上述不正当竞争行为给原告造成的经济损失暂计 3096 万元人民币（最终具体赔偿数额以审计结果和年报中利润数额较大者为准）；申请人保留针对 2013 年 2 月之后大健康公司的持续侵权行为继续索赔的权利。

4. 判令被告承担本案全部诉讼费用。

事实和理由：

一、加多宝公司多年来生产销售的红色罐装凉茶商品是知名商品以及该知名商品的特有包装装潢应当获得排他性保护是双方当事人均已认可并经生效判决确认的事实。

在 2013 年 4 月 15 日及 5 月 8 日法院组织的证据交换中，广州医药集团有限公司（以下简称"广药集团"）及大健康公司的共同代理人明确表示，其提交的主张构成知名商品的实物是由加多宝公司生产销售的红罐凉茶。

据此，本案当事双方针对以下事实已经达成共识：加多宝公司多年来生产销

售的红色罐装凉茶商品是知名商品，以及该知名商品具有特有的包装装潢，该装潢应当获得排他性法律保护。

同时，这一事实是生效判决业已认定的事实。广东高院（本案审理法院）（2003）粤高法民三终字第212号民事判决书认定："涉案王老吉罐装凉茶饮料……属知名商品；王老吉罐装凉茶饮料上的装潢具有显著的区别性特征，并非为相关商品所通用，为该商品所特有，应为知名商品特有的装潢。"

另外，大健康公司在质证过程中还承认其生产的凉茶包装装潢与加多宝公司生产的知名商品红罐凉茶特有包装装潢近似，易造成消费者的误认误购。

二、加多宝公司对涉案知名商品特有包装装潢享有知名商品特有装潢权。

（一）由于加多宝公司通过大规模生产、持续性的市场推广、广泛媒体宣传和积极参与公益活动，涉案红罐凉茶凭借优良品质和独特口感，连续多年稳居全国罐装饮料销量首位，成为知名商品。

涉案红罐凉茶商品之所以能够逐渐赢得消费者的青睐、畅销全国各大市场和地区，完全是因为加多宝公司及其母公司鸿道（集团）有限公司（以下简称"鸿道集团"）的悉心经营和大规模宣传推广，加多宝公司已经提交了大量证据证明这一点。

目前，根据国家统计局下属中国行业企业信息发布中心的统计资料显示，加多宝公司生产的红罐凉茶的市场销售额连续六年稳居全国罐装饮料第一名，涉案商品也多次获得各种荣誉，成为名副其实的知名商品。

（二）加多宝公司提供的一系列证据形成完整的证据链，证明涉案知名商品包装装潢是由陈鸿道先生提出创意、委托设计并申请外观设计专利，进而加多宝公司作为凉茶商品的包装装潢使用的。广药集团主张是其授权加多宝公司生产红色罐装凉茶纯属无稽之谈。

凉茶是典型的植物饮料，即用草本植物配制而成，功效在于清暑散热、预防上火。基于此，古往今来的凉茶产品都是采用体现清润凉爽之意的绿色或白色为包装装潢的主色。由于红色代表火焰、灼热、鲜血、阳光，在公共生活领域及医药领域，红色还常常作为提示危险的警示色，一直以来根本没有厂家尝试用红色作为去火凉茶的包装色。而加多宝公司的母公司鸿道集团及鸿道集团的创始人陈鸿道先生，反其道而行之，取用红色的喜庆吉祥、活力奔放之意，大胆创新，首次将其作为凉茶包装装潢的主色彩，同时使用王泽邦后人的正宗配方，使消费者逐步摒弃对红色的偏见，红罐凉茶得到经销商和消费者的一致认可和高度评价，获得了商业上的成功。

可见，涉案知名商品的包装装潢设计是陈鸿道先生自主创意并委托设计的，广药集团自始至终从未参与任何涉案知名商品包装装潢的设计、专利申请、投入生产、广告宣传过程，自己并不享有任何权利，何来授予他人之说。

（三）加多宝公司生产的涉案知名商品是市场上第一个也是本案争议发生前唯一一个红色罐装凉茶商品，故加多宝公司是涉案红罐凉茶知名商品特有包装装潢权的权利人。

早在第626155号商标核准注册前，加多宝公司的创始人陈鸿道先生就已经开始依据王泽邦后人的正宗配方生产销售红色包装凉茶商品。根据加多宝公司现在能够查找到的并已经提交的证据材料，最迟于1992年6月，鸿道集团已经开始大规模生产和广泛推广红色利乐盒包装，并广受消费者好评。此时直至本案争议发生前，没有任何企业以任何形式生产过红色包装凉茶。

从1995年开始，陈鸿道先生委托新灵印刷设计公司按照其思路及构想设计完成红罐凉茶的包装装潢，并将有关设计图的著作权转让给陈鸿道先生。陈鸿道先生于1995年12月28日及1996年6月5日以该设计图向国家专利局申请并取得了95318534.6号和96305519.4号外观设计专利。

经陈鸿道先生授权，由鸿道集团的下属子公司东莞鸿道食品有限公司（以下简称东莞鸿道公司）将上述设计用于涉案红罐凉茶的包装装潢。现有证据材料显示，东莞鸿道公司于1996年5月1日委托广东国际容器有限公司制造涉案红色罐装凉茶饮料空罐，至此，涉案知名商品红色罐装凉茶特有包装装潢开始使用。东莞鸿道公司于1998年8月31日注销后，鸿道集团于1998年9月17日投资成立了东莞加多宝饮料食品有限公司（后更名为加多宝公司），并由加多宝公司承接生产红色罐装凉茶饮料，沿用了以前的包装装潢，被相关消费者所知晓和熟悉，以上事实经（2003）粤高法民三终字第212号生效判决确认。

由此，在商标许可协议许可的第626155号王老吉商标核准注册之前，鸿道集团相关企业便已开始在凉茶商品上使用红色包装，因此广药集团以商标许可协议主张是其授权装潢与事实不符。

（四）加多宝公司生产的红罐凉茶知名商品是传承王泽邦后人的正宗配方，消费者对于广药集团委托生产的绿盒凉茶和加多宝公司生产的红罐凉茶业已形成明确的区分识别，应当尊重、确认这一事实。

涉案知名商品之所以具有广泛的市场知名度和信誉度，究其本源是因为加多宝公司依据的是王泽邦后人授予的正宗配方配制出的凉茶，其口味和品质为广大消费者所认可，即凉茶本身才是其构成知名的真正原因。无论过去、现在以至将来，只有加多宝公司生产的红罐凉茶才是消费者认可的知名商品，加多宝公司作为该配方凉茶的唯一生产者才是涉案知名商品特有包装装潢权的权利人。

与其他商品不同，消费者是依靠饮料的味道、口感来选择和区分凉茶的，基于市场上同时存在的标有"王老吉"商标的绿盒凉茶以及加多宝公司生产的红罐凉茶，消费者通过将商品的包装装潢与自己品尝后感受到的口感和品质建立起唯一的对应关系。这也能够合理地说明为什么红罐和绿盒两种同样标注王老吉商标的凉茶商品销量差距如此之大，正是因为消费者对商品的品质和口味做出了自己的选择。市场是产品最好的检验者，任何行政或司法活动都不应无视消费者的自由选择权及对二者业已形成的区分性识别习惯。

（五）查看涉案知名商品的实际包装装潢具体内容，消费者仅能识别该商品的生产者为加多宝公司，没有任何信息反映与广药集团存在任何关联。

知名商品特有包装装潢保护制度源于《中华人民共和国反不正当竞争法》第五条，该条规定："经营者不得采用下列不正当手段从事市场交易，损害竞争对手：擅自使用知名商品特有的名称、包装、装潢，或者使用与知名商品近似的名称、包装、装潢，造成和他人的知名商品相混淆，使购买者误认为是该知名商品。"

由此可见，知名商品的特有包装装潢之所以获得特殊保护，其本质意义在于杜绝消费者的混淆和误认，从而保护市场竞争者的合法权益及正常的市场竞争秩序。对于商品而言，市场竞争者即为商品的生产者。因此，判断谁是知名商品特有装潢权的权利人，从根本上讲，应该从消费者能够识别的信息入手，确定消费者从包装装潢本身识别的商品来源到底是谁。

具体到本案事实，需要认真甄别涉案知名商品上具体标注了哪些指向商品生产者的具体信息。通观该装潢，仅有三处体现了该商品的生产者，第一处为正面和背面相同的位置用中号黄色字体突出标注的"加多宝出品"，第二处为黑色字体标注的"鸿道集团有限公司授权",第三处侧视图中黑色字体标注的为具体生产厂家加多宝公司。可见,消费者已将涉案知名商品红罐凉茶的包装装潢与加多宝公司建立了稳固而唯一的联系。与此相对,没有任何一个信息能够体现广药集团是商品的来源。因此,涉案知名商品的装潢权应归商品的生产者加多宝公司享有。

(六)加多宝公司是涉案知名商品特有包装装潢的权利人已经经过生效判决确认。

广东高院(2003)粤高法民三终字第212号民事判决书明确认定,原文为"可以认定广东加多宝饮料食品有限公司对其使用的'王老吉'罐装凉茶饮料的装潢享有知名商品特有装潢权。"据此,在没有相反证据推翻该生效判决的情况下,该认定可以直接作为定案事实。

三、广药集团、大健康公司无权主张本案涉案知名商品特有包装装潢权。

(一)广药集团与鸿道集团针对广药集团及其下属企业不能使用红色作为凉茶包装装潢颜色、只能生产绿色纸包装早已有具体明确的约定。

1995年3月28日,鸿道集团与王老吉商标的原商标权人广州羊城药业股份有限公司王老吉食品饮料分公司(以下简称"羊城药业")签订商标许可协议,9月14日又签订补充协议。基于鸿道集团已经开创红罐凉茶并获得市场认可的事实,双方约定羊城药业将第626155号商标许可鸿道集团独家在红色纸包装及罐装凉茶饮料上使用,并进一步约定"甲方与乙方在各自生产的清凉茶商品上的所有包装图案和颜色均不得与另一方相同"。至此,对于双方使用相同商标但不同包装装潢(包括颜色及图案)的约定及实际分界使用装潢的事实已经确立。

1997年2月13日,鸿道集团与羊城药业签订商标许可使用合同,进一步明确约定:"甲方(羊城药业)只可保留生产和销售原已生产的用纸包装的王老吉清凉茶,但包装颜色不能取用红色,包装设计图案不得与乙方生产的'被许可商品'相同"。

广药集团受让"王老吉"商标后,于2000年5月2日与鸿道集团签订的《商标许可协议》第2.6条中明确约定"许可人(广药集团)除本身及其下属企业已生产及销售的绿色纸包装'王老吉'清凉茶外,许可人不得在第一条1.3使用商品类别第32类商品(饮品类)在中国境内使用'王老吉'商标或授权第三者使用'王老吉'商标"。

由此可见,广药集团及羊城药业正是基于对鸿道集团生产的红罐凉茶已经取

为红罐而辩

——加多宝与广药装潢纠纷法律解析及代理实录

得稳定的市场认知度和品牌美誉度这一事实的认可,才与鸿道集团签署上述内容,甚至愿意将自己的生产销售范围仅限于绿色纸包装以换取许可费。而鸿道集团之所以愿意签署此协议并支付许可使用费的前提是:广药集团及羊城药业承诺绝不使用与鸿道集团生产的红色罐装凉茶相同或近似的包装装潢,甚至连红色都不能取用。如果当初广药集团拒绝作出上述承诺或在合同履行过程中擅自使用了红色装潢,则鸿道集团有可能根本不会考虑与广药集团签订合同并有权拒绝支付费用。

正是基于上述约定,加多宝公司生产的红罐凉茶中从未标注任何指向商标权人广药集团的信息,广药集团也从未要求加多宝公司进行标注。广药集团签署合同、收取商标许可费、让渡王老吉商标使用权、主动禁用红色装潢的一系列行为应当视为其承诺对红色包装装潢不主张任何权利,并承担一切法律后果。

即使商标许可协议终止,广药集团如欲生产红色包装凉茶,也应当自己设计,而不能不问自取使用加多宝公司的知名商品特有包装装潢。

随着加多宝公司对涉案红罐凉茶的大力推广和科学经营,现在涉案红罐凉茶已经家喻户晓,广药集团在巨大的商业利益面前,全然不顾其所谓的"国有大型企业风范",撕毁此前承诺,妄图将红罐凉茶的包装装潢据为己有,攫取加多宝公司的经营成果,这种丧失诚信、唯利是图的行为不应获得支持。

(二)在2012年6月前,广药集团及其下属企业从未生产或委托生产过任何一罐红罐凉茶,亦没有对涉案知名商品的生产和宣传作出任何贡献,自无权针对涉案知名商品享有任何权利。

事实上,广药集团及其下属企业一直恪守上述禁止使用红色作为凉茶包装装潢颜色的约定,从未生产或委托生产过任何一罐红罐凉茶。在加多宝公司对涉案知名商品的生产、销售、宣传、推广过程中,广药集团及其下属企业也没有做出任何人力物力财力方面的贡献,因此在本案中,广药集团和大健康公司当然交不出任何一份证据证明其曾经为涉案商品成为知名商品进行过经济投入,基于此,广药集团和大健康公司自无权针对涉案知名商品享有任何权利。

(三)广药集团认为加多宝公司设计及使用涉案知名商品红色罐装包装装潢均是基于广药集团的授权,由此形成的知名商品特有包装装潢权归属商标权人,是毫无根据的主观臆断。

自鸿道集团与羊城药业1995年签订第一份协议开始,直至广药集团受让取得第 626155 号王老吉商标后许可鸿道集团使用,双方签订的所有商标许可协议均只涉及第 626155 号王老吉商标的许可使用,没有任何一份协议提到将红色罐装包装装潢授予鸿道集团使用,根本原因在于无论是羊城药业还是广药集团,都在合同中明确自己必须禁用红色装潢,而且均既没有设计涉案装潢,也没有实际使用,自然没有任何资格主张涉案知名商品的特有包装装潢权,自身没有权利,何谈授权他人。

商标许可协议中关于"许可人授权被许可人生产及销售红色罐装及红色瓶装王老吉凉茶"是关于商标的"使用的商品范围"的约定,用于界定使用商标的商品,并非意指将装潢授予鸿道集团使用,也是对此前鸿道集团已经广泛使用红色包装装潢的既有事实的认可和重申,结合协议全文,通篇无一处提及包装装潢的授权,恰恰相反,所有协议均明确广药集团及其下属企业不能使用红色。因此,广药集团自己尚且不能用,如何授权他人使用。而在签订该协议之前,加多宝公司的关联企业早于 1992 年便开始使用红色包装装潢。

广药集团主张许可协议中有关于"产品包装及商标使用样板经甲方认可才可生产"的约定,实际上只是广药集团断章取义,有意误导。1995 年 3 月 28 日《商标使用许可合同》、1995 年 9 月 14 日《商标使用许可合同补充协议(二)》的该条款实际表述为"乙方生产的带有'王老吉'三个字的清凉茶产品,须符合中国食品卫生有关标准,其包装上须注明生产企业名称及地址,产品包装及商标使用样板经甲方认可才可生产。"可见这一条款具有完整不可分割的含义,针对的是乙方对厂名厂址的标注必须规范的问题,而不能断章取义地理解为甲方将装潢授权给乙方使用。

况且,在羊城药业与鸿道集团 1997 年 2 月 13 日签订的《商标许可使用合同》3.1 条明确约定乙方可自行决定产品的包装形式及尺寸,1.3 条同时约定甲方不参与有关被许可商品的生产和销售问题,由此可见,羊城药业不仅没有任何包装装潢权的授权资格,甚至无权干涉鸿道集团使用何种包装装潢,在合同履行过程中也从未要求鸿道集团或加多宝公司提交样板由其认可。

(四)广药集团及其下属企业在生产销售绿色纸包装凉茶的过程中一直试图借加多宝公司生产的知名商品红罐凉茶知名度搭便车,增加绿盒凉茶的销量。

实际上,在鸿道集团及加多宝公司生产销售涉案知名商品红罐凉茶的同时,广药集团及其下属公司一直生产、销售的产品为绿色纸包装王老吉"清凉茶",并使用广告语"王老吉还有盒装",广告的意图非常明显,由于所有看到广告语的人都已经知道加多宝公司生产的红色罐装凉茶,而却不知道王老吉还有绿盒包装,绿盒生产者进而想借消费者对红罐凉茶的认可来推广绿盒凉茶。由此可见,广药集团不仅对于王老吉商标是因鸿道集团及加多宝公司的生产经营而知名的十分清楚,甚至希望通过傍加多宝公司生产的红罐凉茶而提高自身生产的绿盒凉茶的知名度。

(五)广药集团、大健康公司主张加多宝公司生产的红罐凉茶成为知名商品完全是依靠王老吉商标的良好声誉不符合事实。

1. 广东高院(2003)粤高法民三终字第212号判决书据以认定涉案知名商品的全部证据均为加多宝公司生产涉案知名商品及大规模广告宣传的证据,没有任何一份证据能够说明王老吉商标是涉案商品构成知名的前提和必要条件,广药集团的说法显然与判决相悖。

2. 退一步讲,即使王老吉商标在双方签订商标许可协议时具有一定的知名度,但这只能证明在鸿道集团刚刚使用该商标的前一两年,商标原有群众基础能够起到一定的促进销售的辅助作用。实际上,加多宝公司在2000年时的销售收入也只有800余万元,此时鸿道集团已经获得许可使用王老吉商标5年时间,销售业绩并不理想。此后涉案商品销量大幅提升,商品知名程度有质的飞跃,都是加多宝公司持续的大力投入和广泛的宣传推广造就的。

3. 广药集团、大健康公司未能提供任何证据证明在加多宝公司生产涉案知名商品之前其已经开始生产红罐凉茶,也没有任何证据证明在鸿道集团与羊城药业签订商标许可协议之前涉案王老吉商标已经在第32类具有知名度。

广药集团、大健康公司提交的所有证据均不能证明在加多宝公司生产红罐凉茶之前市场上已经出现红罐凉茶,而且这些证据也不能证明王老吉商标此前已有知名度。这些所谓的王老吉凉茶的早期使用证据均显示使用的商品类别为药品而非饮料商品,例如商品上注明了广州市卫生局成药制售临时许可证号,还标注了药品的服法、用量、适应症、禁忌症等。这些证据的证据来源、形成时间、实际使用地区均无法辨认,根本不能确认是否已经实际使用,而且所有这些所谓的早期产品中未见任何与本案涉案知名商品特有包装装潢相同或近似的装潢,两相比较,包装形式、装潢色彩、图案设计、排列组合方式均不同,使用的商标五花八门，甚至同一份包装上同时标注 4 个不同的商标。可以确定的是，这些材料中无一为红色包装装潢。

需要特别强调的是，第 626155 号商标核准注册日为 1993 年 1 月 20 日。显然在此前不可能获得著名商标的认定。因此，广药集团提交的此前已成为著名商标的证据均不可信或并非颁给涉案饮料商品类别，即与本案无关。

4. 加多宝公司已经提交证据表明王老吉商标同时被广药集团及其下属企业使用在多种商品上，包括润喉糖、龟苓膏、口服液和各种药品，没有证据证明这些产品已经构成知名商品，可见广药集团和大健康公司主张的涉案商品因王老吉商标而知名是不成立的。

5. 事实上，如果广药集团认为涉案商品之所以知名完全是因为其王老吉商标，则其根本无需费尽心思抢夺涉案装潢，只需继续经营好已有的绿盒包装足矣。

四、商标权与知名商品的特有包装装潢权是相互独立、分别行使的权利，广药集团、大健康公司试图以"王老吉"商标权人身份偷换概念，将商标权扩大保护至知名商品特有装潢，缺乏法律及事实依据。

（一）我国现行所有的规范知名商品的特有名称、包装、装潢权的法律法规，均没有以商标权作为知名商品特有名称、包装、装潢权保护的条件或前提，二者相互独立，不能互相移植。

《最高人民法院关于审理不正当竞争民事案件应用法律若干问题的解释》明确规定了知名商品的含义，即在中国境内具有一定的市场知名度，为相关公众所知悉的商品，应当认定为反不正当竞争法第五条第（二）项规定的"知名商品"，在列明的认定知名商品需要考察的各项因素中亦没有提及商标权，知名商品的认定并不以商标著名或驰名为先决条件。只要某商品符合反不正当竞争法中关于知名商品的认定条件，即使该商品上没有标注商标，也丝毫不影响其构成知名商品。

同一个商标可以在不同的多种商品上使用，可以与多种装潢配合使用，同一个商品上也可以使用多个不同的商标，因此根本无法在商标和装潢之间建立起唯一的对应关系，商标权与知名商品包装装潢权显然不能互相移植。广药集团和大健康公司有关包装装潢识别商品来源的作用是依托于商标而实现的观点显然是错误的。

在同一个商标分别使用在不同商品上，即同一个商标与不同的包装装潢配合使用，特别是使用在同一类别的不同生产者的商品上时，商标标识商品来源的作用实际上已经不可避免地弱化，例如本案中加多宝公司和广药集团下属企业分别生产红色罐装和绿色盒装凉茶产品。此时，商标已经无法单独起到识别商品来源的作用，消费者必须依靠商品的特有包装装潢来识别商品。

商标权及知名商品特有名称、包装、装潢权属于不同的商业标记，是两种相互独立的权利，具有各自独立的识别功能，并非必须同时组合使用，知名商品特有名称、包装、装潢权更不能成为商标权的附随权利，否则相关法律制度对于知名商品的特殊保护则缺乏必要性。因此，广药集团试图将其"王老吉"商标扩大保护至知名商品特有包装装潢，缺乏法律依据。

（二）广药集团主张其是涉案知名商品权利人的事实和理由及其所附证据，均围绕广药集团为"王老吉"商标权人的事实，与本案知名商品特有装潢权无直接关联性。

诚然，在部分市场经营行为中，商品生产者是商标权人，同时自行设计包装装潢，并将自己的商标标注于包装装潢上，此时商标权和知名商品特有包装装潢权为同一主体享有。但是市场实践中存在着比比皆是的商标权人和实际生产者并非同一主体的情形，客观上形成了商标权与知名商品特有包装装潢权相互分离的现状。本案中，这两种情况同时存在，即广药集团在其下属公司生产的绿盒包装上同时使用其自有商标以及广药集团自有的绿盒包装，而加多宝公司生产的红罐凉茶则在包装上印有王老吉商标和自有红罐包装装潢。消费者在识别过程中，无法仅凭王老吉商标判断商品来源，却能将凉茶口味—红罐包装装潢—生产者加多宝公司形成认知。

又如，大健康公司提交的王老吉早期使用的部分证据显示，同一商品包装上显示多达 4 个商标，消费者依据生产厂家的记载才能从众多商标中识别出谁才是真正的生产者。由此可见，商标并非标识商品来源的唯一途径。事实上，无论商标能否识别商品来源，包装装潢的识别功能均不受影响。

据此，广药集团主张其为涉案知名商品特有包装装潢权利人，应该提供证据证明其实际设计、使用该装潢，但因事实上其根本没有参与设计，也没有资格使用该装潢，其根本提不出任何证据，故其转而偷换概念，以商标权主张涉案装潢权，显然是毫无根据的。

五、由加多宝公司继续享有涉案知名商品特有包装装潢权不会对广药集团行使其"王老吉"商标权造成任何不良影响，亦不会使相关公众产生混淆及误认。相反，如果将涉案知名商品的相关权利判归广药集团，则不仅使广药集团、大健康公司不合理地攫取相应的商业利益，而且会造成消费者的认知混乱，严重扰乱正常的市场竞争秩序。

第一，涉案知名商品红罐凉茶的配方从前及以后均由王泽邦后人授予加多宝公司使用，涉案知名商品也仍由加多宝公司继续生产，符合19号判决中知名商品特有包装装潢权随知名商品而继受的认定。无论是否继续使用王老吉商标，加多宝公司都无可争辩的是知名商品特有包装装潢权的权利人；无论是否标注王老吉商标，消费者均可依据特有包装装潢识别知名商品红罐凉茶。

第二，由于加多宝公司生产的红罐凉茶和广药集团委托生产的绿盒凉茶已在市场上并存多年，各自特有的包装、装潢是消费者区分二者的显著标记，继续沿用这一区别方式，有利于各自开展经营，也避免发生消费者混淆和误认的可能。

第三，如果判令广药集团、大健康公司可以使用涉案商品的红罐包装装潢，实际上是人为地强硬地摧毁消费者已经根深蒂固的认知习惯，不仅是对市场交易主体的不公平，而且是对消费者的漠视和欺骗。

由于两种凉茶产品口味明显存在差异，品质各不相同，广药集团和大健康公司的代理人已经在5月8日的证据交换中承认大健康公司现在生产的贴有王老吉商标的红罐凉茶与加多宝公司生产的知名商品不是同一个商品。基于此，如果允许广药集团和大健康公司使用红罐凉茶包装装潢，则对于消费者来说，购买的红罐凉茶里灌装的却不是王泽邦后人授予的正宗配方凉茶，也不再是之前获得消费者认可的知名商品，则这种情况的出现实际上已经完全背离了知名商品法律制度保护设立的本义。特别是已有媒体发现，广药集团和大健康公司正委托曾经仿冒涉案知名商品红罐凉茶而被多次查处的企业（实达轩公司）生产贴有王老吉商标的红罐凉茶。换言之，消费者现在在市场上买到的贴有王老吉商标的红罐凉茶极有可能产自之前的"山寨工厂"，难道这不是对消费者赤裸裸的漠视和欺骗吗？广药集团为了早日让其侵权红罐凉茶上市抢夺市场，竟然不惜冒着断送王老吉品牌的风险而委托山寨工厂代工。广药集团生产和销售的凉茶产品与知名商品红罐凉茶在配方上和质量上根本不同，广药集团这种丧失诚信的唯利是图行为是对知名商品红罐凉茶消费者的欺诈。如判决装潢权归广药集团享有，客观上必然使广药集团对消费者权益的侵害变本加厉。

第四，广药集团及大健康公司在涉案红罐凉茶成为知名商品的过程中，没有做出任何贡献，没有付出任何成本，由鸿道集团及加多宝公司享有涉案知名商品的相关权利不会对广药集团造成任何经济损失和不良影响。相反，鸿道集团和加多宝公司在涉案知名商品的经营管理中付出无法估量的人力财力物力，如果判决无法继续使用该知名商品的特有包装装潢，则鸿道集团和加多宝公司的上述努力将付诸东流，蒙受无法挽回的巨额损失。

六、大健康公司的侵权行为已经给加多宝公司造成无法弥补的巨额经济损失，请求法院判令大健康公司赔偿因其上述不正当竞争行为给加多宝造成的经济损失暂计3096万元人民币（最终具体赔偿数额以审计结果和年报中利润数额较大者为准）。

由于大健康公司擅自使用涉案知名商品特有包装装潢，加多宝公司的销量已经受到严重影响。部分消费者将侵权产品误认为是加多宝公司生产的产品或系列产品，造成了相关公众的实际混淆。如不及时制止大健康公司的侵权行为，将使加多宝公司和消费者的利益双重受损。

《广州药业2012年报》第46页显示，大健康公司2012年净利润为30，962，000元。由于大健康公司仅生产被控侵权产品，没有其他产品，其因生产销售被控侵权产品的利润均应认定为非法所得，依数赔偿给加多宝公司。

加多宝公司已向法院申请对大健康公司生产经营的财务资料进行证据保全，贵院复制了其2012年6月至2013年2月的账册。加多宝公司保留针对2013年2月之后大健康公司的持续侵权行为继续索赔的权利。贵院已委托审计机构对大健康公司的财务账册及原始凭证进行审计，以最终的审计结果与《广州药业2012年报》中利润数额较大者为准主张索赔。

综上所述，请求贵院依法支持原告的诉讼请求。

此致
广东省高级人民法院

具状人：广东加多宝饮料食品有限公司
二〇一三年五月十五日

二、举证

法律事实应是能够用证据证明的事实。当事人对自己的主张负有举证责任。全面收集并针对具体证明事项进行分组整理，有利于更加鲜明地有理有据地支持自己的主张。

针对红罐包装装潢两案，我们主要从权属与侵权两大方面收集整理证据，而在权属证据方面，又从涉案产品包装装潢的历史沿革、涉案知名商品的认定、生效法律文书对红罐包装装潢权利人的认定等角度进行了细分。

本案中，我们在法院指定的举证期内和确定的证据交换、质证日期前分四次共提交了49份证据，而证据来源和种类则较为广泛，比如来源于当事人的商标许可合同，来源于国家知识产权局的专利证书，来源于法院的生效裁判文书及部分卷宗材料，来源于罐体加工单位的证明和空罐加工合同，来源于电视台、报社等广告发布单位的证明，来源于政府部门及各行业协会组织等的荣誉认证，来源于工商部门的行政处罚书，来源于学者的法律意见书，来源于公证处的涉及侵权行为的证据保全材料等。

广东加多宝公司在红罐装潢两案中的基本观点和主张是一致的，在举证思路上亦保持统一，两案一并提交证据材料。

鉴于该两案证据及其证明事项在一审判决书中有详细记载，故不在此重复列入，如需了解，可参见附录一审判决书。

三、答辩

答辩是对起诉方提出的诉讼请求及事实和理由的回应，大多为提出反驳并陈述事实和理由，但不排除对部分起诉事实和理由的同意认可。虽然案件的审理程序并不因是否提交答辩状而受到影响，但全面的有理有据的答辩状对于提出己方的主张、反驳对方的观点、让法院全面了解案件事实是非常有帮助的。

在广东加多宝公司作为被告的案件中，针对广药集团提出的诉讼请求及事实和理由，我们拟定了如下的答辩思路：先用证据证明涉案包装装潢权益的主体是加多宝公司而不是广药集团，加多宝公司使用自有包装装潢不侵害广药集团任何权益；再针对损害赔偿、消除影响、维权费用等诉讼请求进行逐一反驳。其中，关于涉案包装装潢权益的主体是加多宝公司而不是广药集团这一部分的答辩内容与广东加多宝公司为原告的（2013）粤高法民三初字第 1 号案起诉状的部分内容基本一致，下附《答辩状》中对该部分内容予以省略。

答辩状
（2013）粤高法民三初字第2号

答辩人：广东加多宝饮料食品有限公司（以下简称"加多宝公司"）
住所地：广东省东莞市长安镇长青北路
法定代表人：张树荣　　　**职务**：董事长

被答辩人：广州医药集团有限公司（以下简称"广药集团"）
住所地：广州市荔湾区沙面北街 45 号
法定代表人：杨明荣

因广药集团诉加多宝公司擅自使用知名商品特有包装装潢纠纷一案，答辩人认为广药集团的诉讼缺乏事实及法律依据，应予驳回，具体答辩如下：

一、涉案知名商品特有包装装潢权的权利人为加多宝公司，而非广药集团。加多宝公司使用自有知名商品包装装潢权并未侵害广药集团任何权利。

（具体内容与 1 号案起诉意见基本相同，在此省略）

二、广药集团主张的损害赔偿及诉讼支出合理费用缺乏事实及法律依据。

广药集团并未证明其因加多宝公司使用自有知名商品包装装潢而遭受任何损失。实际上，广药集团在涉案红罐凉茶成为知名商品的过程中，没有做出任何贡献，没有付出任何成本，当然无法提供证据证明其所谓的损失。

（一）广药集团主张以所谓的网站登载 200 亿元销售额及饮料行业的利润率 7.3% 计算损害赔偿缺乏依据。

广药集团提供证据 24 以证明加多宝公司 2012 年销售额超过 200 亿元，但是该证据显示的网站并无证据直接指向为加多宝公司网站，这个数据也不能确定与加多宝公司的销售额直接相关。另外，这一数据是否是已经扣除经营支出等费用的销售净额尚不可知，因此不能仅以该网站中提及的数据作为计算赔偿数额的依据。

广药集团另提供证据25证明饮料行业的利润率7.3%，并主张以此利润率计算索赔，显然是缺乏依据的。该利润率数据即使真实也是针对所有饮料的，考虑到不同的饮料产品原料成本不同、生产工艺和销售渠道都有差别，因此不能直接适用于涉案凉茶产品。

广药集团针对加多宝公司在同样的期间内生产的同一产品依据同样的事实提起多个诉讼，分别为侵害商标权诉讼、虚假宣传诉讼，在多个案件中广药集团均主张以加多宝公司同一时间段的同一产品的利润作为计算赔偿的依据，属于重复主张赔偿，不应获得支持。

（二）广药集团请求判令加多宝公司连续6个月公开发布声明于法无据。

广药集团诉讼请求第四项为请求判令加多宝公司在中央电视台、各省级电视台、省级以上报刊及其官网上连续6个月公开发布声明，澄清事实，消除不良影响。但是广药集团已经撤销了本案中虚假宣传诉讼的理由和请求，并早已另案起诉，在该案中也提出了与此类似的请求，依据的具体事实及理由亦与本案密切相关，因此该项请求属重复请求，应另案解决。另外，广药集团并没有提供任何证据证明加多宝公司曾经在上述媒体上发表过时长多久的有关广告，更未提供证据证明加多宝公司生产涉案商品的行为给广药集团带来何种不良影响，以致亟需澄清事实、消除影响，故广药集团的该项请求应当予以驳回。

（三）广药集团判令加多宝公司赔偿其合理维权费用100万元不应获得支持。

广药集团提供了大量的律师费、公证费、调研费发票，但是却没有提供证据证明这些费用是为本案所支付，即这些票据与本案无关联性，且未对费用的合理性进行说明。另外，其中大部分款项的付款主体为大健康公司，并非本案原告广药集团，因此与本案无关联性，不能计入诉讼支出；同时其提供的发票数额与其诉讼请求不符。因此，广药集团的该项诉讼请求应予驳回。

综上，请求贵院依法明察，驳回被答辩人的无理诉讼请求，维护答辩人的合法权利。

此致
广东省高级人民法院

答辩人：广东加多宝饮料食品有限公司
二〇一三年五月十五日

四、上诉

我国实行两审终审制。法律赋予了当事人对一审判决不服提起上诉的权利，而二审主要针对上诉状提出的诉讼请求和事实理由进行审理，因此上诉状应尽量做到条理清晰、观点鲜明、理据明确、论述充分。

2014年12月19日，我们收到广东高院对该两案作出的一审判决，（2013）粤高法民三初字第1号案驳回广东加多宝公司的全部诉讼请求；（2013）粤高法民三初字第2号案支持了广药集团的诉讼请求，判定赔偿经济损失1.5亿元。

当事人当即向代理人提出在最短的时间内提起上诉的要求。我们立刻着手分析两案一审判决，针对其中事实认定、法律适用以及审理程序中存在的错误进行归纳整理，确定上诉思路并拟定上诉状，征询其他代理人和当事人意见后迅速修改并定稿，并于2014年12月26日向一审法院提交了两案的上诉状，上诉至最高人民法院。

在短短一周的时间内（距上诉期提前一周），针对分别长达91页和101页的两个案件一审判决分析错误、拟定上诉思路、结合两案双方提交的大量证据对上诉事实和理由进行有理有据的论述，拟定并提交均超过20页的详尽上诉状，是对律师专业知识及工作效率的极大考验。

在二审公开审理时，为了使法庭及旁听人员快速了解案件事实及上诉理由，我们对上诉状进行了提炼精简，形成上诉状概要并于庭审时宣读，现一并摘录于此。

民事上诉状[①]

上诉人（一审原告）：广东加多宝饮料食品有限公司
住所地：广东省东莞市长安镇长青北路
法定代表人：张树荣　　**职务**：董事长

被上诉人（一审被告）：广州王老吉大健康产业有限公司
住所地：广州市南沙区金岭北路 93 号 498 室
法定代表人：吴长海　　**职务**：董事长

上诉人广东加多宝饮料食品有限公司（以下简称"加多宝公司"）因与被上诉人广州王老吉大健康产业有限公司（以下简称"大健康公司"）知名商品特有包装、装潢一案，不服于 2014 年 12 月 19 日收到的广东省高级人民法院作出的（2013）粤高法民三初字第 1 号判决，依法提起上诉。

上诉请求：

1. 请求撤销广东省高级人民法院二〇一四年十二月十二日作出的（2013）粤高法民三初字第 1 号民事判决书；

2. 请求判决支持上诉人广东加多宝饮料食品有限公司的全部诉讼请求；

3. 请求被上诉人广州王老吉大健康产业有限公司承担本案一、二审全部诉讼费用。

事实和理由：

广东省高级人民法院作出的（2013）粤高法民三初字第 1 号判决（以下简称"一审判决"）认定事实错误、适用法律不当、违反法定程序，应予撤销，并改判支持加多宝公司的全部诉讼请求，具体事实及理由如下：

---

① 因广东省高级人民法院对（2013）粤高法民三初字第 1、2 号两案合并审理，对部分争议焦点的认定两案相同，故仅摘录（2013）粤高法民三初字第 1 号案的上诉状，对（2013）粤高法民三初字第 2 号案与 1 号案不同的上诉事实和理由在代理词中已有所体现，故不再单独摘录。

一、一审法院对"知名商品"的界定存在严重错误。涉案知名商品是加多宝公司多年经营的使用王泽邦后人秘方的红色罐装凉茶，即加多宝公司经营的曾经贴有王老吉商标的红罐凉茶及现在贴有加多宝商标的红罐凉茶；广州医药集团有限公司（下称广药集团）和大健康公司生产的红罐凉茶，即使贴有"王老吉"商标，但与涉案知名商品根本不是同一商品；一审法院舍本逐末，故意不去认定何为本案知名商品，反而将不能指代本案知名商品的"王老吉凉茶"认定为特有名称，并将该所谓的特有名称与知名商品直接等同，导致其随后的事实认定发生根本性错误。

（一）涉案知名商品是加多宝公司多年经营的使用王泽邦后人秘方的红色罐装凉茶，即加多宝公司经营的曾经贴有王老吉商标的红罐凉茶及现在贴有加多宝商标的红罐凉茶。

知名商品特有的名称、包装、装潢作为我国反不正当竞争法保护的客体，在司法认定过程中，首先要确定商品和知名商品的含义和内容。商品是具有某种使用价值的劳动产品，而知名商品是消费者认可程度较高的商品，其必然可以满足消费者特定需求、具有特定使用价值，并且这种商品具有唯一性。由于消费者对于这种商品的认可程度较高，需要保护其经营者通过经营这种商品所应当得到的商誉，也需要防止经营非该知名商品的其他竞争者不法利用与知名商品特有名称、包装、装潢相同或近似的元素而使消费者误认为是这种知名商品，于是产生了对这种商品"名称、包装、装潢"进行保护的法律制度。

由此，界定知名商品，必须要考察该商品"知名"时是何种使用价值得到了消费者的普遍认可。无疑，本案所争议的包装装潢用于的商品知名的时间是加多宝公司生产红罐凉茶时，其得到消费者认可是因为使用王泽邦后人秘方满足了消费者的口味需求。因此，只有这种商品才是本案中所指的知名商品，即加多宝公司多年经营的使用王泽邦后人秘方的红色罐装凉茶，无论该商品曾经或正在使用何种商标，也无论该商品的商品名称应当如何称谓，都不能改变这一客观事实。

早在广药集团现持有的第 626155 号商标核准注册前，加多宝公司的创始人陈鸿道先生就已经开始依据王泽邦后人的正宗独家配方生产销售红色包装凉茶，加多宝公司提交的证据显示,最迟于1992年6月,香港鸿道（集团）有限公司（下称鸿道集团）已经开始大规模生产和广泛推广红色利乐盒包装凉茶，并广受消费者好评。

涉案红罐凉茶商品自1996年由东莞鸿道食品有限公司（下称东莞鸿道公司）在市场中推出，在1998年东莞鸿道公司注销后，由加多宝公司承继生产经营至今。由于加多宝公司通过大规模生产、持续性的市场推广、广泛媒体宣传和积极参与公益活动，涉案红罐凉茶凭借优良品质和独特口感，连续多年稳居全国罐装饮料销量首位，多次获得各种荣誉，成为名副其实的知名商品，并且实现了由地区知名到全国知名的知名度提升的飞跃。

一审期间加多宝公司提供的大量证据能够充分证明上述事实，大健康公司和广药集团也承认这一点，并且其在庭审中提交的知名商品的客体证据就是加多宝公司生产的红罐凉茶，只不过其认为这一商品应当表述为"王老吉凉茶"。

（二）广药集团和大健康公司生产的红罐凉茶，即使贴有"王老吉"商标，但与前述知名商品根本是不同的商品，一审法院与相关公众一样清楚而明确地了解这一点，却故意舍本逐末，巧妙地用知名商品采用何种表述替换了其本应当审理的知名商品是何内容的命题，为其进一步作出错误的判决做好铺垫。

1. 既然本案原被告双方针对知名商品相关权益的归属产生争议，那么必须要考察的、无论如何也无法逾越的问题就是，谁的产品是涉案知名商品。

前文已经论述，加多宝公司的红色罐装凉茶就是涉案知名商品，对弈双方及一审法院均认可。那么，如果广药集团和大健康公司生产的产品与加多宝公司生产的红罐凉茶是同一个产品，则广药集团或大健康公司可以主张其为涉案知名商品的相关权利人。但是广药集团和大健康公司并未以其自己生产的红罐凉茶作为其主张权利的依据，这是其承认自己生产的红罐凉茶并非涉案知名商品的最有力的印证。

广药集团与大健康公司在质证与开庭审理中均明确表示广药集团和大健康公司自己生产的红罐凉茶与加多宝公司生产的红罐凉茶不是同一商品。（见5月8日质证笔录第66页，原文为：1. 加多宝问：你方生产的红罐凉茶与我方生产的红罐凉茶是否同一个产品？大健康答：不是同一个产品。2. 加多宝问：曾经由加多宝公司生产的双面标有王老吉商标红罐凉茶与现在大健康公司生产的双面标有王老吉商标红罐凉茶是否同一个产品？大健康答：是同样的商品，但不是同一个商品，厂家都不同。）一审法院还对两产品配方进行提问，双方均明确表示是不同

118

的。一审法院明知争议双方的商品是不同商品，但在认定中却刻意回避该客观事实，为其不当认定结果扫清障碍。

王泽邦后人王氏家族也发表联合声明，表示从未将祖传秘方授予广药集团使用，这足以说明大健康公司生产的红罐凉茶与加多宝公司生产的红罐凉茶秘方不可能相同，秘方、生产工艺不同的凉茶在品质、口感上均有差距，当然属于不同的产品。可见，大健康公司现在生产的被控侵权凉茶，虽然使用的是王老吉商标，但根本不是涉案知名商品，连大健康公司自己也不得不承认这一点。

广药集团和大健康公司在庭审中辩称，虽然本案原被告双方生产的凉茶配方不同，但相差不大，口感也区别甚微，因此是相同的商品，这种说法显然违背了基本常识。即使是矿泉水，消费者很难品尝出其中的差别，但是只要是不同生产者的产品，便不能称为是同一或相同的产品，更何况成分工艺复杂得多的涉案凉茶商品。

既然事实确凿地表明广药集团和大健康公司生产的红罐凉茶并非涉案的知名商品，其当然无权成为涉案知名商品包装装潢权的权利人，当然无权在本案中主张任何权利，其与涉案知名商品的唯一联系就是其持有的商标曾经标注在涉案知名商品上，但是商标权是无法移植到知名商品包装装潢权上的，那么，一审法院若想支持广药集团和大健康公司的诉讼请求，唯一的途径是增加广药集团与涉案知名商品的联系点，即用商标或商品名称替换知名商品本身，偷梁换柱，移花接木。

2. 在涉案知名商品已经唯一确定且争议双方均没有对知名商品特有名称权进行主张的前提下，根本没有必要强行界定双方争议较大的知名商品名称的具体表述，但一审法院却故意偏离审判轨道，将不能与涉案知名商品唯一对应的"王老吉凉茶"五个字与知名商品等同起来，目的在于将审判的天平向广药集团和大健康公司倾斜。

（1）无论是反不正当竞争法还是最高院的相关司法解释，都规定认定知名商品特有包装装潢的首要前提是对商品的知名性进行认定，而非该商品是否有特定的名称。换言之，知名商品的特有名称、包装、装潢具有各自独立的权利属性，知名商品有无特定名称及名称具体内容并不是认定知名商品或者认定知名商品特有包装装潢的前提和必要条件。

显然，一审判决假借对知名商品本身进行界定的幌子，实际上是想将本案的知名商品牵向广药集团一方，其使用的纽带和方法即将反不正当竞争法明确保护的知名商品与知名商品特有名称混同，故意偷换法律概念，一审法院这种知法而不用的行为侵害的不仅仅是当事人的合法权利，更重要的是玷污了法律的尊严。

（2）一审审理过程中，加多宝公司一直反对使用"王老吉凉茶"来指代涉案知名商品，其原因在于该词汇根本无法与涉案知名商品唯一对应，且先天有利于王老吉商标权人，而一审法院却一意孤行，做出与事实相悖的认定。

"王老吉凉茶"所指向的产品并不唯一，即使涉案的知名商品曾经可以用"王老吉凉茶"来指代或表述，但是由于加多宝公司在原有知名商品上更换使用了自有的加多宝商标，而广药集团和大健康公司随即推出了完全不同的红罐凉茶产品却也使用王老吉商标，如前所述，此二者是生产标准和工艺、品质、配方、口味，特别是商品来源上是完全不同的商品，至此，"王老吉凉茶"这五个字便已经无法唯一地指代上述两个产品的任何一个，缺乏唯一性的名词是无法作为知名商品的特有名称，也无法指代知名商品的。

此外，市场上一直另有第三人生产的包装不同、产品不同的绿色盒装凉茶，红色罐装和绿色盒装两个完全不同的商品使用的是相同的王老吉商标，都可以用"王老吉凉茶"来指代，因此即使在本案原被告双方无争议的商标许可期间，"王老吉凉茶"仍然无法唯一指向一种商品。

据此，一审法院以所谓的知名商品特有名称偷换知名商品的概念，并试图以"王老吉凉茶"来绑定广药集团作为商标权人与涉案知名商品的联系，既不符合法律规定，也存在客观上无法指代的障碍。

令人难以理解的是，一审法院不顾加多宝公司的一再反对，坚持使用"王老吉凉茶"指代涉案知名商品，从而在判决的通篇论述中顺理成章地将加多宝公司生产的产品和广药集团生产的产品混为一谈，从始至终视其为同一产品，将涉案知名商品的所有权益全部转移到完全不同的广药集团的产品上，实难以理服人。

一审判决在第76页的表述中引用加多宝公司的起诉状以掩人耳目，试图说服公众加多宝公司也是认可这一指代的。实际上，一审审理过程中加多宝公司已经提交了书面的《起诉意见》以替换原有《起诉状》，而且即使以原有《起诉状》为准，文中一直反复强调的也是红罐凉茶产品本身，而并非苟同一审判决将知名商品名称与知名商品等同的观点，一审法院断章取义，故意歪曲，有违司法机关应当具备的诚信底线。

无论将"王老吉"界定为商标还是商品名称,无论采用什么表述,广药集团、大健康公司和一审法院都无法否认加多宝公司现在生产的红罐凉茶即使不再使用王老吉商标仍然是知名商品的事实,也无法回避广药集团和大健康公司生产的红罐凉茶即使使用了王老吉商标也不是知名商品的事实。尽管一审法院明知却故意不认定两个商品不是同一商品,但广药集团和大健康公司生产的产品不是涉案知名商品是无法逆转、不容质疑的事实。

(三)一审法院在认定涉案商品是否为知名商品时,歪曲事实,将与涉案知名商品不同的其他商品的发展历程与涉案知名商品混同,做出知名商品就是"王老吉凉茶"且该凉茶及王老吉商标在商标许可前已知名的判定,事实认定错误。

1.一审法院在第 78 页论证涉案商品是否知名的问题时,不仅是建立在对不具有唯一性的"王老吉凉茶"进行认定的错误基础上,而且将与涉案知名商品不同的商品的相关情况计入涉案知名商品的产生发展过程中,以此人为拉近广药集团与涉案知名商品的关联关系。

涉案知名商品的客体已经毫无争议,即加多宝公司经营的红罐凉茶,该产品诞生于 1995 年以后,一审法院明知这一点,但是却刻意引入其他不同的商品以混淆视听。一审法院认定,根据大健康公司提交的证据 8《广东省食品新产品申请审批表》,1991 年 5 月羊城药厂将王老吉凉茶从传统的药品开发出新的食品饮料产品,并将此作为涉案知名商品发展过程中的重要组成部分,但是针对此份证据,在 2013 年 5 月 8 日质证笔录第 56 页明确写明,当加多宝公司指出该证据中的审批表指向的产品不是针对本案争议的红罐凉茶时,大健康公司的答复是肯定的,也就是说即使这份证据是真实的,也并非针对涉案知名商品,更无法证明在加多宝公司生产涉案知名商品之前,广药集团或其前身已经开始经营涉案知名商品。

2.一审判决认定 1992 年及 1993 年"王老吉"商标已经具有较高的知名度所依据的证据有两份,分别是 1992 年 11 月广东省著名商标证书及 1993 年的广州市著名商标称号,但是证据本身并没有写明对应的商品类别,甚至没有商标号,而广药集团主张的第 626155 号商标的核准日期是 1993 年 1 月 20 日,因此这两份证书即使是真实的,也并非针对该商标。同时,按照一审法院的认定,1992 年 3 月所谓的王老吉清凉茶作为新产品才刚刚上市,不可能在半年多的时间里就获得针对此产品的著名商标，因此不能证明涉案商标在商标许可前已经为相关公众所知悉。

二、涉案知名商品特有包装装潢权归属于加多宝公司；一审法院认定由广药集团享有，认定错误。

（一）知名商品特有包装装潢权因使用而形成，并非因行政许可而产生。涉案知名商品特有包装装潢从创意、设计到实际使用于商品生产，再到商品的宣传推广，直至成为知名商品的特有包装装潢，均是因加多宝公司及其关联企业的行为而形成，加多宝公司当然成为该权利的法定权利人。

商标权因注册而产生，但知名商品特有包装装潢权因使用而形成及获得保护，只有将某一外观设计实际使用于具体的商品，并随着商品知名度的提升使得该包装装潢具有能够区别商品来源的特征时，法律才对该知名商品特有包装装潢给予保护。

古往今来的凉茶产品多采用体现清润凉爽之意的绿色或白色为包装装潢的主色。而加多宝公司的母公司鸿道集团的创始人陈鸿道先生，大胆创新，首次将本代表警示炎热之意的红色作为凉茶包装装潢的主色彩，同时使用王泽邦后人的正宗配方，使消费者逐步摒弃对红色的偏见，红罐凉茶得到经销商和消费者的一致认可和高度评价，获得了商业上的成功。

如前所述，最迟于1992年6月，鸿道集团已经开始经营红色利乐盒包装凉茶，直至本案争议发生前，没有任何企业以任何形式生产过红色包装凉茶。

从1995年开始，受陈鸿道先生委托新灵印刷设计公司按照其思路及构想设计完成红罐凉茶的包装装潢，并将有关设计图的著作权转让给陈鸿道先生。陈鸿道先生于1995年12月28日及1996年6月5日以该设计图向国家专利局申请并取得了95318534.6号和96305519.4号外观设计专利。

经陈鸿道先生授权，由东莞鸿道公司将上述设计用于涉案红罐凉茶的包装装潢，于1996年5月1日委托广东国际容器有限公司制造涉案红色罐装凉茶饮料空罐，至此，涉案知名商品红色罐装凉茶特有包装装潢开始使用。后由加多宝公司承接生产红色罐装凉茶饮料，沿用了以前的包装装潢，被相关消费者所知晓和熟悉。

（二）涉案知名商品包装装潢本身已经具有区别商品来源的功能，无需将其作为商标的附属，也并非与"王老吉"三个字不可分割，广药集团无权据此自视为权利人，一审法院认为包装装潢权必须依附于商标权行使与法律相悖，与事实相悖。涉案知名商品特有包装装潢的范围不应当包括"王老吉"商标或文字，一审法院将"王老吉"认定为涉案装潢最吸引公众注意之处是错误的。

1. 知名商品特有包装装潢之所以能够写入反不正当竞争法，之所以能够获得和商标权同等位阶的司法保护，其根本原因即在于知名商品的特有包装装潢已经具有了独立区分商品来源的功能和作用。

既然一审法院认为涉案知名商品的特有包装装潢已经符合法律保护的要件，从而给予特有包装装潢权的司法保护，即认可涉案知名商品特有包装装潢已经具有了独立区别商品来源的功能。但是一审法院却同时又认为涉案装潢离开商标就不具有独立区别商品来源的功能，即一方面赋予涉案包装装潢以完整的商业权利，一方面又认定这种权利是存在先天缺陷的，显然是自相矛盾的。

商标权与知名商品特有包装装潢权是由不同法律予以保护的两种平等独立的权利，二者之间不存在从属关系或包含关系，但是一审法院竟然将知名商品特有包装装潢权视为商标权的附属，做出违反法律且前后矛盾的判决。

2. 法律并非孤立而不加选择地保护所有商品的包装装潢，包装装潢获得反不正当竞争法保护的前提是这一包装装潢必须是知名商品所特有的，即与知名商品具有密切相关、不可分割的对应性，简言之，只有知名商品的权利人方可主张享有知名商品特有包装装潢权。如前所述，广药集团和大健康公司生产的商品根本不是涉案的知名商品，二者不是知名商品的权利人，当然无权主张知名商品的特有包装装潢权。

3. 当且仅当通过其各自独特的包装装潢进行区分时，消费者才能准确区分同一时期同样使用王老吉商标的两种不同凉茶的商品来源，即广药集团关联企业生产的绿盒凉茶和加多宝公司生产的红罐凉茶，这是涉案知名商品特有包装装潢能够独立区分商品来源最好的证明。

与其他商品不同，消费者选择和区分凉茶最终依靠的是饮料的味道、口感，基于市场上长期同时存在的标有"王老吉"商标的绿盒凉茶以及加多宝公司生产的红罐凉茶，消费者通过将商品的包装装潢与自己品尝后感受到的口感和品质建立起唯一的对应关系。这也能够合理地说明为什么红罐和绿盒两种同样标注王老吉商标的凉茶商品销量差距如此之大，正是因为消费者对商品的品质和口味做出了自己的选择。

在两个使用相同商标的同类商品中，消费者唯一的识别途径即商品的包装装潢，这是消费者多年形成的识别习惯，是业已形成不可改变的事实，是对一审判决认定装潢权附属于商标权的掩耳盗铃的做法的最好驳斥。

广药集团在多项商品上使用王老吉商标，包括龟苓膏、虫草饮、凉茶颗粒、保济口服液、痰咳净片、暗疮片、人丹、润喉糖、口香糖、枇杷糖等诸多关联产品，全都是默默无闻，无一能够企及加多宝公司经营的红罐凉茶的知名度，这是对广药集团一直主张的"得王老吉商标者得永生"的谬论的最有力的还击。

4. 自加多宝公司在经营的红罐凉茶上使用加多宝商标以来，多数消费者仍认可并购买加多宝公司的红罐凉茶产品，这也能够充分说明涉案知名商品的特有包装装潢并非与王老吉商标不可分割。

加多宝公司在停止使用王老吉商标后，有理由也有权利使用原来的装潢生产销售商品，以便于消费者认识和购买其一贯的商品。而事实上，加多宝公司在使用自有加多宝商标之后，虽然广药集团和大健康公司新推出了包装装潢极为近似的红罐凉茶冠有王老吉商标，消费者仍然愿意选购加多宝公司生产的产品，这一方面证明消费者此前一直是依据红罐装潢本身识别商品来源的，另一方面也证明涉案知名商品包装装潢并非与王老吉商标不可分割。一审法院居然对上述事实视而不见听而不闻，令人无法接受。

5. 商标权和知名商品特有包装装潢权均具有区分商品来源的作用，事实上，消费者选购商品时可以通过多种途径进行选择，包括但不限于商标、商品名称、包装装潢、生产厂家、配料、功能、所获荣誉等，任何标注在商品上的信息均有可能成为消费者选购来源不同的商品的要素。一审判决主观地将消费者区分商品来源的要素唯一限定为商标，是不符合事实和法律规定的，因此一审法院关于"王老吉"商标与包装装潢融为一体不可分离，相关公众不会刻意区分商标权与特有包装装潢权的认定是错误的。

6. 事实上，在2号案一审中广药集团提交的由其单方委托赛立信公司制作的调研报告中，第22页是询问消费者通过包装上的哪些重要特征来判断商品，有71.7%的消费者用红色包装辨别涉案商品，换言之，71.7%的消费者仅凭借加多宝公司首创并长期使用的红色罐装装潢即可区分涉案商品，"王老吉"三个字不是这些消费者考虑或者主要考虑的区分要素。

7. 一审法院认为"王老吉"三个字是该装潢的核心内容，缺乏"王老吉"三个字涉案装潢便不具有显著性，那么按照如此逻辑，是不是所有的同类商品只要不用"王老吉"三个字而只用红罐装潢便不构成侵权？如果是这样，那么本案中，假设广药集团享有涉案包装装潢权，但因加多宝公司并未使用"王老吉"三个字，二者的主要识别部分不同，理当不构成侵权，为什么广药集团还要起诉呢？因此，涉案装潢保护范围是不包含"王老吉"三个字的。一审法院的认定显然采用了双重标准，前后矛盾。

即使去除"王老吉"三个字，涉案装潢仍构成特有装潢，这是不可否认的事实，涉案装潢的视觉效果是采用红色为底色，搭配黄色标识文字及黑色辅助文字，与其他同类商品包装的显著区别在于图案布局、标识底色、文字颜色、文字排列位置、色彩搭配等方面，而并不在于文字内容。

8. 生效判决（2003）粤高法民三终字第212号判决在实际侵权对比时认定文字的简单替换并不影响整体视觉效果，也佐证了文字内容并非包装装潢的具体内容这一事实。该判决指出尽管"二十四味"与"王老吉"文字不同，仍认定二者构成近似，即文字的具体内容实际上不属于特有装潢需要保护的内容，在认定装潢的具体内容及侵权对比时均无需考虑文字具体内容。

（三）查看涉案知名商品的实际包装装潢具体内容，消费者仅能识别该商品的生产经营者为加多宝公司，没有任何信息反映与广药集团存在任何关联，广药集团无权主张涉案权利。

知名商品的特有包装装潢之所以获得特殊保护，其本质意义在于杜绝消费者的混淆和误认，从而保护市场竞争者的合法权益及正常的市场竞争秩序。对于商品而言，市场竞争者即为商品的生产经营者。因此，判断谁是知名商品特有装潢权的权利人，从根本上讲，应该从消费者能够识别的信息入手，确定消费者从包装装潢本身识别的商品来源到底是谁。

具体到本案事实，需要认真甄别涉案知名商品上具体标注了哪些指向商品来源的信息：通观该装潢，仅有三处体现了该商品的生产者，第一处为正面和背面相同的位置用中号黄色字体突出标注的"加多宝出品"，第二处为黑色字体标注的"鸿道集团有限公司授权生产"，第三处为侧视图中黑色字体标注的具体生产厂家加多宝公司。可见，消费者已将涉案知名商品红罐凉茶的包装装潢与加多宝公司建立了稳固而唯一的联系。与此相对，没有任何一个信息能够体现广药集团是商品的来源，因此涉案知名商品的装潢权应归加多宝公司享有。

（四）一审法院认为，鸿道集团正是基于王老吉品牌的知名度和市场价值，才签订商标许可使用协议，并在此基础上推出王老吉红罐凉茶，这一认定与客观事实不符。

早在商标许可协议签订前，鸿道集团就已经在香港获得王泽邦后人独家授权的凉茶秘方生产经营凉茶商品，在开拓国内市场时经查发现王老吉商标在内地地区已经被注册，为了配合产品具有的正宗王泽邦后人秘方的特性，才通过签订商标许可使用协议的方式使用王老吉商标，一审法院认为是基于王老吉商标已经具有的价值才签署商标许可协议没有任何证据支持，完全是主观臆断，违背了鸿道集团签署商标许可协议的初衷和客观事实。

（五）一审法院认为加多宝公司之所以有权生产经营王老吉红罐凉茶，是基于广药集团的授权，广药集团收回商标时附属于知名商品的特有包装装潢应归还商标权人，并认为这是加多宝公司应当预见到的，没有事实和法律依据。

1.涉案商标许可合同的标的仅为商标，没有任何一份合同的标的包含除商标以外的其他权利。

商标许可合同属于有名合同，顾名思义是双方对商标授权许可使用法律关系的合意。除非合同条款里有特别约定，否则不能想当然地将合同并未涉及的装潢纳入许可范围。本案中，涉案的任何一份合同均只字未提包装装潢，更没有任何装潢附图或者具体的装潢内容的描述，被许可人根本无从使用。

2.授权他人使用的前提是该权利已经产生并由其合法享有。

广药集团的前身羊城药厂在签署涉案的任何一份合同之前，均没有生产销售过红色罐装凉茶。由法院查明的涉案包装装潢情况可以看出，最早的商标许可合同签署时，涉案包装装潢还不存在。广药集团如何对根本不存在的事物享有权利并授权他人使用？

3.商标许可合同中提到的"红色"不等同于涉案红罐包装装潢。涉案装潢是包括文字、色彩、图案及其排列组合在内的整体内容。法院所认定的涉案装潢的内容，也并非仅仅指红色，而是包括文字、色彩、图案及其排列组合在内的整体，这足以说明商标许可合同中提到的"红色"只是为了禁止许可人对该色彩的使用，并不是以合同的形式固定涉案知名商品的特有包装装潢。

4.双方之所以对各自商品的包装颜色进行约定，恰恰是为了区别不同的商品来源。为了使消费者能够区分许可人与被许可人生产的同样使用王老吉商标的两种来源不同的凉茶商品，才在许可合同中对各自产品颜色进行约定。而红色与绿色是对比极其鲜明的两种颜色，许可人已经使用了绿色，而被许可人也已经使用了红色，为了保持装潢风格的延续性，约定了被许可人产品使用红色包装。

5.商标许可关系终止后，商标权人仅能针对双方合同约定的标的要求被许可人停止使用，针对本案来说，仅仅指商标，不包含包装装潢，一审法院的前述认定错误。

6.公平的利益分配是商业合作的基本准则，如果失衡势必造成整个市场的诚信丧失，并使经营者深感合作终结后风险的不可控而畏惧良性的商业合作。

作为曾经的合作者，广药集团和鸿道集团在合作期间的各自贡献应当客观地看待。如前所述，广药集团除了提供一纸商标证，在涉案知名商品的经营过程中，再没有做出任何实质性贡献，而其商标的经济价值却因加多宝公司的出色经营而变得不可估量，获得巨大利益。与此相反，加多宝公司在近二十年中全力以赴推出、推广涉案知名商品，从配方取得、投资建厂、原材料采购、组织生产、广告宣传、品质服务等诸多方面不遗余力地为这个产品付出了难以计算的心血和投入，目的仅仅是希望消费者能够认可这个产品。

现在，相关公众已经逐渐接受并开始喜欢红罐凉茶，这个产品终于具有了同类产品只能望其项背的知名度，而法院却通过一纸判决灭杀了市场上如此受欢迎的产品，并声称鸿道集团在签订合同时就应当预见到。在签订合同甚至履行合同的过程中，作为商标的被许可人和产品的经营者，鸿道集团和加多宝公司能够预见到的是可能出现的商业上的亏损和消费者的不认可，但绝对不可能预见到会有法院做出罔顾事实的判决，令其将自行设计生产并获得巨大成功的知名商品拱手送与商标权人，一审法院的上述认定显然过多地增加了鸿道集团或加多宝公司在商业上应当承担的风险。

反之，广药集团或其前身作为商标权人，既然选择签订商标许可合同，就意味着其持有的王老吉商标必然会被用于加多宝公司经营的凉茶商品的包装装潢上，也当然知道这个商品再知名也并非广药集团的商品，更应当意识到如果没有加多宝公司的科学经营，其商标价值不可能有如此的攀升幅度。随着加多宝公司持续二十年的经营，涉案知名商品越来越受到消费者的认可，红色罐装装潢的识别作用日趋显著并不可阻挡地压过"王老吉"三个字的识别作用，相关公众已经能够依靠装潢区分商品来源为加多宝公司，因此其应当预见到在双方合作终止后，其仅仅依靠王老吉商标是无法欺骗消费者的，消费者也不会仅仅因为商标就购买广药集团生产的商品，因此其才提起本案诉讼，妄图获取不当利益。

（六）加多宝公司对涉案知名商品特有包装装潢享有权利，已经过广东高院（2003）粤高法民三终字第212号判决予以确认，一审法院认为在佛山中院19号判决和本院212号判决中广药集团和加多宝公司相对于三水华力公司属于内部关系，且二者之间并没有对涉案知名商品特有包装装潢的权属发生争议，无须对权属予以界定。该案并没有对涉案包装装潢权做原权利归属的认定，是错误的。

佛山中院19号案和广东高院212号案是包装装潢纠纷，并非商标权纠纷，广药集团作为商标权人并非该案适格主体。被控侵权产品装潢没有使用王老吉商标，该案与广药集团没有关联。加多宝公司在该案中提交商标许可有关材料，仅是为了说明加多宝公司在产品上使用王老吉商标具有合法授权，并不能因此证明商标权人广药集团对涉案知名商品包装装潢权享有权利。与此相反，广药集团明知加多宝公司长期使用并在司法程序中请求认定为知名商品特有包装装潢，却从未提出异议，证明广药集团至少在当时是一直认可加多宝公司是涉案知名商品特有包装装潢权人的。

一审法院罔顾客观事实，推翻本院所作已经生效的裁判文书，有损法律的权威性。

（七）一审判定涉案知名商品特有包装装潢权归属于广药集团，损害了消费者利益，违背了《反不正当竞争法》的立法目的。

根据我国《反不正当竞争法》第一条的规定，反不正当竞争法的立法目的是"保护经营者和消费者的合法权益"，一审判决将红罐凉茶包装装潢权判归广药集团，加多宝公司无权使用，不但是对加多宝权益的赤裸裸掠夺，更是对消费者利益的严重侵害。

红罐凉茶的知名，是因为加多宝使用王泽邦后人秘方生产经营的凉茶产品满足了消费者的口味需求。红罐的装潢是消费者区分是不是加多宝公司使用王泽邦后人秘方生产的凉茶的重要因素。如按一审所判，市场上只能由广药集团使用红罐装潢，而所销售的是与加多宝的产品配方和口味不同的产品，消费者根据原来的认识购买的产品并不是自己想购买的产品，这是对消费者的愚弄和欺骗。一审法院为了偏袒广药集团，竟然置消费者的利益于不顾，公然违背《反不正当竞争法》的立法目的，其错误必将带来严重的社会后果。

三、一审法院对加多宝公司指控大健康公司侵害其涉案知名商品特有包装装潢权构成不正当竞争的主张，不予支持，属于认定错误。

（一）涉案知名商品特有包装装潢权应当归属于加多宝公司，理由如上。

（二）大健康公司生产的被控侵权产品包装装潢与加多宝公司生产的知名商品包装装潢构成近似，大健康公司在证据交换庭中明确承认了装潢近似的事实。

大健康公司生产的被控侵权产品包装装潢与加多宝公司的知名商品包装装潢均采用红色为底色，主视图中心是突出、引人注目的三个竖排黄色装饰中文大字，中文大字两边各有两列小号宋体黑色文字，罐体上部有条深褐色的装饰线，该装饰线上有黄色小字围绕，罐体下部有一粗一细两条装饰线；后视图与主视图基本相同；左视图是中文和英文的配料表及防伪条形码；右视图为商品生产者信息等，属于按照国家标准必须标注的内容。

（三）大健康公司生产的被控侵权产品包装装潢与加多宝公司生产的知名商品包装装潢近似，会使消费者误以为被控侵权产品与涉案知名商品来源相同，这与事实严重不符，既损害了加多宝公司的合法权益，也损害了消费者的合法权益，构成不正当竞争。

四、一审法院采纳大健康公司在举证期届满且质证程序结束后在庭审中当庭提交的证据，在程序上存在严重错误。

大健康公司在2013年5月15日庭审中当庭提交的十三份证据属于超出举证期限提交的证据。

根据《最高人民法院关于民事诉讼证据的若干规定》第三十四条、第四十三条的规定，加多宝公司在开庭审理时已明确表示上述十三份证据早就存在，不是在举证期限届满后新发现的证据，更不是当事人因客观原因无法收集的证据，属于超期举证，按照规定，法院应不予采纳。

一审法院认为"因本案案情复杂,当事人在本院指定的证据交换日期前收集并提交全部证据确实存在一定的困难,而且加多宝公司在开庭当天再次变更了诉讼请求,因此应给予大健康公司相应的时间提交证据,其在开庭审理时补充提交证据应予准许",明显违反前述法律规定,并且违反了公平原则,剥夺限制了加多宝公司的合法诉讼权利,明显具有倾向性,有失公正。

五、一审法院在对证据的认定上存在不当。

(一)对加多宝公司证据的认定上存在不当。

1.一审法院认为加多宝公司证据1、7属于证人证言,因未出庭作证,证言不能单独作为认定事实的依据,认定不当。

证据1是公证书、证据7是中国司法部委托香港律师办理内地使用的公证文书,效力等同于公证书,属于书证,并非证人证言;公证的内容包括相应的附图,与其陈述事实相互印证;关于装潢设计的情况说明和附图还可与外观设计专利文件相互印证,该两份证据具有证明力。

2.一审法院认为加多宝公司证据12、38、45与涉案知名商品特有包装装潢无关,对关联性不予确认,是错误的。

认定知名商品特有包装装潢以认定知名商品为前提,加多宝公司证据12、38、45均是关于涉案知名商品是采用王氏后人授权的正宗凉茶秘方所生产,用以证明涉案知名商品的凉茶是什么。该产品与广药集团大健康公司的产品是采用不同配方的两种不同商品,该三份证据与准确认定究竟谁的商品是涉案知名商品密切相关,一审法院不予确认其关联性是错误的。

3.一审法院认为加多宝公司证据32、48未能提供数据来源,与本院委托审计结果相差较大,其真实性无法核实,是不当的。

证据48是中国行业企业信息发布中心出具的《消费品市场资讯报告——罐装饮料》,证据32是证据48中的一页,该报告来源于中国行业企业信息发布中心,该中心是国家统计局所属,专门发布全国重大行业企业信息的权威机构,依据国家统计局权威数据,采用科学统计方法,监测市场变化,发布重大信息,撰写市场分析报告。

既然一审法院对于该中心依据每年的统计数据分析报告向相关企业颁发的统计证明已经予以认可(证据19),就应当对该证据予以采信。

该报告与法院委托审计的对象、内容、范围、期间均不相同，审计结果当然不可能相同，一审法院认为与本院审计结果相差较大，其真实性无法核实是不当的。

（二）一审法院对大健康公司提交的多份与涉案知名商品无关的证据的关联性予以认可，是错误的。

大健康公司作为抗辩也即广药集团据以主张权利的知名商品是加多宝公司生产经营的红罐凉茶，而下述材料均与涉案知名商品无关：

证据1仲裁裁决书，是针对商标许可补充协议作出，只字未提包装装潢权，与涉案知名商品知名度的认定及特有包装装潢的认定没有关联性；

证据5第3980709号商标注册于2006年3月7日，证据6第9095940号商标注册于2012年2月7日，均不是涉案知名商品使用的商标，且核准注册时间远远晚于涉案知名商品被认定为知名商品的2004年，与涉案知名商品知名度的认定没有关联性；

证据22第328241号商标注册证为超期提交，且核准注册类别与涉案知名商品使用商标类别不同，与涉案知名商品知名度的认定没有关联性；

证据8广东省食品新产品申请审批表中的产品，不是涉案知名商品，而是广药集团关联企业生产经营的绿盒王老吉产品，广药集团已经明确承认该产品与其用以主张权利的加多宝公司生产经营的红罐凉茶不是同一商品，且该产品包装装潢也并不是广药集团在本案中主张予以保护的特有包装装潢，该份证据与涉案知名商品知名度的认定及特有包装装潢的认定没有关联性；

证据10是1992年1月11日《粤港信息日报》刊登的《严正声明》，姑且不论我们质疑其真实性，仅就关联性而言，该材料显示的产品不是涉案知名商品，甚至不是1992年3月24日才获得审批的王老吉牌清凉茶饮料产品，而应是指茶包、冲剂类等的药品，且该产品包装装潢也并不是广药集团在本案中主张予以保护的特有包装装潢，该份证据与涉案知名商品知名度的认定及特有包装装潢的认定没有关联性；

证据12"王老吉"商标在1995年之前所获得的荣誉，均不是针对涉案商品类别；获得荣誉的产品及其包装装潢也并非广药集团主张保护的知名商品特有包装装潢，与涉案知名商品知名度的认定及特有包装装潢的认定没有关联性；

证据13"王老吉"商标在1995年之后所获得的荣誉，涉及的产品均是由王老吉药业生产的绿盒纸包装凉茶产品，并不是广药集团本案主张保护的知名商品特有包装装潢，与涉案知名商品知名度的认定及特有包装装潢的认定没有关联性；

证据23 广州羊城滋补品厂营业执照（1991年3月21日）、证据24 广州羊城滋补品厂食品卫生许可证（1991年11月）、证据25《技术开发合同书》（1991年5月9日）,证据27 广州市企业标准备案回执（1991年10月8日）、证据28《广州市食品标签认可申请表（清凉茶）》、广州市食品标签认可合格证书并附包装样本（1991年10月）、证据29 食监检字第893932号检验证书（1991年12月2日）、证据30 粤食卫检字（1992）第27号检验报告（1992年3月19日）、证据31 食品广告审批表（1991年11月30日）、证据32 王老吉清凉茶产品推荐会照片及签到表（1991年12月18日）、证据33《深圳特区报》1992年5月2日刊登的《郑重声明》均为超期提交，姑且不论我们质疑其真实性，仅就关联性而言，主体既非广药集团也不是大健康公司，涉及的产品及其包装装潢也不是广药集团本案主张予以保护的知名商品特有包装装潢，在广药集团和大健康公司明确承认绿盒凉茶与涉案红罐凉茶不是同一商品的情况下，该材料与涉案知名商品知名度的认定及特有包装装潢的认定没有关联性；

证据34 授权书（2003年3月3日）为超期提交，是对侵犯626155号商标权的侵权行为进行诉讼的授权书，而并非对涉案装潢的授权，与涉案知名商品知名度的认定及特有包装装潢的认定没有关联性。

此外，对于证据21 政府信息部分公开告知书的真实性、关联性的认定是错误的。该证据没有原件，申请人、申请事项不明，未附提及的分析报告，未加盖公章，而且告知的对象即申请人有涂改，是不真实的；网页打印材料未显示时间及网址，不能确认真实性、合法性；内容与涉案知名商品知名度的认定及特有包装装潢的认定没有关联性。

六、一审判决在认定事实和法律适用上存在严重错误，具有极其严重的社会危害性，应当予以纠正。

（一）一审法院实际上是以司法权公开地直接地干预市场竞争，以判决的形式毫不隐晦地帮助广药集团和大健康公司消灭主要竞争对手，粗暴赤裸地绞杀竞争产品，通过判决肆意掠夺加多宝公司的无形资产，将加多宝公司二十余年苦心经营红罐凉茶的一切成果均一刀切地无偿判送给广药集团，如果不是本案中广药集团和大健康公司在加多宝公司的一再追问下承认从来没有获得过加多宝公司使用的红罐凉茶的秘方，难以想象一审法院会不会连凉茶秘方都认定成商标的附属物从而归广药集团所有。我们相信，本案的一审判决是任何一个法治国家都不应当出现、不应当容忍及不应当被谅解的不公正现象。

（二）一审判决从根本上颠覆了知名商品保护制度，将商标权凌驾于知名商品合法权益之上，将本应与商标权获得同等保护的知名商品特有包装装潢权直接贬低为商标权的附属物，否定了反不正当竞争法设立知名商品保护制度的立法本意，是典型的立法与司法的倒退和玷污，严重违背法律规定与立法精神，极大地损害了司法权威。试问，如此与法相悖不顾事实的判决如何令世人信服？做出如此荒唐判决的审判机关如何能够担当起广大人民对其建设法治国家的希望与重托？

（三）一审判决犯了将商品名称与商品本身直接等同的低级错误，实质上否定了加多宝公司近二十年持续经营的罐装凉茶商品的延续性和同一性，相关公众会因为判决而认为加多宝公司目前生产经营的贴有加多宝商标的罐装凉茶商品与其自 1996 年开始持续经营至 2012 年的标识王老吉商标的罐装凉茶商品不是同一商品，而且会误认为广药集团和大健康公司刚刚推出市场的红罐凉茶商品就是此前二十余年其一直爱戴和关注的加多宝公司生产的知名商品红罐凉茶，人为地强硬地摧毁消费者已经根深蒂固的认知习惯，客观上迫使消费者无法继续选择加多宝公司生产的红罐凉茶，只能改为购买广药集团和大健康公司的同类产品，这也正是广药集团和大健康公司想要达到的目的，他们妄图通过判决干扰消费者本来清晰而熟悉的认知现状，诱导消费者选购了与其本来购买意愿相悖的错误商品，是对消费者的漠视和欺骗，极大地损害了消费者合法权益。

（四）在商标许可关系普遍发生的今天，本案一审判决如果生效，势必形成难以逆转的案例示范效应，即在任何一段商标许可关系终止后，在许可期间凡使用过许可商标的商品，其衍生的除经营利润以外的一切权益均应归商标权人所有，被许可人唯一可以获得的即经营利润。这意味着在许可关系终止后被许可人根本无法再继续使用原有包装装潢生产原产品，而是必须从头再来，重新设计包装装潢，重新开拓市场，这不仅不符合最大效益地利用市场资源的原则，也势必造成消费者需要重新认知本来已经存在的商品的不合理情形，更重要的是，错误地分配了商标许可关系人的利益，将天平天然倾向于商标权人，造成先天不公。那么，未来企业想要签订商标许可合同使用他人商标，必须要做好合同终止后所有的一切拱手相让与商标权人的充分准备。试问，面临如此大的代价和风险，还会不会有企业敢于签署商标许可合同？商标许可制度甚至商标注册制度的意义将逐步丧失，寸步难行。

综上所述，一审判决认定事实错误，适用法律不当，违反法定程序，具有严重的不良社会影响。为了维护上诉人的合法权益，特向贵院提起上诉，请求贵院在查明事实的基础上，撤销一审判决，依法改判支持上诉人的全部诉讼请求。

此致
最高人民法院

上诉人：广东加多宝饮料食品有限公司
二〇一四年十二月二十五日

民事上诉状概要

2号案（一审1号案）：

上诉人（一审原告）： 广东加多宝饮料食品有限公司

上诉请求：

1. 撤销广东高院（2013）粤高法民三初字第1号民事判决；
2. 判决支持上诉人全部诉讼请求。

因两案一审判决部分重合，为节省时间，除特别说明外，以下事实及理由适用于两案。

事实和理由：

一、涉案知名商品是加多宝公司经营的红罐凉茶，这一商品使用了王泽邦后人的正宗配方，曾经使用王老吉商标，现在该知名商品仍由加多宝公司生产经营，只是改为使用加多宝商标。

本案系知名商品权属纠纷，涉案只有两种商品，即加多宝公司的红罐凉茶和广药的红罐凉茶，各不相同，本案需要从中二选一，认定何者为涉案知名商品。

自1996年至今，加多宝公司通过大规模生产、持续性市场推广、广泛媒体宣传和积极参与公益活动，红罐凉茶凭借正宗配方和优良品质，多年稳居全国罐装饮料销量首位，实现了由地区知名到全国知名的提升和飞跃，是名副其实的知名商品。

而广药的红罐凉茶，2012年6月才作为新商品上市，王泽邦后人曾发表联合声明，表示从未将祖传秘方授予广药使用，这足以说明广药的红罐凉茶与加多宝公司的知名商品是不同的，广药也当庭承认这一点，并且广药据以主张的知名商品也是加多宝公司的红罐凉茶，而并非自己的商品。由此可见，对于加多宝公司的红罐凉茶是知名商品这一事实，双方其实并无任何争议。

既然事实确凿，涉案知名商品已经唯一确定且双方均没有对特有名称权提出主张，一审法院根本没有必要超越审理权限界定知名商品名称，更不应当强行将知名商品已经不再实际使用的"王老吉"商标认定为知名商品的名称，将涉案知名商品认定为王老吉凉茶，等于将是否使用王老吉商标作为认定知名商品的标准，只要贴有王老吉商标的凉茶都是知名商品，按此标准，明明是知名商品的加多宝公司的红罐凉茶反而因为不再使用王老吉商标，而不能被认定为是知名商品，显然是违背客观事实的。

一审法院以所谓的知名商品特有名称偷换知名商品的概念，以此绑定广药作为商标权人与涉案知名商品的联系，将加多宝公司的商品和广药的商品视为同一商品，将加多宝公司知名商品的所有相关权益全部嫁接、转移到广药的商品上，导致事实认定发生根本性错误。

红罐凉茶并非因王老吉商标而知名，消费者给予红罐凉茶的广泛认可主要是基于加多宝公司使用的王泽邦正宗配方所延伸的口感和品质，而并非因为商标。鸿道集团也正是为了配合红罐凉茶所使用的正宗王氏配方才使用王老吉商标，不能抹杀王老吉作为配方标识的功能和作用，而完全将其移植在王老吉商标上，让商标权人独享利益，更何况广药没有任何证据证明其掌握了王氏配方。加多宝公司在使用王老吉商标开始经营的前些年都是亏损，可见并非如广药主张使用王老吉商标必然会带来巨额回报。广药在多项商品上使用王老吉商标，包括龟苓膏、凉茶颗粒等几十种关联产品，全都是默默无闻，即使同为凉茶的绿盒王老吉产品，事实证明根本无法企及红罐凉茶的销量和知名度，这是对广药主张的"得王老吉商标者得永生"的谬论的最有力的还击。

对于如此核心的问题，广药却完全不敢正面迎敌，只是反复地数我方用多少字数来表述知名商品，并总结我方提出了五个甚至更多的知名商品的主张，实际上他明明知道本案仅涉及两个商品，何来另外几种商品。这也充分说明可以从不同属性的角度去称谓本案知名商品，比如商标、商品名称、生产者或者配方，都改变不了加多宝公司的红罐凉茶才是知名商品。

因此，即使广药的红罐凉茶贴有王老吉商标，也不是知名商品；无论加多宝公司的红罐凉茶曾经或正在使用何种商标，也无论该商品的商品名称应当如何称谓，知名商品唯一未变的是，从其产生到知名到现在，其权利人始终是加多宝公司。

二、涉案知名商品特有包装装潢权归属于加多宝公司；一审法院认定由广药享有，认定错误。

知名商品特有包装装潢权因使用而形成，只有将某一装潢实际使用于具体的商品，并随着商品知名度的提升，使得该包装装潢具有能够区别商品来源的特征时，法律才对该知名商品特有包装装潢给予保护。将这一装潢使用在知名商品上的人是装潢权人。

涉案装潢从产生、设计到实际使用于商品生产，再到商品的宣传推广，直至成为知名商品的特有包装装潢，均是由加多宝公司及其关联企业的决策和实施行为而形成，加多宝公司当然成为该权利的法定权利人。广药虽为商标权人，但未实施任何使用行为，没有资格主张权利人。

装潢是附着于知名商品上的商业标识，其获得反法保护的前提是这一装潢必须是知名商品所特有的，即与知名商品具有密切相关、不可分割的对应性，只有知名商品的权利人加多宝公司方可主张享有知名商品特有包装装潢权。广药生产的商品，根本不是涉案知名商品，当然无权主张知名商品的特有包装装潢权。

双方商标许可协议签订之前，陈鸿道先生已经开始使用红色纸包装经营凉茶。相反，广药及前身签订合同前，根本没有生产销售过红色包装凉茶，广药如何对根本不存在的事物享有权利并授权他人使用？因此，一审判决认定加多宝公司是基于广药的授权生产经营红罐凉茶，广药收回商标时装潢应归还商标权人是错误的。

加多宝公司是涉案装潢的权利人，已由广东高院（2003）粤高法民三终字第212号判决予以确认。广药明知加多宝公司设计使用该装潢并在司法程序中成功被认定为权利人却从未提出异议。一审判决与该院作出的生效判决完全矛盾，有损法律的权威性，无法令人信服。

三、大健康公司已经承认，其装潢与知名商品装潢近似。加多宝公司认为这会使消费者误以为大健康生产的红罐凉茶是知名商品，构成不正当竞争，其应当承担相应责任。

四、一审法院根据大健康公司的反对驳回加多宝公司延期举证的申请，却采纳大健康公司在举证期届满且质证程序结束后在庭审中当庭提交的证据，程序上存在严重错误和不公。

五、一审法院在对证据的认定上存在不当。

六、一审判决在认定事实和法律适用上存在严重错误，具有极其严重的社会危害性，应当予以纠正。

（一）一审法院实际上是以司法权公开地直接地干预市场竞争，以判决的形式帮助广药消灭主要竞争对手，绞杀竞争产品，掠夺加多宝公司的无形资产，将加多宝公司二十余年苦心经营红罐凉茶的一切成果一刀切地无偿判归广药，如果不是本案中广药在加多宝公司的一再追问下承认从来没有获得过加多宝公司的王氏秘方，难以想象一审法院会不会连凉茶秘方都认定成商标的附属物从而判归广药所有。我们相信，本案的一审判决是任何一个法治国家都不应当出现、不应当容忍及不应当被谅解的不公正现象。

（二）作为曾经的合作者，广药和鸿道集团在合作期间的各自贡献应当客观地看待。广药除了提供一纸商标证，在涉案知名商品的经营过程中，再没有做出任何实质性贡献，而其商标的经济价值却因加多宝公司的出色经营而变得不可估量。与此相反，加多宝公司在近二十年中全力以赴推出、推广红罐凉茶，从配方取得、投资建厂、原材料采购、组织生产、广告宣传、品质服务等诸多方面付出了难以计算的心血和投入，目的仅仅是希望消费者能够认可这个产品。

现在，相关公众逐渐接受并开始喜爱红罐凉茶，这个产品具有了同类产品望其项背的知名度，而法院却声称鸿道集团在签订合同时就应当预见到会失去装潢。在许可合同签订及履行中，加多宝公司能够预见到的是可能出现的商业上的亏损和消费者的不认可，但绝对不可能预见到会有法院做出罔顾事实的判决，令其将自行设计生产并获得巨大成功的知名商品及相关权利拱手送与商标权人，更不会预见到，广药生产的根本不是知名商品的商品会被颠倒黑白地认定为知名商品。

广药或其前身作为商标权人，既然选择签订商标许可合同，就意味着其持有的王老吉商标必然会被用于加多宝的凉茶装潢上，并随着加多宝公司持续二十年的成功经营，红罐装潢的区别作用日趋显著并不可阻挡地超越王老吉商标的区别作用。广药十分清楚，王老吉商标的市场竞争力和影响力根本无法与红罐装潢相比，所以不遗余力地仿冒加多宝知名商品，但是无论其如何仿冒，其产品都不可能是知名商品。一审法院为广药的这种行为推波助澜，搭桥修路，何以服众。

（三）一审判决从根本上颠覆了知名商品保护制度，将商标权凌驾于知名商品合法权益之上，将本应与商标权获得同等保护的知名商品特有装潢权直接贬低为商标权的附属物，严重违背法律规定与立法精神。

（四）一审判决犯了将商品名称与商品直接等同的根本错误，实质上否定了加多宝公司二十年经营的红罐凉茶知名商品的延续性和同一性，相关公众会因为判决误购不是知名商品的错误商品，这也正是广药通过本案想要达到的目的，这是对消费者的漠视和欺骗。

（五）公平的利益分配是商业合作的基本准则，如果失衡势必造成整个市场的诚信丧失，并使经营者深感合作终结后风险的不可控而畏惧良性的商业合作。一审判决无疑产生了错误的示范效应，即在一段商标许可关系终止后，凡使用过许可商标的商品，其衍生的除经营利润以外的一切权益均应归商标权人所有。这意味着被许可人必须从头再来，重新设计包装装潢，重新开拓市场，这不仅不符合最大效益地利用市场资源的原则，也势必造成消费者需要重新认知本来已经存在的商品的识别成本的浪费，更重要的是，这错误地分配了商标许可关系人的利益，将天平天然倾斜于商标权人，加大被许可人的商业风险，使得商标许可寸步难行。

3号案（一审2号案）：

上诉请求：

1. 请求撤销广东高院（2013）粤高法民三初字第2号民事判决书之第一、二、三项；
2. 请求判决驳回广药集团的全部诉讼请求。

事实和理由：除 2 号案外，加多宝公司还认为，一审法院认定加多宝公司不正当地挤占了广药的市场份额，构成不正当竞争，缺乏事实法律依据，加多宝公司不应当承担任何法律责任。

消费者凭借更换了加多宝商标的红罐装潢，购买的仍然是加多宝公司的知名商品，符合其购买的预期和愿望，不会使相关公众产生误认或混淆。反法保护的是在先进入市场的知名商品及在先使用的装潢，广药是自 2012 年 6 月之后才开始生产红罐凉茶，而加多宝公司的红罐凉茶自 1996 年推出至今已有 19 年历史，一审法院的认定无异于认为已经知名的商品挤占了刚刚推出市场的商品的份额，这是何其荒谬的。

综上所述，一审期间，在合议庭已经查清，广药也明确承认自己经营的凉茶并非本案的知名商品时，我们仍然能够从广药代理团队的脸上读取胜券在握到足以提前庆祝的信息，我们是无法理解的。但是当我们收到一审判决并惊诧于判决竟然完全不顾事实和法律，判令广药可以在其 2012 年借壳上市的非知名凉茶上使用红罐装潢，我们才意识到一审中我们的一切努力和争取注定都是徒劳的。

加多宝公司诚信经营，凭真本事、好产品获得消费者的赞誉和信任，我们深切地希望最高人民法院一定一定要秉公执法，排除案外因素的一切影响，从事实和法律出发，作出公正的判决，还我们一个公道，不要让像加多宝公司一样的民营企业在中国的司法面前没了路，伤了情，寒了心。谢谢。

五、法庭调查与辩论

在案件开庭审理程序中，法庭调查和辩论是必不可少的重要环节。法院会根据双方的起诉意见、答辩意见及双方提交的证据材料，总结归纳出案件的争议焦点，并围绕争议焦点进行法庭调查和法庭辩论。对于有重大影响并公开开庭审理的案件，往往会有人大代表、新闻媒体、社会公众参与旁听，这也是对司法公正公开的有效监督。此时，部分法院会要求各方当事人就其所发表的意见制作演示文稿（PPT），既可鲜明表达核心观点，便于法院理清案件事实，又可使不了解案情的旁听人员借助多媒体简明直观地了解案件。在本案一、二审程序中，各方当事人均按照法院要求就起诉（上诉）意见、答辩意见及围绕争议焦点的阐述与辩论制作了 PPT 并在庭审时当庭演示，起到了一定的辅助作用。

而在庭审后，代理人大多会就案件事实及法律适用等问题以书面形式全面充分反映己方的观点意见，并在法院指定期限内提交书面代理意见，其内容既可就庭审中遗漏或论述不充分的意见予以补充，也可对已发表的意见进行归纳总结。以下为本案二审程序中提交的代理词。

代　理　词
（2015）民三终字第2、3号

尊敬的最高人民法院合议庭法官：

贵院受理的广东加多宝饮料食品有限公司（下称"加多宝公司"）与广州王老吉大健康产业有限公司（下称"大健康公司"）、广州医药集团有限公司（下称"广药集团"）擅自使用知名商品特有包装装潢纠纷两案[（2015）民三终字第2、3号]，已于2015年6月12日、6月16日进行了公开开庭审理。我们受加多宝公司的委托，在上述两案中担任其诉讼代理人参加诉讼。在坚持原已提交和发表的上诉意见、质证意见和辩论意见的基础上，围绕法庭总结的争议焦点，依据事实和法律，进一步阐明我方观点，回应对方的主张和观点，请合议庭在对本案（如无特别说明，概指两案）进行合议并依法作出裁判时充分考虑我方如下代理意见。

关于争议焦点一：加多宝公司和广药集团在本案中请求予以保护的特有包装装潢的具体内容和载体是什么？

（一）加多宝公司请求保护的特有包装装潢的内容

根据国家工商总局《关于禁止仿冒知名商品特有的名称、包装、装潢的不正当竞争行为的若干规定》第三条的规定，"装潢，是指为识别与美化商品而在商品或者其包装上附加的文字、图案、色彩及其排列组合"。

加多宝公司请求予以保护的特有包装装潢的具体内容是标识底色为红色，文字排列为竖排，字体颜色为黄色，图案布局为中心突出三个竖排黄色大字，其两边有数列黑色小字，顶端有文字环绕这一有机整体视觉形象。其中文字的内容含义不是特有包装装潢的组成部分。

首先，在商品包装装潢中，文字并非以其呼叫或字义起识别作用，而是以特定颜色字体等作为图案，成为装潢的组成部分。

一审法院对该问题的认定存在明显错误：（2013）粤高法民三初字第 1 号判决第 81 页上数第 6 ～ 8 行："本案所涉知名商品特有包装装潢的内容是指标明在王老吉红罐凉茶产品的罐体上包括黄色字体'王老吉'等文字、红色底色等色彩、图案及其排列组合等组成部分在内的整体内容。"一审法院将文字字义作为装潢内容，实际上否定了反不正当竞争法对装潢的独立保护。

其次，如果将作为商业标识之一的包装装潢看作未注册商标，那么要将该未注册商标申请注册时，必须放弃该包装装潢上体现的其他商标的专用权保护，也说明体现于包装装潢上的商标本身并不是包装装潢的内容。

第三，在进行装潢侵权对比时，文字本身并不是比对的内容，否则反不正当竞争法对包装装潢的保护将毫无意义。体现在包装装潢上的文字信息非常之多，包括对商品的描述、生产者信息等，如果将文字本身作为保护内容，除非所有文字信息完全一致，否则便不构成不正当竞争。那么法律所制止的擅自使用与知名商品特有包装装潢近似的不正当竞争行为就成为一纸空话。而加多宝公司的商品装潢中不含有王老吉文字，就不与包含"王老吉"文字的装潢近似。

广药集团主张的包装装潢内容包含"王老吉"并认为起显著识别作用，但在进行侵权对比时又不将如此重要的要素进行比对，而是抽象为三个竖排黄色大字，显然自相矛盾。

（二）加多宝公司请求保护的特有包装装潢的载体——加多宝公司经营的红罐凉茶（知名商品）

当事人请求保护的特有包装装潢的载体应是指《反不正当竞争法》规定中特有包装装潢所对应的载体。《反不正当竞争法》第五条第（二）项规定："擅自使用知名商品特有的名称、包装、装潢，或者使用与知名商品近似的名称、包装、装潢，造成和他人的知名商品相混淆，使购买者误认为是该知名商品。"可见，反法所保护的无论是商品的名称、包装、装潢，其对应的载体是特定"知名商品"，而非其他。所以，本案中，各方当事人请求保护的特有包装装潢的载体是知名商品。据此，本争议焦点的内容即为涉案知名商品到底是由谁经营的哪种商品。

双方当事人争议的特有包装装潢是红罐包装装潢，而涉案的红罐凉茶有两种，一种是加多宝公司及其关联公司自 1996 年开始经营至今的红罐凉茶；一种是广药集团大健康公司 2012 年 6 月后推出的红罐凉茶，该两种商品不是同一商品。

加多宝公司所主张的涉案知名商品是指加多宝公司多年以来生产经营的使用王泽邦后人的正宗独家配方的红色罐装凉茶商品，具体包括加多宝公司生产经营的曾经贴有王老吉商标的红罐凉茶及现在贴有加多宝商标的红罐凉茶。虽然使用的商标有所变化，但作为商品本身的内容没有变化，即罐内所装液体凉茶都是使用了王泽邦后人的正宗独家配方而生产制造；而此配方不仅包括罐体标识的主要配料，还包括各种配料的配比及工艺流程、技术诀窍等商业秘密，亦可称为秘方。

需要特别提请法庭注意的是，无论从广药集团、大健康公司提供的证据，还是其庭审中的明确表述，广药集团请求保护的特有包装装潢的载体也是加多宝公司经营的红罐凉茶，而不是其自己自 2012 年 6 月后生产经营的产品。

对于广药集团在二审中增加请求，提出其主张保护的包装装潢的载体还包括大健康公司 2012 年 6 月后推出的红罐凉茶，已经明显超出二审审理范围，不应被法院采纳。

作为包装装潢载体的商品是否为知名商品，是其承载的包装装潢能否获得反不正当竞争法保护的前提。结合反不正当竞争法司法解释对知名商品认定应当综合考虑的要素的规定，加多宝公司经营的红罐凉茶是知名商品，而广药集团大健康公司的红罐凉茶不是知名商品。

首先，根据《最高人民法院关于审理不正当竞争民事案件应用法律若干问题的解释》（2007 年 2 月 1 日起施行）第一条，在中国境内具有一定的市场知名度，为相关公众所知悉的商品，应当认定为反不正当竞争法第五条第（二）项规定的"知名商品"。人民法院认定知名商品，应当考虑该商品的销售时间、销售区域、销售额和销售对象，进行任何宣传的持续时间、程度和地域范围，作为知名商品受保护的情况等因素，并就前述各种考虑因素进行综合判断。原告应当对其商品的市场知名度负举证责任。

涉案红罐凉茶商品自 1996 年由东莞鸿道食品有限公司推出市场，在 1998 年东莞鸿道公司注销后，由加多宝公司承继生产经营至今。销售区域涵盖全国 34 个省级行政区划以及亚洲、欧洲、南北美洲、非洲、大洋洲等近 30 个国家和地区。由于加多宝公司通过大规模生产、持续性的市场推广、广泛媒体宣传和积极参与公益活动，涉案红罐凉茶凭借优良品质和独特口感，近年来连续多年稳居全国罐装饮料销量首位，多次获得各种荣誉，成为名副其实的知名商品，并且实现了由地区知名到全国知名的知名度提升的飞跃。加多宝公司提供的大量证据能够充分证明上述事实。（包括但不限于加多宝公司证据9、10、11、17、18、19、20、21、22、23、24、36、37、38、39、40、41）

其次，涉案红罐凉茶是知名商品的事实已经被2004年的（2003）粤高法民三终字第212号生效民事判决书所认定。

该判决认定涉案红罐凉茶为知名商品是依据加多宝公司提供的涉案红罐凉茶的生产、销售、宣传等有关证据材料，考察是否符合现行法律法规及司法解释的有关规定，进而作出有充分事实和法律依据的认定。需要特别说明的是，法院认定涉案红罐凉茶为知名商品并非是以其所标识的商标是著名商标作为前提条件和依据，而是在考察商品本身的生产、销售、宣传、推广及受保护的事实等因素的基础上进行的综合判断和认定。（详见加多宝公司证据8、37、47）

该判决认定，在1996年，东莞鸿道公司已开始在罐装"王老吉"凉茶饮料上使用本案诉争的装潢标识，并投入大量的广告宣传，使该商品成为知名商品。

广东高院在该案的知名商品认定上认定的是加多宝公司生产经营的红罐凉茶，并写明装潢权应附随于知名商品，而非商标。这一业已生效的判决，广药集团和大健康公司并无异议。

然而在本案中，广药集团和大健康公司却偷换概念，将包装装潢的载体是商品偷换成商品名称，一审法院对该问题的认定存在根本性错误。

首先，商品名称并不是双方当事人所主张的权利，不是本案应当审理的内容。一审法院在（2013）粤高法民三初字第1号判决第75页下数2～4行认定"知名商品是……的商品名称。"第77页上数6～8行认定"本案知名商品指的是'王老吉凉茶'，其中'凉茶'属于此类商品的通用名称，'王老吉'属于特有名称。"一审法院的上述认定不仅存在逻辑错误，而且偷换了认定内容，对双方均未请求且与认定本案包装装潢无关的名称进行了认定，既属于事实认定错误，也违反法定程序。

其次，商品名称是否构成特有名称，应当以事实为依据，结合法律规定的要件进行认定。根据《最高人民法院关于审理不正当竞争民事案件应用法律若干问题的解释》第二条的规定，具有区别商品来源的显著特征的商品的名称、包装、装潢，应当认定为反不正当竞争法第五条第（二）项规定的"特有的名称、包装、装潢"。也就是说，是否具有区别来源的显著特征，是认定商品名称是否特有的要件。然而，"王老吉凉茶"这一名称根本不能完成商品的无异议指代，更加不具有区别商品来源的显著特征。广药集团另有绿盒凉茶、凉茶颗粒、无糖凉茶，均使用王老吉商标，均称为王老吉凉茶，但却并非本案请求保护的包装装潢的载体，非但无法区分涉案红罐凉茶与前述绿盒凉茶等不同商品来源，反而会造成消费者对商品来源的混淆。涉案红罐凉茶的知名度是上述各种"王老吉凉茶"望尘莫及的，这一点使得红罐凉茶的特有装潢具有了识别商品来源的独立作用，这也是绿盒凉茶推出"王老吉还有盒装"广告语的出发点所在，就是想借助来源于加多宝公司的红罐王老吉凉茶的知名度，推销宣传来源于广州王老吉药业股份有限公司的绿盒王老吉凉茶，试图通过使用相同商标、可能同被称为"王老吉凉茶"使消费者误认两种商品来源相同或具有关联性。可见，"王老吉凉茶"根本不能唯一指代涉案商品，更加不具有区别商品来源的显著特征，不符合法律规定的特有名称的构成要件。一审法院在无事实依据情况下没有适用法律规定具体要件就径行认定"王老吉凉茶"为特有名称，属于事实认定和法律适用错误。

广药集团之所以偷换概念将商品名称作为包装装潢的载体，目的就是将加多宝公司经营的知名商品（曾经因使用王老吉商标被称为王老吉凉茶）的荣誉嫁接在广药集团大健康公司 2012 年 6 月以后经营的"王老吉凉茶"上。

虽然我们坚信最高法院不会将广药集团在二审中增加的请求保护的载体作为审理内容，但仍然要简要说明下，认定知名商品应以起诉时为时点，并严格依据反不正当竞争法司法解释规定的诸要素进行综合考量。广药集团在 2012 年 7 月 6 日对加多宝公司提起诉讼，而在该时点，广药集团大健康公司的红罐凉茶才刚刚满月，无论从商品销售情况和宣传情况还是受保护的情况等来看，均不可能符合构成知名商品的认定要素。相信这也正是广药集团在一审中未将其自己的产品作为主张包装装潢权益的载体的根本原因，因为其清楚地知道，其 2012 年 6 月才推出的红罐凉茶根本不符合法律规定的知名商品的认定要素，不是知名商品的该商品所承载的包装装潢不符合反不正当竞争法对商品包装装潢予以保护的条件。

广药集团指控我们多次变更对涉案知名商品的表述，完全是基于其偷换概念的错误逻辑。

加多宝公司主张的作为请求保护的包装装潢的载体的知名商品从始至终都是

明确的、唯一的，是自己经营的红罐凉茶，而广药集团在一审中从头到尾都没变过的主张也是加多宝公司经营的红罐凉茶，从来没有也不敢主张自己经营的红罐凉茶知名。对于其在二审中增加自己的商品为载体的主张无法不令人质疑其诚实信用的底线究竟何在？

广药集团还以"产品""商品"是不同概念为借口，推翻其在一审中明确的大健康公司红罐凉茶与加多宝公司红罐凉茶不是同一商品的表述，并提出二者是同一商品的荒谬主张。

事实上"产品"和"商品"只不过是在不同场合的表述，从区分商品来源的角度来讲，并不存在实质差异。即便成分并无差别的纯净水，也不能将来源于不同生产经营者的不同商品认定为同一商品，更何况是依据不同配方生产的涉案凉茶商品呢？广药集团认为不是同一产品但是是同一商品的主张根本无法立足。

当能够唯一界定这种凉茶之后，我们可以从这个商品所具有的不同属性的角度去称谓它，比如商标、商品名称、生产者或者配方。对方提出我们多次变换对知名商品的主张，其实对方明知我们只不过是用这种方式来证明知名商品的称谓名称有太多种，在各方均没有主张特有名称的情况下，法院完全没有必要强行将知名商品界定为王老吉凉茶。

庭审时间如此宝贵，对方却用来释放此类"烟雾弹"吸引听众眼球，分散合议庭注意力，而全然没把"火力"集中在核心的焦点问题上，说明他们的确找不到自己的商品是知名商品的任何依据和理由。

关于争议焦点二：包含以下三个具体问题：

1.如何理解反不正当竞争法对知名商品特有包装装潢提供保护的法理基础和立法目的？

2.如何理解与知名商品特有包装装潢有关的权益，受到反不正当竞争法保护的条件和范围？

3.如何理解反不正当竞争法对商品包装装潢提供的保护与商标法对商标标识提供的保护二者之间的关系？

（一）法理基础和立法目的

1.法理基础。

知名商品特有的装潢之所以受反法保护，乃是因为知名商品特有的装潢经使用而具有识别商品来源的价值，从这个角度看，知名商品特有的装潢实际上等同于未注册商标，其法理基础与商标法对商标保护的法理基础是一致的：所有的区别性标识都是为了使得特定经营者的商品与服务特定化，区分此商品与彼商品。如前所述，装潢，是指为识别与美化商品而在商品或者其包装上附加的文字、图案、色彩及其排列组合。《最高人民法院关于审理不正当竞争民事案件应用法律若干问题的解释》第二条："具有区别商品来源的显著特征的商品名称、包装、装潢，应当认定为反不正当竞争法第五条（二）项规定的"特有的名称、包装、装潢。"

所以，并非所有的包装装潢都受保护，只有产生区别商品来源功能的知名商品的特有包装装潢才受保护。反法第五条第（二）项规定的仿冒行为的本质后果是使得购买者发生误认、误购，从而冲击和不正当地占有被仿冒商品的市场，损害经营者和消费者的利益。可见，区分商品来源，避免混淆，是反不正当竞争法对知名商品特有包装装潢予以保护的法理基础的切入点。

具体而言，将文字、图案、色彩按照一定的方位顺序排列组合起来，使其具有显著性；将之使用于商品，消费者能够通过显著性来区别商品来源，也即具有了区别性。显著性和区别性是该商品所特有的，不为同类商品所通用，能够区别商品来源，是反不正当竞争法对知名商品特有包装装潢提供保护的法理基础。

2.立法目的。

结合反法第一条的规定，我们可以发现，法律禁止仿冒行为的目的在于保护经营者和消费者的合法权益。就经营者而言，这种区别功能的产生是经营者诚实劳动和有道经营的凝结、浓缩，代表着特定经营者的特定商品或者服务的信誉和评价，经营者借此表现并保持其信誉，从而获取并保持竞争优势，在市场交易中占据优势地位。法律保护这样的一种竞争优势有助于实现信息对称，有助于经营者在同类商品上进行差别化经营，为市场提供更加多样化的产品。从消费者角度来说，反法禁止仿冒行为是为了实现消费者心目中的商品同一性担保功能。消费者基于特定包装装潢购买知名商品时，其目的是买到与上次购买相同的产品。因此，禁止蒙骗消费者从事非其所愿的交易，是反法规定该条该项的核心利益。

具体到本案，从经营者角度分析，加多宝公司生产的凉茶与大健康公司生产的凉茶是否是同一个产品？不是！消费者在购买红罐凉茶时心目中意图购买的产品是加多宝公司生产的凉茶还是大健康公司生产的凉茶？加多宝公司的红罐凉茶！消费者在购买的时候是仅凭王老吉商标就可以实现心目中的同一性担保，还是需要凭借红罐装潢才能实现心目中的同一性担保？必须凭借红罐装潢才能实现同一性认知！

（二）保护的条件和范围

1. 保护的条件。

我国对商品包装装潢保护的条件高于国际公约和其他国家的规定，以知名商品和包装装潢特有为条件对商品包装装潢予以保护。

《反不正当竞争法》第五条第（二）项规定，经营者不得采用下列不正当手段从事市场交易，损害竞争对手：

（二）擅自使用知名商品特有的名称、包装、装潢，或者使用与知名商品近似的名称、包装、装潢，造成和他人的知名商品相混淆，使购买者误认为是该知名商品；

从上述规定可以看出，《反不正当竞争法》对知名商品特有的名称、包装、装潢的保护是有条件的。首先，该包装装潢所用于的商品是知名商品，是该包装装潢能够为《反不正当竞争法》所保护的基础条件。

《最高人民法院关于审理不正当竞争民事案件应用法律若干问题的解释》第一条对认定知名商品应当考虑的因素作了较为详细的规定，包括：

该商品的销售时间、销售区域、销售额和销售对象；

进行任何宣传的持续时间、程度和地域范围；

作为知名商品受保护的情况等，并应当综合考虑上述因素。

需要指出的是，反法所保护的特有包装装潢与作为其载体的知名商品是统一体。换言之，受保护的装潢与其载体具有唯一对应关系，该包装装潢只有使用在该知名商品上，才能受到反法的保护；如果其载体变成其他商品，使用在其他商品上的包装装潢就不能作为已被认定的知名商品特有包装装潢予以保护，而是需要重新针对其所使用的商品是否构成知名商品这一保护条件进行认定。

就本案而言，如果广药集团坚持主张保护其 2012 年 6 月推出的由大健康公司委托生产的红罐凉茶包装装潢，那么就必须根据法律规定对该红罐凉茶是否符合知名商品这一保护条件进行认定。如果连受到保护的这一前提条件都无法满足，就更加谈不上权利归属的问题。

其次，该包装装潢为该知名商品所特有，不是同类商品所通用，能够区分商品来源是获得反不正当竞争法保护的必要条件。

商品来源最终指向的应当是商品的生产经营者，某一商品的包装装潢是否能够作为知名商品特有包装装潢受到反不正当竞争法的保护，还需要满足特有这一必要条件，也即消费者是否能够通过该包装装潢将其与其他生产经营者的商品区分开来。这一区别商品来源的功能的实现依赖于包装装潢的使用情况。当某一包装装潢使用于产品并进入流通领域，成为消费者视野中的商品时，该包装装潢所特有的显著性和区别性就成为消费者选购不同商品的商业标识之一；如果消费者仅通过该包装装潢就能够将该商品与其他相同或类似商品区分开来，该包装装潢就应当认为为该商品所特有。

以本案为例，2012年5月以前，有广州王老吉药业股份有限公司生产经营的绿盒凉茶和加多宝公司生产经营的红罐凉茶，该二者是采用不同配方的不同商品，如果消费者通过"王老吉"商标或"王老吉凉茶"商品名称区分商品来源，则根本无法对上述不同商品的不同来源进行区分，但是却可以通过绿盒与红罐两种明显不同的包装装潢来区分商品来源并做出符合自己消费需求的选择。加多宝公司的红罐包装装潢为其商品所特有。

2012年6月后，广药集团大健康公司也在其生产经营的凉茶上使用与加多宝公司知名商品特有包装装潢近似的红罐包装装潢，但该两种商品却是来源不同的两种商品，消费者对两种商品来源产生混淆，造成误认误购。换言之，消费者无法通过红罐包装装潢区分不同商品来源，基于知名商品特有包装装潢相关权益是因使用而形成，法律保护在先权利人，广药集团大健康公司的商品是后使用红罐包装装潢进入市场的商品，因此红罐包装装潢并不是广药集团大健康公司凉茶商品的特有包装装潢，不符合法律保护的条件。

2.保护的范围。

知名商品特有包装装潢有关权益可以受到反不正当竞争法保护的范围包括在相同或类似商品上使用知名商品特有包装装潢或与之近似的包装装潢，简言之，包括相同和近似。

首先，从使用对象范围上，包括相同或类似商品。

其次，从行为方式上包括使用知名商品特有包装装潢（相同）和使用与之近似的包装装潢两种方式。在近似性的判断上，是从消费者的角度来考察，即消费者因相同或近似的包装装潢而误认为两种不同商品出自同一商品来源。消费者的这一认知，一方面会造成其与知名商品经营者之间的交易机会的丧失，另一方面其消费选择可能违背真实购买意愿。这也恰恰反映了反不正当竞争法对知名商品特有包装装潢予以保护的立法目的，即通过制止这种不正当竞争的行为，一方面保护知名商品经营者本应取得的交易机会和应当获得的利益，另一方面保护消费者遵循其真实购买意愿所应获得的权益。

第三，保护的客体范围（内容）是文字、图案、色彩及其排列组合所构成的整体视觉形象。

体现于包装装潢上的商品名称、商标不是反不正当竞争法对知名商品特有包装装潢所保护的范围。

如前所述，文字在该整体设计中并不以其本身的读音或字义而单独存在，而是以其具有美感和识别作用的字体、颜色等类似图案的形式起作用。

（2003）粤高法民三终字第212号判决认定"二十四味"凉茶构成擅自使用加多宝公司知名商品红罐王老吉凉茶特有包装装潢的不正当竞争行为，很好地诠释了前述观点。不论罐体中央竖排黄色大字的具体内容是什么，是商品名称还是商标或是配方名称来源，均不作为反法对知名商品特有包装装潢予以保护的范围。否则，"二十四味"与"王老吉"无论是作为商标还是作为商品名称，不论是否视其为主要识别要素，其区别都是显而易见的，毫无相似可言，如果将文字本身纳入反法对知名商品特有包装装潢予以保护的范围，二者就不构成近似，也就不构成不正当竞争。

在涉案知名商品更换商标为加多宝后仍能被消费者辨识为原来的知名商品，也是对文字含义本身不在反不正当竞争法对知名商品特有包装装潢予以保护的范围之内的有力实证。

还需要说明的是，作为反法所保护的知名商品特有包装装潢的文字、图案、色彩及其排列组合所形成的整体视觉效果并不是僵化的，这也是商品包装装潢与同样具有区别商品来源作用的注册商标的不同所在。对于因行政许可而产生的注册商标，使用中不得随意修改，而对于因使用而形成的商品包装装潢却并非如注册商标一样不可修改，而是经营者可以根据市场与消费者的需求，或者配合特别营销活动，对装潢的图案、文字、色彩及其排列加以适度地调整，仍然能够起到原来的区别商品来源的作用。以涉案知名商品加多宝公司生产经营的红罐凉茶特有包装装潢来讲，曾在2010年广州亚运会期间，作为亚运会高级合作伙伴，在特定活动时期内推出的产品包装装潢上就添加了亚运会的会标等标识，但从消费者角度讲，该装潢仍然能实现将该商品与其他来源不同的商品区分开来的功能。

（三）反不正当竞争法对包装装潢提供的保护与商标法对商标标识提供的保护二者之间的关系

1. 我国《反不正当竞争法》对包装装潢提供的保护与《商标法》对商标标识提供的保护，二者是相互独立的，处于同等位阶，并非谁是谁的附属。具体而言：

首先，适用法律不同，对商品包装装潢的保护依据《反不正当竞争法》；对商标标识的保护依据《商标法》。

其次，权利客体独立，一个是知名商品特有包装装潢；一个是商标。

第三，权利主体资质不同，或者说主张权利者所基于的身份不同。能够对知名商品特有包装装潢主张权利的主体为该知名商品经营者；能够对商标主张权利的主体为商标权人和获授权的商标使用人。

第四，受保护的条件不同，反法对商品包装装潢的保护以知名商品特有为条件，而商标法对商标的保护主要以注册为条件（驰名商标特殊保护除外）。

第五，使用对象范围不同，反法对商品包装装潢的保护对象限制在该知名商品上，而商标法对商标的保护对象限制在核准注册的类别（因本案不涉及未注册商标，故仅针对注册商标）。

第六，保护客体使用情况的限制不同，受反法保护的商品包装装潢可以在使用过程中进行适当地修改，而受商标法保护的注册商标在使用时不得随意修改。

总而言之，反不正当竞争法对商品包装装潢的保护与商标法对商标的保护是相互独立的，谁也不是谁的附属物，最高人民法院在以前的裁判［（2011）民申字第623号裁定］中一直秉承这种态度："商标法和反不正当竞争法各有其独立的适用条件和保护对象，应该分别处理和独立判断。……不同商业标志分别对商品来源起识别作用，不同消费者可以通过不同的商业标识来识别商品来源。"即便商品包装装潢上显示了商标，也不能就此认为商标本身是包装装潢的内容而受到反不正当竞争法对商品包装装潢的保护。

2. 一审法院认为王老吉商标与涉案装潢密不可分融为一体，且为主要识别要素，进而认定装潢为商标的附属物，存在根本错误。

首先，装潢权与商标权相互独立，王老吉商标不是加多宝公司的红罐凉茶成为知名商品的决定性因素。

（1）消费者给予红罐凉茶广泛的认可主要是基于加多宝公司使用王氏后人正宗配方所延伸的口感和品质，而并非因为商标。

（2）鸿道集团使用王老吉商标的初衷是配合王氏后人正宗配方，与王老吉商标在当时是否已经知名没有必然联系。

（3）广药集团主张王老吉商标在许可给鸿道集团使用前已经具有较高的知名度，这不符合事实：广药集团支持该主张的唯一依据是92、93年的两份著名商标证书，但该证据的商标并非指向涉案商标，而是针对药品类别。涉案许可使用的第626155号商标核准注册时间为1993年1月20日，广药集团未提供任何该商标实际使用（包括使用该商标的商品销售情况及宣传情况等）的证据，根本无法证明涉案商品类别上的商标在许可使用前已经知名。

（4）加多宝公司在使用王老吉商标开始经营的前几年都是亏损的，经过多年的努力经营后才用自身的品质赢得了市场竞争力，这否定了使用王老吉商标必然会给商品带来巨大知名度、销量，给经营者带来巨额回报的推论，也是对"得王老吉得永生"的荒谬论断最有力的还击。

（5）广药集团在多项商品中均使用王老吉商标，无论是绿盒的还是凉茶颗粒或者其他系列产品，其销量与知名度都无一可以与加多宝公司生产经营的红罐凉茶相比。

其次，涉案包装装潢并非与王老吉商标融为一体不可分离。

（1）知名商品特有包装装潢之所以能够写入反不正当竞争法，之所以能够获得和商标权同等位阶各自独立的司法保护，其根本原因即在于特有包装装潢已经具有了独立区分商品来源的功能和作用，无需也不应当将其作为商标的附属物。

（2）一审法院已经认可该包装装潢的独立识别功能，同时又认为涉案装潢离开王老吉商标就不能独立区分商品来源，显然是自相矛盾的。既然一审法院认为涉案包装装潢已经符合反法保护的要件，即认可该包装装潢的独立识别功能，那么该包装装潢就该受到独立的保护，而不应受到商标权的限制。

（3）消费者一直是依据红罐装潢本身区别红罐与绿盒商品来源不同的，证明涉案包装装潢并非与王老吉商标不可分割；装潢和商标是否独立、能否分开不是坐而论道的问题，而是消费者的识别和购买行为决定的。装潢与商标能否分离实际上是根据现有事实确定了知名商品及知名商品权利人后才能考察的问题，而不应反推，即不能先笃定商标与装潢是不可分离的，再以这种所谓的不可分割性为依据认定装潢的权利人，一审法院在这一点上的逻辑推理全部是错误的。实际上，装潢和商标能否分离使用本身就是一个伪命题，违背了两部法律对各自的权利主体、客体、内容的独立性的规定。

基于客观事实，加多宝公司在使用加多宝商标之后，即使在广药集团推出了装潢极为近似的红罐凉茶且冠有王老吉商标的情况下，消费者仍然愿意选购加多宝公司的产品，这一方面证明消费者此前一直是依据红罐装潢本身识别商品来源的，另一方面也证明涉案包装装潢并非与王老吉商标不可分割。还有，市场上长期存在两种凉茶均使用王老吉商标，即广药集团关联企业的绿盒凉茶和加多宝公司的红罐凉茶，而绿盒凉茶的销量远远落后于红罐凉茶，这便证明，消费者完全是依据各自的包装装潢区分商品做出购买选择的，也证明涉案包装装潢并非与王老吉商标不可分割。

（4）如前所述，广药集团主张"王老吉"三个字是装潢的核心内容，缺乏这三个字涉案装潢便不具有显著性，按此逻辑，加多宝公司的红罐凉茶装潢并未使用"王老吉"三个字，不构成侵权，广药集团为何还要起诉呢？

（5）商品包装装潢与商标、商品名称、企业名称等是并列的独立识别商品来源的商业标识，如果不能排除消费者仅根据包装装潢区分商品来源的可能性，就不能主观地认定商标或商品名称是区别商品来源的唯一标识。前述同时期同样使用王老吉商标、同被称为王老吉凉茶的绿盒与红罐两种不同包装装潢形式的不同商品各自拥有消费群体和市场份额，恰恰能够证明消费者实际是通过包装装潢区别商品来源的，而不是商标或商品名称。

然而一审法院却主观地将消费者区分商品来源的要素唯一限定为商标，认为相关公众不会刻意区分商标与特有包装装潢的各自独立识别作用的认定是错误的。

综上所述，即使去除"王老吉"三个字，涉案装潢仍构成特有装潢，这是不可否认的事实，涉案装潢的整体视觉效果是采用红色为底色，搭配黄色标识文字及黑色辅助文字，与其他同类商品包装的显著区别在于图案布局、标识底色、文字颜色、文字排列位置、色彩搭配等方面，而并不在于文字内容。即使装潢和商标存在不可分离的情形，唯一的情况便是装潢和商标仍然继续使用在加多宝公司的红罐凉茶上，则可以保证消费者看到装潢和商标仍然能够识别出知名商品的唯一来源。

换个角度分析，商标使用许可协议的约定已经清楚表明，商标与包装装潢并非不可分。自双方签订商标使用许可协议直到之后的数份协议，均对使用同一王老吉商标的来源不同的商品通过不同的包装装潢予以区分，并就此做了明确的约定。否则商标使用许可协议根本欠缺合法合理性，更遑论实际履行了，当然更不可能产生本案纠纷。

广药集团之所以违背诚信，出尔反尔，不顾法律和合同的规定，指称商标与装潢不可分割，目的就是在商标使用许可合同终止后，将加多宝公司知名商品的特有包装装潢使用在其生产经营的凉茶上，使消费者混淆前后两种商品的来源，认为广药集团大健康公司的商品仍是加多宝公司经营多年的知名商品，进而购买不是知名商品的红罐凉茶，攫取本应属于加多宝公司的市场份额，获得不正当利益，这正是反不正当竞争法所制止的"搭便车"的不正当竞争行为。

3. 大量司法判例从实践证明装潢与商标二者既不重合，也无包含关系，只是保护的角度不同。

（2013）民提字第 3 号判决中法院认为："根据《商标法》和《反不正当竞争法》系专门法和特别法的关系，凡是知识产权专门法已经保护的领域，一般情况下，反不正当竞争法不再给予其重合保护。"

（2008）民申字第 983 号判决也表明："一种商品既可以通过商标与同类商品相区别，并通过广泛宣传和销售而为相关公众所知悉，也可以通过企业名称、商品的特有名称、包装或装潢等标识与同类商品相区别，并通过广泛宣传和销售而为相关公众所知悉。因此，商标的使用与商品的知名度并无必然联系。"

既然广药集团选择以反不正当竞争法对知名商品特有包装装潢的保护作为主张权利的法律依据，一审法院在审理中就应当适用反法关于对知名商品特有包装装潢进行保护的条件进行认定：从主体上，广药集团是否是其所主张的知名商品的经营者；从对象上，广药集团所经营的商品是否是知名商品；从包装装潢内容上，是否特有，也即是否能够区别商品来源；是否是在先使用等，从各个方面进行认定。

然而一审法院并未依法适用反不正当竞争法的有关规定对广药集团主张涉案知名商品特有包装装潢权进行有理有据的认定，而是强行将包装装潢和商标捆绑在一起，将涉案知名商品包装装潢权判归涉案非知名商品经营者的商标权人广药集团所有，错误极其严重。

关于争议焦点三：加多宝集团和广药集团主张本案知名商品特有包装装潢权益归属的事实和法律依据是什么？

装潢权因使用而产生，将装潢使用于知名商品的人即为装潢权权利人；装潢附着于知名商品，知名商品经营者即为装潢权权利人；加多宝公司作为将涉案包装装潢使用于涉案商品，并因其经营使得该商品成为知名商品的唯一主体，是涉案知名商品特有包装装潢的唯一权利人。

（一）权益归属的事实依据

1. 涉案装潢由加多宝公司首创并在先使用，涉案装潢权应归属加多宝公司。

如前所述，特有包装装潢的权益不是一项直接获得法律授权的独占性权利，而是反法基于使用的客观事实提供的法律保护。这种客观事实的产生必须是存在知名商品的长期经营，只有这种长期经营才能使得特有包装装潢产生区别商品来源的功能。鸿道集团早在1992年涉案王老吉商标注册之前已经开始将红色用于凉茶的包装装潢，一改此前凉茶产品多采用体现清润凉爽的绿色或白色主色的习惯做法，首次将代表警示炎热的红色作为凉茶包装装潢主色彩；1995年陈鸿道先生委托设计公司按其构想完成红罐凉茶包装装潢的设计，并于1996年向专利局申请并取得了外观设计专利权。东莞鸿道公司将上述设计用于红罐凉茶，于1996年开始生产经营涉案红色罐装凉茶。其后，随着加多宝公司的经营，使用王泽邦后人的正宗配方和独特红罐包装装潢的凉茶商品得到消费者的青睐和社会各界的认可及高度评价，获得了商业上的巨大成功。

加多宝公司提供了完整紧密的证据链证明涉案包装装潢的显著性是通过陈鸿道先生提出创意并委托设计而产生的；加多宝公司也提供大量证据证明正是由于加多宝公司在先、长期、持续使用涉案装潢，使涉案装潢产生区别性。对于这两点，广药集团和大健康公司从未否认过，也无法否认。

2. 涉案知名商品红罐凉茶由诞生到知名均由加多宝公司独立经营。

知名商品特有包装装潢权因使用而形成，只有将某一装潢实际使用于具体的商品，并随着商品知名度的提升，使得该包装装潢具有能够区别商品来源的特征时，法律才对该知名商品特有包装装潢给予保护。将这一装潢使用在知名商品上的人是装潢权人。涉案装潢从产生、设计到实际使用于商品生产，再到商品的宣传推广，直至成为知名商品的特有包装装潢，均是由加多宝公司及其关联企业的决策和实施行为而形成，加多宝公司当然成为该权利的法定权利人。广药集团虽为商标权人，但并未参与涉案知名商品的经营，更谈不上使用涉案包装装潢，没有资格作为涉案知名商品特有包装装潢的权利人。

相关证据显示，在生产经营知名商品和涉案装潢的使用上，都凝结着真正装潢权人加多宝公司的付出和努力：自 1996 年产品面世起，陆续在各地平面媒体、电视媒体等进行广告宣传。比如，1997 年在温州晚报作广告，有温州晚报出具的证明和广告合同书；1997 年在温州电视台作广告，有温州电视台出具的证明和广告合同书；从 1998 年至 2011 年 7 月，多地建厂、扩大生产规模，建厂费用总额为 22.2 亿元；持续大力投入推广宣传，1998 年至 2011 年 7 月间广告费用 32.8 亿元，促销费用 29.5 亿元；2005 年加多宝公司经营的红罐凉茶的配方和术语被认定为广东省食品文化遗产，并在 2006 年被认定为国家级非物质文化遗产代表作；加多宝公司及其红罐凉茶商品获得消费者、政府、行业协会等社会各方面高度评价和认可，收获了众多荣誉。

相反，广药集团没有对涉案红罐凉茶成为知名商品做出任何贡献，没有任何投入和付出，当然无权主张自己是知名商品包装装潢权的权利人。广药集团和大健康公司在一审法院总结的争议焦点中请求合议庭删除"由谁创造的"这一关键性争议焦点，这种做法唯一的合理解释便是其心知肚明广药集团对涉案红罐凉茶没有做出任何贡献，承认涉案商品成为知名商品根本不是通过广药集团的努力创造的。

3. 生效判决确定了加多宝公司是涉案知名商品特有包装装潢的权利人。

广东高院（2003）粤高法民三终字第 212 号判决明确指出：可以认定广东加多宝饮料食品有限公司对其使用的"王老吉"罐装凉茶饮料的装潢享有知名商品特有装潢权（212 号判决第 14 页）。广药集团明知加多宝公司设计使用该装潢并在司法程序中成功被认定为权利人却从未提出异议，表明广药集团非常清楚其自己并不是涉案知名商品特有包装装潢的权利人，并且认可加多宝公司是涉案包装装潢的权利人，否则其应当以有独立请求权第三人身份或共同原告申请参加诉讼。广药集团以加多宝公司提交了一份广药集团授权加多宝公司进行商标维权的授权书为依据主张其为权利人，没有事实和法律依据。该授权书只是作为证明包装装潢正当性的材料，不能成为作为权利人的证据。一审判决与该院作出的生效判决完全矛盾，严重损害了生效判决的确定性、既判力，违反"裁判自律"的法律精神，有损法律的权威性，无法令人信服。加多宝公司因为使用享有涉案装潢权，并经生效判决确认，加多宝公司对该项无形财产的所有已经长达十多年，享有占有、使用、收益、处分权。一审判决未经法定程序更改生效判决认定的财产权利归属，严重破坏了财产关系的稳定，具有极大的社会危害性。

4. 从双方商标许可协议的约定来看，涉案的任何一份合同都只是有关商标的授权，只字未提包装装潢，更没有任何装潢附图或者具体的装潢内容，不能想当然地将合同并未涉及的装潢纳入许可范围。

1997年合同中第1.1条：甲方（羊城药业）只可保留生产和销售原已生产的用纸包装的王老吉清凉茶，但包装颜色不能取用红色，包装设计图案不得与乙方（鸿道集团）生产的"被许可商品"相同。

2000年协议中第2.6条：许可人（广药集团）除本身及其下属企业已生产及销售的绿色纸包装"王老吉"清凉茶外，许可人不得在第一条1.3使用商品类别第32类商品（饮品类）在中国境内使用"王老吉"商标或授权第三者使用"王老吉"商标。

双方商标许可协议签订之前，陈鸿道先生已经开始使用红色纸包装经营凉茶，相反，广药集团及前身签订合同前根本没有生产销售过红色包装凉茶，广药集团如何对根本不存在的事物享有权利并授权他人使用？

因此，一审判决认定加多宝公司之所以有权生产经营王老吉红罐凉茶，是基于广药集团的授权，广药集团收回商标时附属于知名商品的特有包装装潢应归还商标权人，并认为这是加多宝公司应当预见到的，缺乏依据。授权他人使用的前提是权利已经形成，如前所述，在涉案商标使用许可协议签订之初，涉案装潢根本不存在，对于根本不存在的权益客体何谈授权使用？如果依照广药集团的主张认为商标许可合同中约定由广药集团授权鸿道集团在红色纸包装和红色罐装产品上使用商标就是对包装装潢的授权，那么只能有一种解释，就是广药集团认为红色是涉案装潢的全部内容，而这显然也是没有任何事实和法律依据的。而且与其主张的涉案装潢如果去掉"王老吉"三个字就剩下一片红色，不具有显著性，不能成为反不正当竞争法所保护的客体，显然是自相矛盾的。

总而言之，任何知名商品都有一个从不知名到知名的过程，法律之所以给予知名商品高于普通商品的保护，其前提条件便是该商品通过经营者的生产、推广、宣传行为成为知名商品，获得消费者的认可。故此，对于一个商品而言，谁的经营和努力促使该商品成为知名商品，谁才有权享有知名商品对应的一切权利，换言之，谁使涉案红罐凉茶成为知名商品，使涉案包装装潢具有特有性，谁便是涉案红罐凉茶知名商品特有包装装潢权的权利人。

就本案而言，加多宝公司经营红罐凉茶多年，在同业中占据市场竞争优势地位。广药集团大健康公司在 2012 年 6 月才开始经营罐装凉茶，如何能在短期内以最少投入获得最大利益？广药集团大健康公司搭上加多宝公司经营多年的红罐凉茶知名商品的"便车"，通过使用与之极为近似的红罐包装装潢，造成消费者混淆误认，并因此获得巨大利益。相反，加多宝公司在本纠纷发生前就连续多年销量领先，广药集团也不否认这一事实。既然如此，在市场上如此有竞争力的产品根本不需要攀附他人声誉。更何况，广药集团在 2012 年 6 月之前根本没有生产经营任何红色包装的凉茶产品，更勿论特定文字、色彩及其排列组合的红色包装装潢的商品，广药集团有何资源或声誉是值得加多宝公司攀附的呢？是谁搭谁的便车就不言而喻了。

综上所述，涉案包装装潢由加多宝公司在先使用在涉案商品上，使用了该包装装潢的红罐凉茶在加多宝公司的经营下成为知名商品，加多宝公司是涉案知名商品特有包装装潢唯一权利人，广药集团既非涉案包装装潢的在先使用者，也不是涉案知名商品的经营者，根本无权针对加多宝公司的红罐凉茶主张知名商品特有包装装潢相关权益。

（二）权利归属的法律依据

我国现有法律、司法解释、行政法规等对知名商品特有包装装潢权利归属作了明确的规定。

《中华人民共和国反不正当竞争法》第五条第（二）项规定，经营者不得采用下列不正当手段从事市场交易，损害竞争对手：

（二）擅自使用知名商品特有的名称、包装、装潢，或者使用与知名商品近似的名称、包装、装潢，造成和他人的知名商品相混淆，使购买者误认为是该知名商品。

《关于禁止仿冒知名商品特有的名称、包装、装潢的不正当竞争行为的若干规定》第四条规定，特有的商品名称、包装、装潢应当依照使用在先的原则予以认定。

因此，装潢的在先使用者即装潢的权利人。

《最高人民法院关于审理不正当竞争民事案件应用法律若干问题的解释》第一条，在中国境内具有一定的市场知名度，为相关公众所知悉的商品，应当认定为反不正当竞争法第五条第（二）项规定的"知名商品"。人民法院认定知名商品，应当考虑该商品的销售时间、销售区域、销售额和销售对象，进行任何宣传的持续时间、程度和地域范围，作为知名商品受保护的情况等因素，并就前述各种考虑因素进行综合判断。原告应当对其商品的市场知名度负举证责任。

结合上述法律规定，商品知名是包装装潢受反法保护的前提必要条件，而在先使用则是确定权利归属的基本原则。而广药集团根本不能完成对在先使用装潢和使用该装潢的商品为知名商品这两个重要事实的举证责任，其主张为涉案知名商品特有包装装潢权人，没有任何事实和法律依据。

广药集团代理人为我方权利归属的观点归纳了四个学说——设计说、使用说、投入说和判决说。对于因使用而形成的商品包装装潢相关权益应由使用者享有。设计是使用的前提，经营中的投入也是使用，判决是对权利归属的确认，故在先使用是判断包装装潢归属的原则。无论从哪个角度来说，加多宝公司都是唯一的涉案知名商品特有包装装潢相关权益的唯一权利主体。

广药集团的观点又可归纳成什么学说呢？ 商标说。在本案中广药集团一直以商标权人的身份，认为涉案装潢与王老吉商标不可分离，装潢是商标的附属，应当一并归于商标权人。这种观点显然违背商标法对商标权与反不正当竞争法对知名商品特有包装装潢权两种不同权利客体予以保护的初衷和具体规定。虽然广药集团的代理人绞尽脑汁地又提出所谓知名商品投入说、特有名称投入说、商标投入说、许可合同说、授权说、量身定做说、消费者识别体系说等，然而上述种种都离不开商标。其主张仍然陷于包装装潢与商标不可分的这一自相矛盾的错误逻辑中不能解脱。

关于争议焦点四：两案所涉及的行为是否构成不正当竞争？该问题涵盖如下两个具体问题：

1. 如果广药集团享有本案知名商品特有包装装潢的主张成立，加多宝公司生产、销售一边标注"王老吉"、一边标注"加多宝"的红罐凉茶以及两边均标注"加多宝"的红罐凉茶的行为，是否构成擅自使用他人知名商品特有包装装潢的不正当竞争行为？

2. 如果加多宝公司享有本案知名商品特有包装装潢的相关权益，大健康公司生产、销售"王老吉"红罐凉茶的行为，是否构成擅自使用他人知名商品特有包装装潢的不正当竞争行为？

（一）加多宝公司使用涉案知名商品特有包装装潢的行为不构成不正当竞争

1. 涉案知名商品的经营者是加多宝公司，而不是广药集团，广药集团不应享有包装装潢相关权益。

2. 加多宝公司将自行设计具有显著性、能够区别商品来源的包装装潢使用于凉茶商品，并将该商品打造成知名商品，从而使其特有包装装潢获得反不正当竞争法的保护，加多宝公司对涉案包装装潢的使用正当合法，不具有主观恶意。

3. "造成和他人的知名商品相混淆，使购买者误认为是该知名商品"是认定是否构成擅自使用知名商品特有包装装潢不正当竞争行为的法定要件之一。一审法院刻意回避了对该要件的认定，属于事实不清和适用法律错误。

《最高人民法院关于审理不正当竞争民事案件应用法律若干问题的解释》第四条规定，足以使相关公众对商品的来源产生误认，包括误认为与知名商品的经营者具有许可使用、关联企业关系等特定联系的，应当认定为反不正当竞争法第五条第（二）项规定的"造成和他人的知名商品相混淆，使购买者误认为是该知名商品"。在相同商品上使用相同或者视觉上基本无差别的商品名称、包装、装潢，应当视为足以造成和他人知名商品相混淆。

依据前述规定，加多宝公司使用涉案包装装潢的行为不构成反法制止的不正当竞争行为：

首先，加多宝公司经营的涉案知名商品凉茶并未改变，还是原来的配方，还是原来的味道。

其次，作为涉案知名商品的唯一经营者，加多宝公司在仅更换商标但商品本身并未改变的商品上继续使用涉案装潢，消费者通过装潢识别购买的仍是涉案知名商品红罐凉茶，来源仍是加多宝公司，不存在任何和"他人知名商品"相混淆误认之可能。

第三，广药集团主张"王老吉"三个字是涉案包装装潢的主要识别要素，加多宝公司现在生产经营的双面标注"加多宝"的红罐凉茶商品不包含作为主要识别要素的"王老吉"三个字，也即视觉上区别明显，消费者能够区别商品来源，不会造成混淆误认，不构成不正当竞争行为。

第四，广药集团据以主张权利的知名商品是加多宝公司生产经营的红罐凉茶，其指控侵权的商品也是加多宝公司生产经营的红罐凉茶，二者商品来源一致，均为加多宝公司。即便是按照其自相矛盾的主张"王老吉"是装潢主要识别要素，但侵权对比时又不需考虑具体文字，加多宝公司在现在使用"加多宝"商标的凉茶商品上使用涉案包装装潢仍然不会改变商品来源的同一性，即便是主观上的误认也不会改变客观上同一来源的铁的事实，不会造成任何知名商品合法经营者和消费者利益的损害。

第五，广药集团据以主张权利的知名商品是加多宝公司生产经营的红罐凉茶，最后进行装潢近似性对比的却被偷换成广药集团大健康公司2012年6月以后推出的红罐凉茶。认定知名商品应以起诉时为时点，并严格依据反不正当竞争法司法解释规定的诸要素进行综合考量，广药集团也没有提供任何一份证据证明其自己的王老吉红罐凉茶是知名商品。显而易见，该商品并不是法律规定中的"他人知名商品"，被侵害的商品既不是知名商品，其使用的包装装潢也不特有（广药集团、大健康公司自认与加多宝公司在先使用的包装装潢近似），广药集团、大健康公司何来依据"知名商品特有包装装潢"相关法律法规主张被侵权？

综上所述，加多宝公司使用涉案知名商品特有包装装潢的行为是合法合理的正当使用，不构成不正当竞争。

（二）广药集团大健康公司红罐装潢与加多宝公司红罐装潢近似，构成不正当竞争，侵犯加多宝公司合法权益

以加多宝公司请求保护的范围进行侵权对比如下：

1. 从包装的主视图看，原告与被告的产品主视图中心是三个竖向排列的黄色文字，两边各配以竖排黑色的辅助性说明文字，两部分文字均采用竖版的排列方式，主视图顶部均为深色底色，主视图底部均为产品的净含量标注及黑色环线，视觉上基本无差异。

2. 从包装的右视图看，原告与被告的产品包装上层均为黄色标识文字，中部配以黑色辅助文字表产品性质，左下部均标有黄色"冷热皆宜"文字，右底角为食品"QS"标识。

3. 从包装的左视图看，原告与被告的产品上层布局均为黄色标识文字，中部为黑色辅助文字，底部为产品的条形码。

4. 从包装的后视图看，原告与被告的产品后视图与主视图基本相同。

上述这些相同要素足以造成将广药集团大健康公司的产品与加多宝公司知名商品相混淆，使消费者产生误认误购。

广药集团与大健康公司在质证与开庭审理中均明确表示广药集团和大健康公司自己生产的红罐凉茶与加多宝公司生产的红罐凉茶的包装装潢近似，足以造成消费者误认误购。（见一审质证笔录第 42 页）

在 2013 年 5 月 8 日质证庭时，大健康公司明确表示其红罐凉茶与加多宝公司经营的红罐凉茶不是同一商品。

广药集团和大健康公司在不是涉案知名商品的红罐凉茶上使用知名商品近似装潢，会使消费者对商品来源产生混淆误认，具有主观恶意，构成不正当竞争。

加多宝公司与广药集团各自请求保护的内容和范围是不同的，合议庭已经充分注意到，这也是虽然双方认可装潢近似但是否构成侵权认定时却得出不同结论的根本所在。

关于争议焦点五：如果一方当事人实施了不正当竞争行为，应当如何承担相应的法律责任？该问题涵盖如下两个具体问题：

1. 如何计算损害赔偿数额？

2. 除损害赔偿责任外，实施不正当竞争行为的一方当事人是否应当承担其他形式的法律责任？

（一）如何计算损害赔偿数额

在（2015）民三终字第 2 号案中，我们认为：

首先，依据《反不正当竞争法》第二十条规定，以侵权人在侵权期间因侵权所获得的利润为计算损失数额的依据。

其次，加多宝公司在一审诉请中提出，大健康公司应赔偿因其上述不正当竞争行为给加多宝公司造成的经济损失暂计3096万元人民币（最终具体赔偿数额以审计结果和年报中利润数额较大者为准）。

最后，根据审计机构做出的粤大信专审字〔2013〕第11020号《专项审计报告》结论中的主营业务利润作为计算赔偿数额的依据。

在（2015）民三终字第3号案中，我们认为：

1.广药集团不享有涉案知名商品包装装潢权益。

2.广药集团不是涉案知名商品的经营者，也未提供任何一份证据证明其受到何种损害，其赔偿主张无事实依据。广药集团认为加多宝公司挤占了其市场份额，但却未提供任何一份证明其市场份额减少的证据。而且，如果按照其主张，那么在2012年6月以前，广药集团根本没有经营红罐凉茶，当然谈不上市场份额，更无从减少，何来损失？即便一审法院认定赔偿，起算时间也应当自2012年6月起计。

3.加多宝公司产品销量领先是加多宝公司多年经营逐渐累积的成果，以涉案装潢在先使用者加多宝公司销售产品所获利润作为涉案装潢在后使用者广药集团的损失，没有事实和法律依据，违反诚实信用原则。

4.广药集团申请通过审计以加多宝公司的获利作为经济损失赔偿数额的期间仅为2012年5月10日至2013年3月31日；对于2011年12月至2012年5月以及2013年4月1日之后的时间段，广药集团并未明确以审计的获利情况作为计算依据，一审法院径自以前述审计期间所获得的数据计算月平均值，再乘以不在审计期间内的其他时间段的月份数，并以其数值作为加多宝公司在该时间段的获利，实际是一种推断，没有事实和法律依据。事实上，未在审计期间的获利情况也是有数据可依、能够查明的，根本无需推算。而且对于损失的举证责任在于广药集团，因为广药集团未尽举证责任，一审法院就直接以推算的方式认定获利并作为赔偿数额，明显违反法律规定。

5.一审法院将审计报告中加多宝公司审计期间内的净利润加上出口销售收入之和作为加多宝公司在审计期间内的获利，是错误的。在审计报告所附利润表中第一项主营业务收入中已经包括了出口产品主营业务收入，该部分的获利已经包含在净利润中，一审法院的计算方法属于重复计算。

6.广药集团在多个案件中都主张以加多宝公司的侵权获利作为计算依据，但计算的期间有交叉，构成重复索赔。

（二）除赔偿责任外，实施不正当竞争行为的一方当事人是否还应当承担其他形式的法律责任

承担责任以相应损害发生为前提，加多宝公司在自己的知名商品上继续使用红罐装潢不会导致误认误购，不会损害非知名商品经营者广药集团的利益，自然无需消除影响。

如广药集团将红罐装潢使用在非知名商品上，才会误导消费者，损害知名商品经营者加多宝公司的正当利益和良好声誉，才应当承担消除影响之责任。

即使3号案中认定不正当竞争行为成立，一审法院也应当以事实为依据适用"消除影响"的责任承担方式。然而，广药集团无论是在财产损害还是在非财产损害（具体到本案应当主要指对知名商品合法经营者的商誉的损害）方面，都未能尽到举证责任。一审法院在无任何事实依据的情况下，判令加多宝公司在《南方日报》《广州日报》、人民网发布声明，明显适用法律不当。

关于争议焦点六：一审法院是否存在违反法定程序的行为？该问题涉及以下两个具体问题：

1.一审法院接受广药集团当庭变更诉讼请求的做法是否违反法定程序？

2.一审法院准许大健康公司、广药集团在开庭审理时补充提交证据的做法是否违反了《最高人民法院关于民事诉讼证据的若干规定》第三十四条、第四十三条的规定？

（一）一审法院接受广药集团当庭变更诉讼请求不当

广药集团自2012年7月起诉，却在2013年4月15日刚刚变更诉讼请求后又在5月15日庭审时再次变更请求，且为影响事实认定及责任承担的重大变更。

根据《最高人民法院关于民事诉讼证据的若干规定》第三十四条：当事人增加、变更诉讼请求或者提起反诉的，应当在举证期限届满前提出。

一审法院接受广药集团当庭变更诉讼请求违反了法律规定的变更诉讼请求应当在举证期限届满前提出，并且限制了上诉人依法应当享有的诉讼权利，程序违法。

（二）一审法院准许广药集团及大健康公司开庭审理时补充提交证据的行为违反《最高人民法院关于民事诉讼证据的若干规定》第三十四条、第四十三条的规定

《最高人民法院关于民事诉讼证据的若干规定》第三十四条规定，当事人应当在举证期限内向人民法院提交证据材料，当事人在举证期限内不提交的，视为放弃举证权利。对于当事人逾期提交的证据材料，人民法院审理时不组织质证，但对方当事人同意质证的除外。当事人增加、变更诉讼请求或者提起反诉的，应当在举证期限届满前提出。第四十三条规定，当事人举证期限届满后提供的证据不是新的证据的，人民法院不予采纳。

大健康公司和广药集团在 2013 年 5 月 15 日庭审中当庭提交的十三份证据属于超出举证期限提交的证据，而且不属于法律规定的新证据，一审法院准许广药及大健康开庭审理时补充提交证据并且予以采纳的行为违反《最高人民法院关于民事诉讼证据的若干规定》第三十四条、第四十三条的规定。

需要特别说明的是，在 2、3 号案中，法院对于双方变更诉讼请求的问题实有显而易见的偏颇：

在 2 号案中，一审法院以加多宝公司变更诉讼请求为由，认为"因本案案情复杂，当事人在本院指定的证据交换日期前收集并提交全部证据确实存在一定的困难，而且加多宝公司在开庭当天再次变更了诉讼请求，因此应给予大健康公司相应的时间提交证据，其在开庭审理时补充提交证据应予准许"，明显违反前述法律规定，并且违反了公平原则，剥夺、限制了加多宝公司的合法诉讼权利，明显具有倾向性，有失公正。事实上，加多宝公司并未在开庭审理时变更诉讼请求，一审法院纯粹是为接纳大健康公司和广药集团的超期证据而编造理由。

同时，在 3 号案中，根本不涉及加多宝公司变更诉讼请求的问题，但一审法院仍然采纳了广药集团超期提交的证据，并煞费苦心地寻找其他理由，认为"因本案案情复杂，当事人在本院指定的证据交换日期前收集并提交全部证据确实存在一定的困难，而且加多宝公司在第二次质证前两天才向本院提交补充证据，因此应给予广药集团相应的时间提交证据，广药集团在开庭审理时补充提交证据应予准许"，明显违反前述法律规定，并且违反了公平原则，剥夺、限制了加多宝公司的合法诉讼权利，明显具有倾向性，有失公正。

一审法院以广药集团大健康公司反对为由驳回加多宝公司延期举证申请，却采信其超期证据，且未在判决中如实记录，严重剥夺加多宝公司诉讼及实体权利。

而且对比两案即可看出，在对同样问题的处理上采用了不同的标准，不论加多宝公司作为原告还是被告，法院都倾向对方。否则，依据2号案的处理，在3号案中，超期证据被采纳的一方应当是作为被告的加多宝公司，而不应当是变更诉讼请求的广药集团。

（三）一审法院在各方均未对涉案知名商品特有名称权主张保护的前提下，径行审理并作出与事实违背的判决内容，属超越审理范围的程序违法

名称与包装装潢是并列的权利，认定本案知名商品特有包装装潢纠纷无需以认定商品名称为前提。

一审法院认定"王老吉凉茶"是知名商品，等于认定所有使用王老吉商标或名称的商品都是知名商品，这与事实及法律对知名商品认定的规定相悖。

在2013年5月8日质证庭时（质证笔录51页）：

大健康：我方并非认为使用王老吉商标的所有商品都是知名商品，而是认为王老吉商标的红罐凉茶是知名商品，我方也为了支持该观点提交了相应的证据。

然而大健康公司提交的所谓证据均不是关于红罐王老吉凉茶的。

无论是商标、商品还是商号（字号）的知名度均非一成不变，而是动态变化的，与其具体使用状况密切相关。历史上曾经知名，不代表一直知名，更不代表现在知名，应当以请求保护的时点和商品具体情况判断是否符合知名商品的认定条件。

一审法院偷换审理内容，脱离涉案请求保护的知名商品特有包装装潢，认定"王老吉凉茶"商品名称是知名商品，属于严重的事实认定和法律适用错误。

综上所述，一审判决在认定事实和法律适用上存在严重错误，具有极其严重的社会危害性，应当予以纠正。

1.一审法院实际上是以司法权公开地直接地干预市场竞争，以判决的形式帮助广药集团消灭主要竞争对手，绞杀竞争产品，掠夺加多宝公司的无形资产，将加多宝公司二十余年苦心经营红罐凉茶的一切成果一刀切地无偿判归广药，如果不是本案中广药在加多宝公司的一再追问下承认从来没有获得过加多宝公司的王氏秘方，难以想象一审法院会不会连凉茶秘方都认定成商标的附属物从而判归广

药所有。我们相信，本案的一审判决是任何一个法治国家都不应当出现、不应当容忍及不应当被谅解的不公正现象。

2.作为曾经的合作者，广药和鸿道集团在合作期间的各自贡献应当客观地看待。广药除了提供一纸商标证，在涉案知名商品的经营过程中再没有做出任何实质性贡献，而其商标的经济价值却因加多宝公司的出色经营而变得不可估量。与此相反，加多宝公司在近二十年中全力以赴推出、推广红罐凉茶，从配方取得、投资建厂、原材料采购、组织生产、广告宣传、品质服务等诸多方面付出了难以计算的心血和投入，目的仅仅是希望消费者能够认可这个产品。

现在，相关公众逐渐接受并开始喜爱红罐凉茶，这个产品具有了同类产品望其项背的知名度，而法院却声称鸿道集团在签订合同时就应当预见到会失去装潢。在许可合同签订及履行中，加多宝公司能够预见到的是可能出现的商业上的亏损和消费者的不认可，但绝对不可能预见到会有法院做出罔顾事实的判决，令其将自行设计生产并获得巨大成功的知名商品及相关权利拱手送与商标权人，更不会预见到，广药生产的根本不是知名商品的商品会被颠倒黑白地认定为知名商品。

广药或其前身作为商标权人，既然选择签订商标许可合同，就意味着其持有的"王老吉"商标必然会被用于加多宝公司的凉茶装潢上，并随着加多宝公司持续二十年的成功经营，红罐装潢的区别作用日趋显著并不可阻挡的超越"王老吉"商标的区别作用。广药十分清楚，"王老吉"商标的市场竞争力和影响力根本无法与红罐装潢相比，所以不遗余力地仿冒加多宝公司知名商品，但是无论其如何仿冒，其产品都不可能是知名商品。一审法院为广药集团的这种行为推波助澜，搭桥修路，何以服众！

3.一审判决从根本上颠覆了知名商品保护制度，将商标权凌驾于知名商品合法权益之上，将本应与商标权获得同等保护的知名商品特有装潢权直接贬低为商标权的附属物，严重违背法律规定与立法精神。

4.一审判决犯了将商品名称与商品直接等同的根本错误，实质上否定了加多宝公司二十年经营的红罐凉茶知名商品的延续性和同一性，相关公众会因为判决误购不是知名商品的错误商品，这也正是广药通过本案想要达到的目的，这是对消费者的漠视和欺骗。

5.公平的利益分配是商业合作的基本准则，如果失衡势必造成整个市场的诚信丧失，并使经营者深感合作终结后风险的不可控而畏惧良性的商业合作。一审判决无疑产生了错误的示范效应，即在一段商标许可关系终止后，凡使用过许可商标的商品，其衍生的除经营利润以外的一切权益均应归商标权人所有。这不仅违背判定知识产权归属的一般原则，也意味着被许可人必须从头再来，重新设计包装装潢，重新开拓市场。这不仅不符合最大效益地利用市场资源的原则，也势必造成消费者需要重新认知本来已经存在的商品的识别成本的浪费，更重要的是，这错误地分配了商标许可关系人的利益，将天平天然倾斜于商标权人，加大被许可人的商业风险，使得商标许可寸步难行。

6. 一审判决未经法定程序更改生效判决认定的财产权利归属，是对加多宝公司享有的无形财产的粗暴剥夺，严重违背宪法、民法关于保护私人合法财产的相关规定。一审判决具有极大的社会危害性：导致每一个拥有合法财产的人均人人自危，甚至社会上有人问，我的房屋会不会因为不可分而被判归我的邻居？财产关系的不稳定是社会不稳定的重要原因。

一审期间，在合议庭已经查清、广药也明确承认自己经营的凉茶并非本案的知名商品时，我们仍然能够从广药代理团队的脸上读取胜券在握到足以提前庆祝的信息，我们是无法理解的。但是当我们收到一审判决并惊诧于判决竟然完全不顾事实和法律，判令广药可以在其2012年借壳上市的非知名凉茶上使用红罐装潢，我们才意识到一审中我们的一切努力和争取注定都是徒劳的。

加多宝公司诚信经营，凭真本事、好产品获得消费者的赞誉和信任，我们深切地希望最高人民法院一定一定要秉公执法，排除案外因素的一切影响，从事实和法律出发，作出公正的判决，还我们一个公道，不要让像加多宝公司一样的民营企业在中国的司法面前没了路，伤了情，寒了心。谢谢。

此致
最高人民法院

广东加多宝饮料食品有限公司
委托代理人：
二〇一五年六月二十三日

附录

一审判决书

附录

广东省高级人民法院
民事判决书

（2013）粤高法民三初字第1号

原告：广东加多宝饮料食品有限公司。住所地：广东省东莞市长安镇青北路。

法定代表人：张树容，该公司总经理。

委托代理人：杨晓岩，北京市信睿律师事务所律师。

委托代理人：姚欢庆，男，汉族，1971年10月14日出生，系中国人民大学法学院副教授。

被告：广州王老吉大健康产业有限公司。住所地：广东省广州市南沙区金岭北路93号498号。

法定代表人：吴长海，该公司董事长。

委托代理人：胡福传，广东明境律师事务所律师。

委托代理人：史玉生，北京市金杜律师事务所律师。

原告广东加多宝饮料食品有限公司（以下简称"加多宝公司"）诉被告广州王老吉大健康产业有限公司（以下简称"大健康公司"）擅自使用知名商品特有包装装潢纠纷一案，本院于2013年2月5日受理后依法组成合议庭，于2013年4月15日、5月8日组织双方进行证据交换和证据质证，5月15日公开开庭审理。本案现已审理终结。

本案原告加多宝公司于2012年7月6日向北京市第一中级人民法院提起诉讼，最高人民法院于2012年11月22日作出（2012）民三他字第27号《最高人民法院对〈广东省高级人民法院关于申请指定广州市中级人民法院合并审理"王老吉"凉茶知名商品特有名称、包装、装潢纠纷案的请示〉的批复》，指定由本院管辖本案。

原告加多宝公司在向北京市第一中级人民法院提起诉讼时，委托了北京市长安律师事务所官煜律师、北京市德君律师事务所刘平律师作为其代理人参加诉讼。2013年4月10日，加多宝公司向本院提交了《原告关于变更诉讼代理人的说明》，将原委托代理人宫煜律师、刘平律师变更为委托北京市信睿律师事务所杨晓岩律师、中国人民大学法学院姚欢庆副教授参加诉讼。

被告大健康公司在北京市第一中级人民法院受理本案时,委托广东明境律师事务所刘洪波律师、胡福传律师作为其代理人参加诉讼。2013 年 3 月 28 日,大健康公司向本院提交了《变更授权委托书》,将原委托代理人之一刘洪波律师变更为委托北京市金杜律师事务所史玉生律师参加诉讼。2013 年 8 月 15 日,大健康公司再次向本院提交《变更授权委托书》,将原委托代理人之一史玉生律师变更为委托大健康公司员工甘克敏参加诉讼。2013 年 9 月 24 日,大健康公司又向本院提交《变更授权委托书》,将委托甘克敏参加诉讼重新变更为委托史玉生律师参加诉讼。

2013 年 5 月 15 日,原告加多宝公司委托代理人杨晓岩、姚欢庆,被告大健康公司委托代理人史玉生、胡福传到庭参加诉讼。

原告加多宝公司起诉称:(一)1997 年 2 月 13 日,鸿道(集团)有限公司(以下简称"鸿道集团")与王老吉商标的原所有人广州羊城药业股份有限公司王老吉食品饮料分公司(以下简称"羊城药业")签订《商标许可使用合同》,约定羊城药业许可鸿道集团及其投资企业独家使用王老吉商标生产红色罐装凉茶。2000 年 5 月 2 日,鸿道集团与广州医药集团有限公司(以下简称"广药集团")签订《商标许可协议》,许可条件与上述协议基本相同。加多宝公司为鸿道集团在广东东莞独资设立的全资子公司,负责红罐王老吉凉茶的生产和销售。1997 年 6 月 14 日,陈鸿道取得红罐王老吉凉茶外观设计专利,并许可加多宝公司实施,用于生产王老吉凉茶。红罐王老吉凉茶的产品配方也属于加多宝公司所有。(二)在加多宝公司开始生产红罐王老吉之初,市场上并无其他红罐王老吉产品,红罐王老吉的市场知名度和占有率非常低,2000 年红罐王老吉的销售总额只有 866 万元。而且王老吉凉茶作为一种地区产品,其市场前景非常不确定。从 2002 年到 2010 年,红罐王老吉的市场销售额得到大幅提升,而这一提升是加多宝公司和其他加多宝集团公司大规模投资建厂和对红罐王老吉产品的大规模广告宣传和市场推广形成的,红罐王老吉销量连续多年居全国罐装饮料第一,并获得各种荣誉,从而成为全国知名品牌。在加多宝公司长期的经营活动中,"红罐""红罐凉茶""红罐王老吉"获得了特定的指向性和确切的识别功能。(三)2012 年 6 月 3 日,大健康公司在北京八达岭水关长城举行红罐王老吉新装上市庆典，公开销售其生产的红罐"王老吉"凉茶，其产品的外包装与加多宝公司生产的红罐王老吉产品非常类似。大健康公司还同时派发了新闻通稿《新装红罐王老吉震撼亮相长城五年实现300亿销售》，其中特别强调了"红罐"的"新装"。众多媒体对前述事项进行了大量的报道。大健康公司的上述行为，构成对加多宝公司知名商品红罐王老吉凉茶特有包装装潢的仿冒，侵犯了加多宝公司知名商品特有的包装装潢权和加多宝公司"红罐"、"红罐凉茶"和"红罐王老吉"等知名商品特有名称权，并且足以导致购买者对大健康公司生产的红罐王老吉产品的品质和产品来源发生混淆，构成不正当竞争行为，依法应当予以禁止。因此，请求法院判令大健康公司：1. 立即停止使用加多宝公司知名商品红罐王老吉凉茶特有的包装装潢；2. 立即停止使用加多宝公司"红罐"、"红罐凉茶"和"红罐王老吉"等知名商品特有名称；3. 立即停止生产红罐王老吉凉茶；4. 赔偿因其不正当竞争行为给加多宝公司造成的经济损失50万元；5. 承担本案全部诉讼费用。2013年3月6日，加多宝公司变更其诉讼请求为请求判令大健康公司：1. 立即停止使用与加多宝公司知名凉茶商品特有包装装潢相同或者近似的包装装潢；停止生产和销售带有与加多宝公司知名商品特有包装装潢相同或者近似的产品，并销毁全部库存的侵权包装装潢；2. 在相关报纸上公开发表声明，消除因其使用与加多宝公司知名凉茶商品相同或者近似包装装潢而给加多宝公司造成的不良影响；3. 赔偿因其上述不正当竞争行为给加多宝公司造成的经济损失50万元人民币（最终具体赔偿数额以法庭调查或实际审计结果为准）；4. 承担本案全部诉讼费用。2013年5月15日，加多宝公司又变更其诉讼请求为请求判令大健康公司：1. 立即停止使用与加多宝公司知名凉茶商品特有的包装装潢相同或近似的包装装潢；停止生产和销售带有与加多宝公司知名商品特有包装装潢相同或近似的产品，并销毁全部库存的侵权包装装潢；2. 在相关媒体包括但不限于中央电视台、各省级电视台、各省级以上报刊、大型门户网站及其官方网站上公开发表声明，消除因其使用与加多宝公司知名凉茶商品相同或近似包装装潢而给加多宝公司造成的不良影响；3. 赔偿因其上述不正当竞争行为给加多宝公司造成的经济损失暂计3096万元人民币（最终具体赔偿数额以审计结果和年报中利润数额较大者为准）；加多宝公司保留针对2013年2月之后大健康公司的持续侵权行为继续索赔的权利。4. 承担本案全部诉讼费用。

被告大健康公司答辩如下:(一)本案的知名商品是指带有"王老吉"商标的王老吉凉茶。"王老吉"凉茶历史悠久,在广东省及东南亚几乎家喻户晓,产品行销全国,有良好的口碑,受到消费者的青睐。"王老吉"商标在1992年及1998年被评为广东省著名商标,1993年和1998年被评为广州市著名商标。正由于"王老吉"凉茶是在市场上有一定知名度,并为相关公众所知悉的商品,才被确认为知名商品。"王老吉"凉茶成为知名商品历史悠久,并非是在1996年之后因为红罐王老吉才会成为知名商品。反观加多宝公司生产的"加多宝"凉茶,在2012年7月6日起诉时,根本就称不上是知名商品,其只是在2012年5月9日以后才推出市场的凉茶品牌。我们必须澄清,不是鸿道集团经营红罐王老吉凉茶之后培育出了知名商品王老吉凉茶,而是知名商品王老吉凉茶成就了红罐王老吉凉茶。鸿道集团使用"王老吉"注册商标,实际享受了知名商品王老吉的商誉。(二)陈鸿道不是知名商品红罐王老吉凉茶名称、包装、装潢的所有权人。加多宝公司提供证据证实现有红罐王老吉装潢为陈鸿道设计并办过外观设计专利,还提供港人潘良生先生曾为陈鸿道设计红罐装潢的证言。该外观设计专利是真实合法,该专利虽在2007年已过有效期,但确有这一过程,应当尊重客观事实。但我们不认为该专利为陈鸿道个人专有,因为该专利存在许多其他设计因素。我们可以针对这外观设计专利红罐罐贴字体、图案、色彩分析比对,其结论为:装潢中"王老吉"三个字是产品特有名称,是一百多年前民族英雄林则徐赠给王泽邦的刻有"王老吉"三字的铜葫芦而得来。三个大字字体排列无论字体横排竖排,前人早就排列过,横也有,竖也有,现在的王老吉三个竖字排字也并非如潘良生所说,是他创意的排列法。几十年前已有竖排的商号、商标和凉茶包装装潢使用过。几行小字专为描述王老吉凉茶的历史和功效。另一比较显著的是王老吉注册商标,纯属商标注册人广药集团所有。还有一个红色的底色彩,红色是通用色,不为谁发明、发现,况且红色还是广药集团在合同中指定鸿道集团使用,还限定他不准使用其他色彩。红罐王老吉装潢主要显著特征王老吉三个大字,根本就是王老吉商品凉茶系列特有装潢,属传统的王老吉凉茶特有名称。从潘良生证词证实,陈鸿道本人委托他设计时间在鸿道集团与羊城药业签订《商标许可合同》之后,也基于《商标许可合同》的约定,限红色为底色,以王老吉名称为显著标志,又添加了王老吉注册商标在内等元素形成。《商标法》规定,使用他人注册商标必须经商标权人许可，王老吉又作为知名商品特有的名称，按照《反不正当竞争法》未征得知名商品所有权人的同意擅自使用知名商品名称违法。《专利法》第二十三条也规定"授予专利权的外观设计，不得与他人的在先取得的合法权利相冲突"，故已经存在"王老吉"商标的前提下，其外观设计必须要经"王老吉"商标专有权人许可才能使用。已经存在"王老吉"为凉茶特有名称时，需知名商品名称所有权人同意。从上述几点，陈鸿道及潘良生的红罐外观设计经权利人许可，专为王老吉凉茶设计，为红罐王老吉凉茶所有，才能成为合法登记的外观专利，作为红罐王老吉凉茶专用的装潢必然归属王老吉所有。（三）本案诉争标的物形成的特殊性，决定红罐王老吉凉茶特有装潢与"王老吉"商标具有不可分离性。红罐王老吉凉茶装潢发生在王老吉商标许可期内，如不在该许可期内也不会出现为商品名称及商标服务的该特有装潢。装潢上使用了特有的王老吉名称，成为该特有装潢显著性标志。当年鸿道集团作为合法经营者，红罐装潢设计也是为王老吉凉茶服务，也形成了红罐王老吉凉茶装潢。经过十几年的发展作为知名商品"王老吉"凉茶系列之一，更使公众深入了解认同了该装潢与王老吉凉茶不可分，成就红罐王老吉在市场产生的巨大影响。红罐凉茶的经营者同时也获取了巨大的回报，即鸿道集团在经营期每年赚取巨额的利润。我们要提到，王老吉品牌商誉同时也在不断提高，其价值也越来越高。商品品牌所有权人占有商品商誉，但经营者可以在经营期间同时也获取其无形价值，提高产值和销量。经营期间的投入，鸿道集团实际获取丰富的对价，并非吃了亏。为什么加多宝公司能在诉二十四味案中胜诉，因为加多宝公司所享有的装潢权产生的法律基础是广药集团与鸿道集团之间的《商标许可协议》，是广药集团授予了鸿道集团"王老吉"商标的使用权，在基于王老吉商标使用权的基础上，其装潢权在其合法经营期间才会得到佛山中院和广东高院的支持，否则作为加多宝公司在起诉时没有必要还要向法院提供《商标许可协议》来证明其是红罐"王老吉"凉茶的经营者。而两级法院认定加多宝公司享有装潢权，绝不是认为东莞鸿道公司是鸿道集团投资设立的，加多宝公司也是鸿道集团设立的，所以加多宝公司才能继受。而是基于鸿道集团有广药集团的商标许可，所以加多宝公司才可以继受该装潢。从上述事实可以看出，本案涉案包装装潢与知名商标王老吉是不可分离的。（四）知名商品权利人与经营者之间的法律关系决定了红罐王老吉凉茶的包装装潢最终归属于王老吉商标持有人,王老吉凉茶所有权人,而经营者在无合法授权之后,丧失了使用权。知名商品必然由所有权人拥有,所有权人可以自己使用经营,也可以许可、授权他人使用经营。知名商品使用经营者是可更换的,经知名商品权利人同意,新的经营者接替旧的经营者之后就合法使用知名商品。经营者使用知名商品时投入宣传巨额广告费用做的再大再强,最终知名商品仍归属所有权人所有而不可变化为经营者所有,是无可置疑的。无论是法律规定,还是合同约定,被许可使用人在使用知名商品的商标、名称时,经营者都必须维护知名商品利益,包括商标、声誉、质量等。加多宝公司违背了这一通行做法,也违背法律,其生产的一边"王老吉"一边"加多宝"字样的红罐凉茶就是在公然掠夺王老吉的商誉,侵犯王老吉商标权,同样是严重违反许可合同,权利人已经另案追究加多宝公司的法律责任。在2003年加多宝公司起诉三水华力饮料食品有限公司侵犯知名商品装潢权纠纷一案中,三水华力饮料食品有限公司提出,红罐王老吉原是由东莞鸿道公司经营,1998年东莞鸿道公司注销,鸿道集团又让刚注册成立的加多宝公司承继经营。对此问题,佛山中院和广东高院两份判决书中认定的在先使用人是谁?是东莞鸿道公司,而不是加多宝公司。两者是独立的法律主体,而东莞鸿道公司已经在1998年8月31日注销。当时三水华力饮料食品有限公司对装潢权已随东莞鸿道公司的注销而灭失的抗辩主张,广东高院不予采纳。为什么一个已经在先使用知名商品特有包装装潢的企业注销后,加多宝公司可以继受?其装潢产生的事实基础是什么?答案很简单,因为加多宝公司是鸿道集团在东莞鸿道公司注销后新设立的生产、销售王老吉凉茶的企业,仍在与广药集团《商标许可协议》期限之内,他来生产红罐王老吉凉茶,所以他继受了这项权利。佛山中院及广东高院判决认定很清晰,经营者可以变化,新的经营者可以继受,鸿道集团曾作为红罐王老吉凉茶的经营者,但在许可合同期满后,他就不再是经营者了,亦不再享有知名商品王老吉任何权利,全部由新的经营者大健康公司承受,享有排他权。加多宝公司作为原经营者是不能带走商品品牌也带不走商誉。加多宝公司宣传、使用"王老吉"商标及装潢的行为只是履行广药集团与鸿道集团《商标许可协议》的行为。(五)广药集团为知名商品红罐王老吉凉茶包装装潢权利人,可以将商标许可给大健康公司,同时将知名商品上的特有装潢使用权一并授予合法经营者的大健康公司使用。大健康公司是广药集团的全资子公司,其在2012年5月25日,与广药集团签订《商标许可合同》，广药集团将"王老吉"商标授权给大健康公司使用，许可由大健康公司独占生产和销售红色罐装及红色瓶装凉茶饮料。经过仲裁，确定鸿道集团自 2010 年 5 月 2 日起，停止使用王老吉商标后，意味着广药集团收回"王老吉"商标的同时，也将与"王老吉"知名商品特有的装潢一并收回。现又授权给大健康公司生产红罐王老吉凉茶，那么大健康公司就是红罐王老吉凉茶的合法经营者，其享有知名商品特有的装潢权，故其经营的"王老吉"知名商品的装潢权就应当受到法律保护。而作为加多宝公司无资格向知名商品王老吉凉茶合法经营者主张红罐王老吉凉茶特有名称、包装、装潢权利。加多宝公司成立于 1998 年 9 月，是作为 1997 年 2 月 13 日羊城药业与鸿道集团签订的《商标许可使用合同》规定的加工生产销售王老吉凉茶的工厂，并非合同相对方，也非广药集团授权的合法经营者，仅为鸿道集团众多加工企业之一。我国《反不正当竞争法》保护的是知名商品的特有名称、包装、装潢，其权利人应当是知名商品的所有人、经营者，而加多宝公司已经不是知名商品"王老吉"凉茶的经营者，故其作为本案原告主张红罐装潢权不适格，法院依法应驳回其起诉。（六）加多宝公司的行为已经构成侵权，应当承担侵权的法律责任。如前所述，加多宝公司不享有知名商品王老吉凉茶的包装装潢，其在已经不是合法经营者的基础上，再生产与大健康公司相近似包装装潢的产品，已经构成不正当竞争。加多宝公司已因使用王老吉商标而获取数百亿人民币利益，还千方百计窃取王老吉商标所有权人的商誉，采取"王老吉更名加多宝""全国领先的红罐凉茶改名加多宝"等虚假宣传的手段以图达到非法目的。虽然加多宝公司的不法行为已被广州市中级人民法院发出的诉中禁令所制止，但他已经达到了目的。在极短时间内将名不见经传的加多宝品牌，提升到家喻户晓的高度，其已经从违法行为中攫取了王老吉所带来的商誉，给王老吉凉茶带来了巨额的经济损失，应当依法承担侵权责任。综上所述，加多宝公司诉请，其是无资格、无理又无法律依据，都不应得到法院支持。

原告加多宝公司为支持其诉讼请求，提交了以下证据：

第一部分证据是证明加多宝公司对涉案知名商品特有装潢权享有权利的权属证据。

第一组证据证明加多宝公司生产的红罐凉茶及其特有装潢的历史沿革。

证据 1 是北京市长安公证处出具的（2012）京长安内民证字第 9906 号《公

证书》，证明：1. 最迟于 1992 年 6 月，南方饮料厂已受陈鸿道委托生产涉案红色包装凉茶；2. 涉案红色装潢实际开始使用的时间早于第 626155 号王老吉商标的申请日期 1992 年 1 月 18 日，包装装潢权不可能附随于在后的商标权，广药集团和大健康公司以商标权扩大保护至装潢权的主张不能成立；3. 最早产品装潢并未与"王老吉"商标同时标注，证明装潢从始至终独立于商标而具有识别来源的作用；4. 涉案装潢并非广药集团或其他主体授权加多宝公司使用，而是陈鸿道于1992 年自行设计并一直延续使用的。

证据 46 是 1995 年 3 月 28 日鸿道集团与羊城药业签订的《商标使用许可合同》，证明：1. 加多宝公司生产的红罐凉茶上使用的"王老吉"字体为鸿道集团设计并许可加多宝公司使用；2. 加多宝公司生产的红罐凉茶上使用的"王老吉"字体只需向羊城药业备案即可，并非广药集团主张的由其授权使用红色罐装包装装潢。

证据 2 与证据 46 相同。证据 3 是鸿道集团与羊城药业于 1995 年 9 月 14 日签订的《商标许可协议的补充协议（二）》。证据 2、3 证明：1. 在 1993 年 1 月 20 日第 626155 号王老吉商标核准注册后，为了配合王泽邦正宗凉茶配方的使用，鸿道集团与羊城药业签订本合同，开始使用第 626155 号王老吉商标；2. 基于合同签订前鸿道集团已经大量生产红色纸包装凉茶，合同约定鸿道集团继续生产红色纸包装凉茶，实际上是对既有事实的认可；3. 广药集团受让"王老吉"商标日期为 1997 年 8 月 28 日，鸿道集团在 1995 年 3 月已取得商标使用权，并已经开始生产红罐凉茶，广药集团对涉案红罐凉茶知名商品无权主张任何权利；4. 合同对双方各自使用的图案和颜色进行区分，只有鸿道集团可独家使用涉案红色装潢，羊城药业不可使用红色，也不可使用与鸿道集团生产的凉茶相同的图案。

证据 4 是鸿道集团与羊城药业 1997 年 2 月 13 日签订的《商标许可使用合同》，证明：1. 明确羊城药业只可保留生产和销售原已生产的用纸包装的王老吉清凉茶，但包装颜色不能取用红色，包装设计图案不得与鸿道集团生产的红色装潢相同；2. 涉案红罐凉茶的包装装潢是由鸿道集团自行设计投入使用的；3. 在广药集团受让商标前，商标权利人已书面明确认可与鸿道集团在装潢上关于颜色及图案的区分，广药集团作为继受者应继续遵守有关约定。

证据 5 是东莞加多宝食品饮料有限公司（以下简称"东莞加多宝公司"）的

公司章程、营业执照正副本、东外经贸资批字（2000）第 0614 号名称变更批复文件、东莞加多宝公司补充章程之四，证明：1. 东莞加多宝公司为鸿道集团的全资子公司，经鸿道集团授权生产涉案知名商品；2.1998 年 9 月 17 日，东莞加多宝公司开始生产涉案知名红罐商品；3.2000 年 5 月 21 日，东莞加多宝公司企业名称变更为本案原告现在的公司名称即广东加多宝饮料食品有限公司。

证据 6 是加多宝凉茶产品特有包装装潢的外观设计专利证书、登记文件和外观设计专利图，证明：1. 涉案包装装潢设计人和专利权人为陈鸿道；2. 涉案装潢早于 1995 年已申请外观专利，此时广药集团尚未受让商标，因此涉案装潢的设计与使用均与广药集团无关；3. 两专利获得授权证明涉案包装装潢设计具有独创性和显著的识别功能。

证据 7 是加多宝凉茶产品特有包装装潢设计人关于该包装装潢的设计过程的说明，证明：1. 涉案包装装潢自 1995 年委托设计并使用；2. 涉案包装装潢设计及使用分为三阶段，虽细微处进行调整，但总体装潢内容并未变；3. 大健康公司生产的红罐凉茶产品与涉案装潢近似。

证据 9、10，分别是 1996 年 5 月 1 日广东国际容器有限公司受托加工合同书，广东国际容器有限公司的证明及清欠及加工空罐协议书，证明：1.1996 年 5 月 1 日，东莞鸿道公司已委托生产涉案知名商品的红罐包装装潢空罐；2. 与证据 7 互相印证，证明涉案包装装潢的具体内容。

证据 42 是加多宝公司生产的红罐凉茶产品实物（照片），证明加多宝公司生产的红罐凉茶商品为知名商品。

第二组证据证明加多宝公司生产的红罐凉茶才是知名商品，已被生效判决认定。

证据 8 是广东省佛山市中级人民法院（2003）佛中法民三初字第 19 号民事判决（以下简称"佛山中院第 19 号判决"）和广东省高级人民法院（2003）粤高法民三终字第 212 号民事判决书（以下简称"广东高院第 212 号判决"），证明：1. 生效判决认定加多宝公司对涉案知名商品的包装装潢享有知名商品特有包装、装潢权；2. 两案判决认定涉案商品构成知名商品特有包装、装潢所依据的证据均是加多宝公司提供的加多宝公司生产销售及宣传推广红罐凉茶的证据；3. 两审均认定知名商品装潢权归属于知名商品合法经营者，并可随知名商品在不同的合法经营者之间继受。

证据 37 是佛山中院第 19 号判决及广东高院第 212 号判决据以认定红罐凉茶商品构成知名商品的证据，与证据 47 结合，证明这些证据是两份判决中采信并据以认定红罐凉茶商品构成知名商品的依据，这些材料反映加多宝公司对涉案知名商品的生产经营及广告宣传的投入。

证据 47 是佛山中院第 19 号案阅卷资料，是对证据 37 的补证。

第三组证据进明加多宝公司生产的凉茶是依据王泽邦后人授权的正宗配方，并获得政府和消费者认可。

证据 11 是广东省食品文化遗产认定证书，证明：1.2005 年 8 月 24 日，广东省食品文化遗产认定委员会颁发广东省食品文化遗产认定证书，载明：加多宝公司提供的配方及术语被认定为广东省食品文化遗产——"凉茶的配方及专用术语"之一；2. 消费者认可加多宝公司生产凉茶的品质和口味，这也是红罐凉茶构成知名商品的根本原因，消费者已将凉茶本身与装潢形成唯一对应的认知习惯；3. 如判大健康公司可以使用装潢，必然使消费者产生认知混乱，实为对消费者的欺骗，知名商品特有包装装潢的保护意义也随之失去；4. 王泽邦传人唯一认可生产其配方凉茶的企业是加多宝公司，消费者选购的正是该正宗凉茶。

证据 45 是王健仪声明书及公证认证文件，证明：1. 加多宝公司生产的红罐凉茶采用的是王健仪女士授权的王泽邦正宗凉茶秘方，消费者之所以选择加多宝公司生产的红罐凉茶正是基于其独特的口感和秘方，本案中加多宝公司所主张的知名商品也正是使用上述独家秘方的凉茶商品；2. 广药集团从未获得上述凉茶配方，其生产的凉茶产品为与加多宝公司完全不同的产品，广药集团和大健康公司不能主张随知名商品而成为包装装潢权的继受者。

证据 12、38 分别是王泽邦后人发布联合声明的网页打印版、广州日报王老吉后人发布联合声明的报道，证明：1. 自 1992 年开始鸿道集团及之后的加多宝公司生产的标有王老吉商标的红罐凉茶及加多宝公司现在生产的标有加多宝商标的红罐凉茶配方均源自王泽邦（即王老吉）的正宗秘方；2. 广药集团从未获得王老吉凉茶配方，其生产的凉茶也与加多宝公司生产的凉茶属不同产品，大健康公司无权依据权利人随知名商品的生产者变更而产生继受的生效判决认定来主张包装装潢权。

第四组证据证明业内专家和行政执法部门对加多宝公司的肯定与支持。

证据35是30位知识产权法学专家关于本案的法律意见书，众多知名知识产权法学专家对于本案不正当竞争纠纷案的一致性法律意见。

证据24是加多宝公司近年在全国（甘肃天水市、陕西澄城县、太原市、重庆奉节县、常宁市、鄂州市、莆田市、郴州汝城县、江苏泰州市）各地打假行动的相关资料，证明：1.加多宝公司生产的红罐凉茶知名商品特有包装装潢被仿冒、打假的记录，证明涉案知名商品特有包装装潢被保护的记录；2.大健康公司仿冒装潢行为已受到工商行政查处；3.与证据36结合，证明广药集团委托山寨工厂生产被控侵权凉茶，全然不顾产品品质，侵害消费者权益。

证据39是加多宝公司商标及涉案知名商品特有包装装潢被仿冒的记录，证明加多宝公司生产的红罐凉茶商品因知名而被仿冒侵权，另有人仿冒注册与"加多宝"商标近似的商标，证明消费者对于"加多宝"商标与红罐包装装潢及商品生产者加多宝公司已经形成认知上的统一，进而招致不良竞争者仿冒。

第二部分证据证明加多宝公司多年来为培育红罐凉茶产品所进行的大力投入，广药集团一直予以认可。

证据16是加多宝公司2000年度的审计报告，审计报告表明加多宝公司2000年产品销售收入8662356.76元，净利润为负（-2141858.91元），证明广药集团的王老吉商标并没有起到广药集团主张的提高商品销量和知名度的作用，涉案红罐凉茶是因为加多宝公司之后的大量生产和广泛宣传才成为知名商品，与广药集团无关。

证据17是加多宝各公司历年建厂费用、广告投入、公益活动支出的资料，加多宝各公司投入大量资金培育红罐凉茶产品，才使红罐凉茶产品成为知名商品。

证据18是加多宝企业所获得的部分荣誉，证明涉案知名商品具有广泛的市场知名度是与加多宝公司悉心经营不可分离的。

证据19是加多宝的红罐凉茶产品2007—2011年和2012年前三季度连续获得全国罐装饮料销售额第一名的证明，与证据40结合证明加多宝公司生产的涉案红罐凉茶产品在其巨大投入培育下连续6年获得全国罐装饮料销售额第一名。

证据40是加多宝红罐凉茶产品2012年度全国罐装饮料销量第一证明，与证据19结合证明加多宝公司生产的涉案红罐凉茶产品在其巨大投入培育下连续6

年获得全国罐装饮料销售额第一名。

证据48是中国行业企业信息发布中心发布的《2013年消费品市场资讯报告——罐装饮料》，证明由国家统计局下属事业单位中国行业企业信息发布中心权威发布的统计数据显示加多宝公司生产的红色罐装凉茶产品2012年度全国罐装饮料销量排行第一。

证据20是加多宝国内六家公司（北京、福建、广东、杭州、武汉、浙江）的营业执照，证明：1.涉案红罐凉茶成为知名商品是这些企业共同经营的结果；2.部分宣传、奖项、捐款是由这些企业进行的，均是为了培育涉案红罐凉茶商品的知名度；3.通过加多宝公司和鸿道集团的多地域设厂、大量投入和市场宣传，涉案知名商品才从广东地区的知名商品扩展为全国范围内的知名商品。

证据21、22分别是温州晚报社、温州有线电视台出具的鸿道集团及其下属企业东莞鸿道公司及加多宝公司早期进行红罐凉茶产品电视媒体和平面媒体的广告宣传的证明。

证据23分别是中国中央电视台关于加多宝公司03、04、06、07、08、09、10、12、13年的红罐凉茶广告播出内容审带单，证明加多宝公司2003年开始斥资数亿元竞标获得中央电视台三个黄金时段标王广告播放权，启动"怕上火喝王老吉"的品牌广告语宣传，此后长达十年时间在中央电视台不间断进行广告投放。

证据41是中央电视台2011年广告审带单，与证据23结合，证明加多宝公司为红罐凉茶产品所从事的大规模广告宣传的证明。

证据25是广药集团2009年7月16日给鸿道集团的公函，广药集团对鸿道集团多年来对品牌的宣传和投入高度认可，表明其明知涉案红罐凉茶成为知名商品是依靠加多宝公司和鸿道集团的努力培育。

证据44是广药集团相关企业发布的"王老吉还有盒装"的彩页宣传，证明广药集团及其相关企业对于王老吉商标是因鸿道集团及加多宝公司的生产经营而知名的事实十分清楚，而且希望通过傍加多宝公司生产的红罐凉茶提高自身生产的绿盒凉茶的知名度。

第三部分证据是证明广药集团、大健康公司侵权事实及其获利情况的证据及加多宝公司并未侵害广药集团任何权利的证据。

证据13、14分别是加多宝公司红罐凉茶产品的产品生产许可证及其说明、广药集团相关企业生产的绿色纸包装凉茶产品的生产许可证信息，证明加多宝公司生产的红罐凉茶产品与广药集团相关企业生产的绿盒凉茶产品不同，口味、品质有差异，消费者通过红罐和绿盒包装装潢及凉茶的口感品质已经能够区分二者的商品来源，如允许大健康公司使用涉案装潢却灌入绿盒凉茶，必然造成消费者混淆。

证据 15 是广州市工商局出具的广药集团近年年度企业档案资料，证明：1. 广药集团从不曾生产过涉案知名商品，本身亦不具备生产能力，并非反不正当竞争法中规定的竞争者；2. 与证据 36 结合，印证其委托曾仿冒涉案知名商品包装装潢的山寨企业实达轩（佛山）饮料有限公司（以下简称"实达轩公司"）生产被控侵权产品的报道属实。

证据 26—31 分别是广药集团等企业网站 2012 年 8 月 21 日登载的关于侵权产品红罐凉茶和王老吉绿盒凉茶产品的网页、大健康公司的被控侵权产品上市庆典邀请函及相关新闻报道、（2012）京长安内经证字第 16434、12082 号《公证书》、双方各自生产的红罐凉茶在各地商场被一起摆放销售的照片、法制晚报、北京青年报、第一财经日报、北京晨报、新京报、新快报、羊城晚报、信息时报、广州日报等有关涉案知名商品及被控侵权产品的新闻报道，证明：1. 大健康公司自 2012 年 6 月开始生产销售仿冒涉案知名商品特有包装装潢的侵权产品；2. 大健康公司生产的被控侵权产品擅自使用了与加多宝公司生产的涉案知名商品包装装潢极为近似的包装装潢，消费者已经产生混淆和误认；3. 王老吉商标使用在多种商品上，没有证据证明这些产品已经构成知名商品，可见，广药集团和大健康公司主张的涉案商品因王老吉商标而知名是不成立的。

证据 32 是中国行业企业信息发布中心公布的 2012 年加多宝与王老吉产品销量占有率走势图，证明：广药集团和大健康公司的侵权产品因擅自使用涉案知名商品特有包装装潢造成市场认知混乱，挤占了加多宝公司产品的市场占有率，给加多宝公司带来巨大损失。

证据 43 是大健康公司生产的侵权产品的实物（照片），证明：大健康公司生产的侵权红罐凉茶产品所采用的包装装潢与加多宝公司生产的红罐凉茶产品包装装潢近似，侵犯了加多宝公司的知名商品特有包装装潢权。

证据 33 是大健康公司生产的侵权产品与加多宝公司生产的知名商品包装装

潢构成近似,证明:大健康公司生产经营的侵权凉茶产品仿冒了加多宝公司生产的知名红罐凉茶商品的特有装潢。

证据 34 是广州药业 2012 年报(2013.3.1 发布)中的 46 页、182 页、183 页,证明:2012 年大健康公司净利润为 3096 万元;从大健康公司向广药集团支付许可费 1903.6 万元可推算出大健康公司销售净额为 17 亿元,按照广药集团主张的 7.3% 的行业利润来计算,净利润应为 1.24 亿元。

证据 36 是富宁县工商行政管理局富工商处字(2012)112 号行政处罚决定书及广药集团委托曾经仿冒知名商品红罐凉茶的企业(实达轩公司)生产王老吉凉茶的新闻报道,证明:1. 加多宝公司生产的红罐凉茶知名商品特有包装装潢被仿冒、打假的记录;2. 广药集团委托曾经仿冒知名商品红罐凉茶的企业(实达轩公司)生产王老吉凉茶,一方面说明广药集团没有任何凉茶生产能力;另一方面说明广药集团生产和销售的凉茶产品与涉案知名商品红罐凉茶在配方上和质量上根本不同。

证据 49 是广州老字号发展状况调研报告,王老吉作为老字号只存在于药品类别。

被告大健康公司对原告加多宝公司提供的证据质证如下:

对证据 1 即关于梁世和个人声明的公证材料中的《公证书》的真实性没有异议,但对《公证书》所记载的个人声明的真实性有异议:1. 作为个人声明,属证人证言,应出庭质证;2. 其内容与本案无关联性。东莞鸿道公司不管为他人代工生产产品还是自己生产产品,该包装盒装潢与本案装潢无相似之处;3. 梁世和声明证实,至少在 1992 年 6 月 26 日,东莞鸿道公司已经委托广东南方饮料厂生产红色清凉茶,但依据佛山中院第 19 号判决书,东莞鸿道公司于 1995 年 9 月 19 日才成立,梁世和做了伪证,不能被采信;4.《公证书》附的"清凉茶"包装纸模糊不清,反而保质期却清晰可辨,有意识以此证据配合梁世和伪证。

对证据 2 及《商标许可使用合同》的真实性无异议。1995 年 3 月 28 日的《商标使用许可合同》许可鸿道集团独家使用"王老吉"商标,仅限于生产红色纸包装凉茶饮料,约定"产品包装及商标使用样板经甲方许可才可生产"。

对证据 3 即《商标许可使用合同补充协议》的真实性无异议。1995 年 9 月 14 日签订补充协议,认可鸿道集团能在罐装清凉茶饮料有偿使用王老吉商标,但非独家使用"王老吉"商标，因为当时市面上还有绿盒、绿罐凉茶存在。

对证据4即1997年2月13日的《商标许可使用合同》的真实性没有异议。合同约定鸿道集团独家使用"王老吉"商标生产销售红色纸包装及红色铁罐装凉茶饮料的使用权，使用期限至2011年12月31日止。

证据2、3、4合同履行期间发生了许可使用商标的商品包装和装潢，合同约定限定鸿道集团只能使用红色，许可商品即指红罐凉茶，包括其装潢。从上述合同的变更过程中可以看出，不管之前如何约定红色包装装潢的归属，但在2000年的《商标许可使用合同》中，双方通过协议的方式已经明确了红色罐装凉茶装潢的归属。

对证据5即东莞加多宝公司的公司章程的真实性予以确认。该证据只能证实东莞加多宝公司是1998年8月26日成立，2000年5月11日改名为现加多宝公司名称，唯一股东为香港注册的鸿道集团，而鸿道集团的股东为英属维京群岛注册的JDB集团，并非他们口口声声所称的民营企业、民族企业。

对证据6即外观设计专利证的真实性没有异议。但该外观设计专利在2007年已过有效期。该装潢既有王老吉凉茶特有名称又有王老吉注册商标，是为王老吉凉茶专用，服务于王老吉，归属于王老吉。

对证据7即潘良生的证言，对经司法见证的商业登记真实性确认，但潘先生未出庭质证，其"供词"不得作为合法有效证据。

对证据8即佛山中院第19号判决和广东高院第212号判决的真实性认可。1.虽然是以加多宝公司名义起诉，但实际是依据广药集团和鸿道集团2000年5月2日签订的《商标许可合同》的约定，"由许可人决定，以被许可人名义诉讼，所有诉讼费由被许可人支付，索赔利益归被许可人"，加多宝公司只是争议知名商品包装装潢使用权人，绝非所有权的权利人；2.判决书认定"王老吉凉茶是在市场上具有一定知名度，并为相关公众所知悉的商品，应确认为知名商品。那么罐装王老吉凉茶饮料作为王老吉凉茶系列产品中的一种，与知名商品王老吉凉茶具有不可分离性"；3.判决认定"该装潢底色、图案与其名称融为一体，具有显著的区别性特征，并非为相关商品所通用，为该商品所特有，应确认为知名商品的特有包装装潢，应受法律保护"；4.判决证实，王老吉凉茶名称的王老吉三个大字已融入装潢，是不可能分离，这就是我们认为红罐王老吉凉茶装潢不可分割的重要证据；5. 广东高院判决支持了佛山中院一审判决："知名商品特有的装潢权与知名商品密不可分，由知名商品的合法经营者享有，并随知名商品的经营者的变化而可由新的合法经营者继受"。说明经营者在经营期间可以使用，作为权利人不得使用，但许可协议期满后，权利人可以授权给新的合法经营者来继受使用，原有的经营者不得再使用。

对证据9即委托加工合同书的真实性不作认定，是东莞鸿道公司与其他企业之间的合同，与本案无关联性。

对证据10即广东国际容器有限公司出具的证明，只是证实在许可鸿道集团使用商标和红罐凉茶之后，正常的生产、销售、发布广告情况。

对证据11即广东省食品文化遗产认定证书，确认其真实性，但与本案红罐装潢无关联性。

对证据12、38即王泽邦后人发布联合声明的网页打印版及报纸，该声明仅涉及所谓祖传秘方和王泽邦肖像问题，与本案讼争红罐王老吉凉茶装潢没有关联。

对证据13即加多宝公司红罐凉茶产品的生产许可证及其说明，对真实性不确认，没有关联性。关于生产许可证的说明，不属于证据。加多宝公司有许可证才能加工生产"王老吉"凉茶，只能证明其行为属合法加工。

对证据14即广药集团绿色纸包装凉茶产品的生产许可证，我们已举证证明广州羊城滋补品厂、羊城药厂早在上个世纪90年代就已经生产绿盒纸包装王老吉凉茶，其想证明广药集团旗下的企业在2010年之前没有生产许可证就不可能生产王老吉凉茶的论点是不成立的。

对证据15即广药集团企业档案资料，真实性没有异议，但与本案没有关联性。

对证据16即加多宝公司的2000年度审计报告，属加多宝公司自己制作，对其真实性不确认，与本案无关联性。

对证据17即加多宝各公司历年建厂费用、广告投入、公益活动支出的资料，对其真实性不确认，属企业内部报表，与本案无关联性，对其在国内捐款发票经核对与原件相符。鸿道集团通过国内设立的企业所做的慈善捐款，无论出于什么目的我们都应予肯定，但作为本案证据提交就令人质疑，是在对其违法侵权行为进行辩解的一个筹码。

对证据18即荣誉证书，19份证书经与原件核对无异议、真实性不予确认。

其关联性如与王老吉凉茶有关，是赋予王老吉这一知名商品的荣誉；如与王老吉凉茶无关，就与本案没有关联性。

对证据 19 即销量第一的证明的真实性没有异议，可以证实是红罐王老吉凉茶销量第一，而非加多宝凉茶。

对证据 20 即六个公司的营业执照的真实性确认，加多宝公司作为一个加工企业，2012 年 5 月前既无自己品牌商品何来商品装潢权，红罐王老吉饮料商品装潢根本就不归属于他，其无权主张装潢权。另外，加多宝公司是在东莞鸿道公司 1998 年 8 月注销后才成立的，两者之间并没有传承关系，是两个独立的企业法人。另外几家公司中，没有一家属国内民营企业或合资企业。

对证据 21、22 即温州日报广告证明、温州有线电视台出具的证明，这部分证据恰恰可以证明其是在生产红罐王老吉，并在利用王老吉这一商标悠久的历史来进行宣传。广告带来的效益，作为经营者获得实际利益。

对证据 23、41 即凉茶广告播出内容审带单，为央视广告内容合同，前 11 页是加多宝公司合法期间作的广告，无异议，第 12 页是 2012 年 11 月用于 2013 年春节的侵权广告，广告用语为"全国销量领先的红罐凉茶改名加多宝"，已被广州市中级人民法院裁定禁止宣传。第 13、14 页是 2013 年 2 月之后"中国每卖 10 罐凉茶 7 罐加多宝"广告，仍是属虚假广告。第 15—21 页和证据 41 同是超出 2010 年 5 月之后，鸿道集团许可合同已到期，之后属违法经营者，所作的广告属侵权。

证据 24、36，各地工商打假。被许可人作为合法经营者时，为维护王老吉商标品牌投诉侵权者是维护王老吉商标权益，维护红罐王老吉饮料知名商品商誉是其义务。对天水工商局责令改正通知，澄城县工商局处罚决定书，对太原市工商局处罚决定书，我们认为是在 2011 年 4 月广药集团已向中国国际经济贸易仲裁委员会提起仲裁，加多宝公司还以经营者身份举报，本身就是一个侵权者。

对证据 25 即广药集团的函，该函的第一层意思是提醒警告鸿道集团应当守法，要正确使用授权商标并不能侵犯王老吉商标。第二层意思是告知鸿道集团维护宣传品牌商标形象是其职责和义务，不能作为加多宝公司投入的依据。从该函中，可以明显看出，广药集团是商标权利人，其有权对鸿道集团及加多宝公司使用商标的行为进行监督。

对证据 26 至证据 31 的真实性无从考证。广药集团在 2012 年 6 月仲裁胜诉之后授权大健康公司使用王老吉商标，生产销售包括红罐在内的王老吉凉茶，大健康公司成为了新的合法经营者，其不允许原来的经营者使用，是法律赋予的权利。证明大健康公司属于正常生产销售红罐王老吉凉茶，反而证实加多宝公司生产的红罐凉茶在消费者中引起混淆，并引起误认、误购。

对证据 32 即中国行业企业信息发布中心发布的 2012 年加多宝与王老吉产品销量占有率走势图的真实性不予确认，不具有关联性，属加多宝公司与中国行业企业信息发布中心的共同造假证据。中国行业企业信息发布中心自称是"国家统计局所属专门发布全国重大行业企业信息的权威机构，中心依托国家统计局权威数据背景采用科学的统计方法，全面监测市场变化，密切关注企业发展，通过发布重大信息"。该企业简介严重背离事实，虚构为国家统计局编制单位，有严重的欺诈行为，为了赚取巨额不义之财，虚构事实，故意编造，偷龙转凤，将王老吉品牌产量计入加多宝的产量，为加多宝做虚假宣传，打击王老吉品牌。我方提交的国家统计局政府信息部告第 G20130409-1 号公开告知书，足以证实加多宝公司使用他人编造的假证据。

对证据 33，两者生产的红罐凉茶的近似之处对比，这是一份对比图，不存在真实性。对于展示的图片，我们认同，王老吉和加多宝确实存在相似之处，足以造成消费者误认误购，但对加多宝公司评述"上述这些相关要素足以造成将大健康公司的产品与原告知名商品相混淆"，其粉饰加多宝为知名商品，加多宝的红罐凉茶在其起诉之日前还没有满月，不可能一夜之间成了知名商品。不是后来靠已被禁止的虚假广告"王老吉更名加多宝"，"全国销量领先的红罐凉茶改名加多宝"，广大消费者至今还不知加多宝为何品牌。

对证据 34 即广州药业股份有限公司报告的真实性确认，与本案没有关联性。

对证据 35 即专家意见书，专家意见能否作为证据是有待法院去认定的，对其真实性不确认。

对证据 39 即加多宝公司打假的举证，是在双方起诉以后，加多宝公司进行打假的工商处罚，并不能证明在起诉时加多宝红罐凉茶是知名商品。

对证据 40 即 2012 年销量第一的证明，在中国行业企业信息发布中心发布的 2012 年度统计调查，与之前 2007 年至 2011 年的统计调查相矛盾，明显是在依照加多宝公司的要求协助加多宝公司做虚假证据。2007 年到 2011 年的统计数据，是讲罐装王老吉饮料，全国罐装饮料市场销售额第一名，而在 2012 年的统计数据，却只提加多宝公司生产的罐装饮料荣列 2012 年度全国罐装饮料市场销售额第一名，只字不提是什么品牌的罐装凉茶，明显是在混淆视听，偷换概念。在 2012 年 1 月到 6 月，加多宝公司生产的仍然是红罐王老吉凉茶，该统计数据是将王老吉凉茶计算入加多宝凉茶的销量，恰恰可以证实红罐王老吉是知名商品。

被告大健康公司为支持其答辩意见，提交了以下证据：

第一部分证据证明"加多宝"凉茶不属于知名商品。

证据 1 是中国国际经济贸易仲裁委员会（2012）中国贸仲京裁字第 0240 号《裁决书》，证明加多宝公司对"王老吉"商标以及带有"王老吉"商标的包装装潢的使用权至 2010 年 5 月 2 日终止，该日期之前及之后至 2012 年上半年，加多宝公司一直生产"王老吉"凉茶而非"加多宝"凉茶。

证据 2 是加多宝公司生产的一面为"王老吉"、一面为"加多宝"包装装潢的红罐产品包装实物。证据 3 是加多宝公司生产的两面为"加多宝"包装装潢的红罐产品包装实物。上述证据证明加多宝公司在 2012 年下半年才开始生产"加多宝"凉茶。

第二部分证据证明"王老吉"凉茶是知名商品。

证据 4、5、6 分别是国家工商行政管理总局商标局出具的第 626155 号"王老吉"商标注册证及转让、续展证明，第 3980709、9095940 号"王老吉"商标注册证，证明广药集团自 1997 年 8 月 28 日至今是"王老吉"商标的注册人，注册商标核定使用的商品包括"无酒精饮料、植物饮料"等。

证据 7 是不同历史时期的王老吉商标，证明王老吉商标的历史沿革及其悠久的历史。

证据 8 是广州羊城药厂、羊城滋补品厂《广东省食品新产品申请审批表》，证明王老吉凉茶作为饮料产品早在 1991 年 10 月就获得了政府部门的审批。

证据 9 是广州羊城药厂"王老吉"清凉茶宣传、广告计划、宣传推广协议书及广州羊城药厂大事记记录，证明"王老吉"商标权人早在 1991 年就对"王老吉"凉茶饮料召开介绍会并进行市场宣传推广活动。

证据 10 是《粤港信息日报》刊登的《严正声明》，证明 1992 年 1 月 11 日，广州羊城药厂就社会上侵犯"王老吉"商标及"王老吉"凉茶产品的违法行为发布严正声明,证明"王老吉"凉茶当时的知名度之高已引致他人仿冒和侵权。

证据11是"王老吉"凉茶早期产品图片,证明"王老吉"凉茶饮料产品早在红罐推出之前就已存在,并有罐装包装。

证据12是1992年11月广东省著名商标评选委员会认定广州羊城药厂"王老吉"商标为1992年广东省著名商标,1993年3月1日广州市人民政府授予羊城药业"王老吉牌"商标为"广州市著名商标"称号,1995年9月95中国(广东)十佳饮料推选活动组委会认定羊城药业生产经销的王老吉牌清凉茶(利乐包装)产品荣获"95中国(广东)首届最受欢迎的十佳饮料奖"。证明"王老吉"商标在被许可给鸿道集团使用之前已经具有很高的知名度。

证据13是1998年2月广东省工商行政管理局认定羊城药业"王老吉"商标为广东省著名商标、2009年4月24日国家工商行政管理总局商标局认定广药集团使用在商标注册用商品和服务国际分类第32类无酒精饮料商品上的"王老吉"注册商标为驰名商标、2005年8月24日广东省食品文化遗产认定委员会认定广州王老吉药业股份有限公司(以下简称"王老吉药业")的凉茶为广东省食品文化遗产等,证明"王老吉"商标及产品获得很多荣誉,具有很高的知名度。

证据14是广州市中级人民法院(2012)穗中法知民初字第263号之一民事裁定书及复议决定书,证明言及"全国销量领先的红罐凉茶",普通消费者会自然联想到红色罐身的名为"王老吉"的凉茶饮料。

第三部分证据证明"王老吉"凉茶的红罐包装装潢属于知名商品特有的包装装潢。

证据15是加多宝公司生产的两面为"王老吉"包装装潢的产品包装实物,证明"王老吉"凉茶的红罐包装装潢属于知名商品特有的包装装潢。

证据16是佛山中院第19号判决和广东高院第212号判决,证明"王老吉"凉茶的红罐包装装潢属于知名商品特有的包装装潢。

证据17是广东省广州市公证处(2013)粤广广州第027964号《公证书》,证明早在解放初期至公私合营之前,"王老吉"凉茶的包装装潢就已经采用竖排方式标注商标,该等标注方式并非陈鸿道的创意。

第四部分证据证明加多宝公司经营的"王老吉"凉茶知名商品是基于广药集

团的授权，广药集团是"王老吉"凉茶知名商品特有的包装装潢权的权利人。

证据18是广药集团与鸿道集团于2000年5月2日签订的《商标许可协议》，证明广药集团曾将"王老吉"商标许可给鸿道集团及其下属企业使用，广药集团是"王老吉"商标和"王老吉"凉茶知名商品特有的包装装潢权的权利人。

第五部分证据证明大健康公司有权生产红罐"王老吉"凉茶产品。

证据19是广药集团与大健康公司于2012年5月25日签订的《商标许可合同》，证明大健康公司基于广药集团的合法授权使用"王老吉"商标和"王老吉"凉茶知名产品特有包装装潢，生产红罐"王老吉"凉茶产品。

第六部分证据证明加多宝公司并非"王老吉"凉茶知名商品特有包装装潢权的权利人。

证据20是1995年3月28日《商标使用许可合同》、1995年9月14日《商标使用许可合同补充协议（一）、（二）》和1997年2月13日《商标许可使用合同》，证明鸿道集团被许可生产带有"王老吉"三个字的凉茶产品，产品包装及商标使用样板经商标权人认可才可生产。因此，"王老吉"产品包装装潢的设计是基于"王老吉"商标权人的授权，由此形成的知名商品特有的包装装潢权归属商标权人。

第七部分证据证明加多宝公司提供的证据不能证明其主张，反而能够证明"王老吉"凉茶是知名商品。

2013年5月8日质证时，被告大健康公司提交了证据21，该证据是国家统计局统计资料管理中心于2013年4月23日发布的部告第G20130409-1号《政府信息部分公开告知书》以及网上"'10罐凉茶，7罐加多宝'是营销还是吹牛皮？"的文章，证明中国行业企业信息发布中心不是国家统计局的下属单位，其发布的信息的真实性不予确认，网上的文章属于虚假宣传。

开庭审理时，广药集团又当庭提交了证据22—34，其中：

证据22是第328241号"王老吉"商标注册证（变更注册事项），证明广药集团自1988年10月30日至今是"王老吉"商标的注册人，注册商标核定使用的商品包括"凉茶"。

证据23、24，分别是广州羊城滋补品厂1991年3月21日的《营业执照》、1991年11月的《食品卫生许可证》，证明该厂具备生产凉茶饮料食品的经营范围和食品卫生许可。

证据 25 是 1991 年 5 月 9 日广州羊城药厂与广州市轻工研究所签订的《广州市技术开发合同书》，证据 26 是广州市轻工研究所、广州羊城药厂研究所于 1992 年 5 月出具的《"王老吉"牌清凉茶的研制工作总结》、于 1992 年 6 月出具的《"王老吉"牌清凉茶饮料研制技术总结》，上述证据证明早在 1991—1992 年王老吉凉茶作为饮料食品为广药集团（包括前身）所研制。

证据 27 是广州市标准计量管理局标准管理处于 1991 年 10 月 8 日出具的《广州市企业标准备案回执》，证据 28 是《食品标签认可申请表》《广州市食品标签认可合格证》以及包装样本（1991 年 10 月），证据 29 是广州市食品卫生监督检验所于 1991 年 12 月 2 日出具的食监检字第 893932 号《检验证书》，证据 30 是广东省食品卫生监督检验所于 1992 年 3 月 19 日出具的粤食卫检字（1992）第 27 号《检验报告》。上述证据证明 1991—1992 年广药集团（包括前身）在研制王老吉凉茶饮料食品的同时向政府部门报批备案。

证据 31 是 1991 年 11 月 30 日广州羊城药厂《食品广告审批表》，证据 32 是 1991 年 12 月 18 日王老吉清凉茶新产品介绍会照片及签到表。上述两份证据证明广药集团（包括前身）对王老吉凉茶饮料食品进行了宣传推广。

证据 33 是《深圳特区报》1992 年 5 月 2 日刊登的《郑重声明》，证明王老吉凉茶饮料食品在推出后不久即遭他人假冒。

证据 34 是广药集团于 2003 年 3 月 3 日出具的《授权书》，证明在佛山中院第 19 号案和广东高院第 212 号案中，鸿道集团是基于广药集团的授权才进行诉讼活动的。

原告加多宝公司对被告大健康公司提供的证据发表质证意见如下：

对于第一部份证明"加多宝"凉茶不属于知名商品的证据，该部分三份证据不能证明大健康公司的证明事项：加多宝公司据以主张权利的知名商品是加多宝公司近二十年来一直持续生产销售的使用红色罐装包装装潢的凉茶产品，从未主张知名商品的开始生产时间为 2012 年 5 月。大健康公司用"加多宝"凉茶进行指代具有明显的误导性和恶意。

对证据 1 即中国国际经济贸易仲裁委员会（2012）中国贸仲京裁字第 0240 号《裁决书》，对其内容真实性、合法性、关联性和证明事项均不认可：1. 该仲裁裁决是针对商标许可补充协议作出，只字未提包装装潢权的问题，与本案知名商品特有包装装潢纠纷无关；2.该仲裁裁决涉及的商标许可补充协议的双方当事人均非本案当事人，加多宝公司对特有包装装潢享有的权利是基于在先使用行为，而非基于广药集团或是鸿道集团的商标许可，因此，鸿道集团与广药集团的许可协议何时终止与涉案包装装潢权的保护毫无关系；3.该仲裁裁决查明的事实恰恰证明在2010年5月2日之前，广药集团许可鸿道集团在中国境内的规定产品上独家使用"王老吉"商标，广药集团自己亦不得在中国境内使用或授权他人使用上述商标，也就是说，在2010年5月2日之前标有"王老吉"商标的红色罐装凉茶产品与广药集团及其下属或关联企业毫无关系，更加不能说明加多宝公司生产的红色罐装凉茶产品特有包装装潢属于广药集团或其关联企业。事实上，在2012年6月3日之前,广药集团及其关联企业从未生产红色罐装"王老吉"凉茶，没有任何事实和法律依据对红色罐装"王老吉"凉茶主张知名商品特有包装装潢权；4.大健康公司提出此份证据的逻辑基础是涉案知名商品包装装潢权是依据商标权产生，并附随于商标权存在，显然犯了根本而低级的错误。商标权和知名商品包装装潢权是两种相互独立的权利，具有各自独立的识别功能，否则相关法律制度对于知名商品的特殊保护则缺乏必要性。大健康公司试图将其"王老吉"商标扩大保护至知名商品特有包装装潢，缺乏法律依据；5.大健康公司提出此份证据表明其认为知名商品包装装潢权应当随商标的使用主体而发生转移，这显然与生效判决广东高院第212号判决相矛盾，该判决认定"知名商品特有的装潢权与知名商品密不可分，由知名商品的合法经营者享有，随知名商品的经营者的变化而可由新的合法经营者继受。"可见，判决明确认定装潢权是随商品而非随商标而发生继受。本案中知名商品一直由加多宝公司生产，并持续使用相同的王泽邦传人的正宗秘方，因此，加多宝公司才是知名商品的权利人。

对证据2即加多宝公司生产的一面为"王老吉"、一面为"加多宝"包装装潢的红罐产品包装实物的真实性、合法性、关联性和证明事项不认可：1.未见如照片所示实物；2.4月15日证据交换时广药集团提交的实物照片复印件与4月17日提交的不同，生产日期分别为2012-05-12和2012-04-07；3.市场上多次出现涉案红罐凉茶的仿冒品，不能确认广药集团提供的实物是加多宝公司生产的。

对证据3即加多宝公司生产的两面为"加多宝"包装装潢的红罐产品包装实

物的关联性和证明事项不认可：1. 未见如照片所示实物；2. 红色罐装凉茶产品是加多宝公司近二十年来一直持续生产经营的产品，广药集团所谓"加多宝公司在2012年下半年才开始生产加多宝凉茶"的证明事项不能成立；3. 加多宝公司作为红色罐装凉茶知名商品的生产者，有权在其商品上使用及变更商标，商标的更换使用并不代表产品不同；4. 广药集团刻意将商标与商品混同，并且以商标代称商品，恶意将加多宝公司主张的红色罐装凉茶知名商品偷换为标识"加多宝"商标的凉茶，并且简称为"加多宝"凉茶，企图以标识"加多宝"商标的凉茶产品生产时间短来否认其为知名商品，这一证明事项没有事实和法律依据，不能成立；5. 证据3的实物正是涉案知名商品的现有阶段的产品，使用了一贯的特有包装装潢，该证据恰能证明涉案知名商品的特有包装装潢的具体内容以及大健康公司生产的被控侵权产品使用了近似包装装潢的事实。

对于第二部分证明"王老吉"凉茶是知名商品的证据，大健康公司在4月15日证据交换中已经明确其主张的知名商品是由加多宝公司生产的红罐凉茶，但其该部分用来证明知名商品具体内容的证据却无一份是针对涉案红罐凉茶的，无论是凉茶本身、产品生产者还是产品包装装潢，均与涉案产品及其装潢无关，与加多宝公司所主张的涉案知名商品特有包装装潢也不具有任何关联性，该部分证据和证明事项均与本案无关，更不能否定加多宝公司的主张；同时证明广药集团和大健康公司提不出任何证据证明其对涉案知名商品的包装装潢享有权利。

对证据4即第626155号"王老吉"商标注册证及转让、续展证明的关联性和证明事项不认可：1. 本案为擅自使用知名商品特有包装装潢纠纷，而非商标权纠纷，该证据及其证明事项与本案无关；2. 商标权与知名商品特有包装装潢权是两种相互独立的不同权利，商标权人不等同于知名商品特有包装装潢权人，商标权不能扩大保护至该商品的包装装潢；3. 该证据否定了广药集团提交的证据12的效力，第626155号商标的核准时间为1993年1月20日，而证据12中王老吉商标被评为著名商标的时间却为1992年，早于第626155号商标的核准时间，因此证据12奖项并非颁予涉案的商品类别，故证据12与本案无关联性。

对证据5、6即第3980709、9095940号"王老吉"商标注册证的内容真实性、合法性、关联性和证明事项均不认可：1. 本案为擅自使用知名商品特有包装装潢纠纷，而非商标权纠纷，该证据及其证明事项与本案无关；2. 该商标注册有效期自 2006 年 3 月 7 日或 2012 年 2 月 7 日始，早在该商标核准注册之前，加多宝公司生产的红色罐装凉茶及其特有包装装潢已被认定为知名商品特有包装装潢，该商标与涉案标的知名商品特有包装装潢没有关联性；3. 该商标也并非广药集团授权鸿道集团使用的商标，不能支持广药集团的主张。

对证据 7 即不同历史时期的王老吉商标的真实性、合法性、关联性和证明事项均不认可：1. 该证据的证据来源、形成时间、权利主体、是否实际使用、使用地区及使用的具体情况、是否构成知名均无法证明，也无其他证据佐证；2. 本案为擅自使用知名商品特有包装装潢纠纷，非商标权纠纷，该证据及其证明事项与本案没有关联性；3. 该材料中未见任何与涉案知名商品特有包装装潢相同或近似之处；4. 绝大部分材料中"王老吉"是作为字号或商品名称在使用，含有"王老吉"三个字的注册商标为圆形，与涉案商标区别明显，显然不是本案所涉及的商标；5. 该部分材料未显示与广药集团有关，不能作为其主张权利的依据；6. 该材料中反映的都是王老吉药品及药品类别的商标，并非涉案商品类别。

对证据 8 即广东省食品新产品申请审批表的真实性、合法性、关联性和证明事项不认可：1. 复印件中页码未能连续显示，未签署意见公章和时间，未见"包装规格、标签说明"中提及的附图，未见"附有关资料"中提及的附件，不能确定该材料完整性和真实性；2. 证明事项与该材料不符，1991 年 10 月仅为其申请时间，尚未获得批准，广东省食品卫生监督检验所审批时间为 1992 年 3 月 24 日；3. 不能证明与涉案知名商品特有包装装潢的关联性；4. 该证据名称为"食品新产品"审批表，恰恰说明证据 7 中涉及的"王老吉茶"与该证据中的"王老吉清凉茶"是不同产品，前者为药品，后者为饮料产品，证明证据 7 与本案无关联性；5. 该证据否定了广药集团提交的证据 12 的效力，证据 12 与本案无关联性。

对证据 9 即"王老吉"清凉茶宣传、广告计划、宣传推广协议书及广州羊城药厂大事记记录的真实性、合法性、关联性和证明事项均不认可：1. 未出示原件，材料来源未知，署名人员身份未知，无公章，多为手写记录，对其真实性、合法性不能认可；2. 该材料未表明与涉案知名商品特有装潢有何关联性；3. 该材料未能证明所述计划及协议已实际进行，也未提供其他证据佐证所述情况实际进行；4. 该材料中提及的"王老吉清凉茶"不是也不可能是广药集团主张权利的商品，与本案没有关联性。

对证据 10 即《粤港信息日报》刊登的《严正声明》的内容真实性、合法性、关联性和证明事项均不认可：1. 该材料为拼接复印，报刊名称和日期版面与正文排版方式不一致；2. 该材料显示的产品非涉案产品，也不是广药集团主张权利的产品，与本案不具有关联性；3. 此为广州羊城药厂单方声明，无其他证据佐证其声明内容的真实性；4. 该证据与证据 8 矛盾，证据 8 显示该产品获得审批的时间为 1992 年 3 月 24 日，怎么可能此前便出现仿冒；5. 广州羊城药厂分别以商标权人、外观设计权人和产品生产者的身份主张商标权、外观设计权和产品装潢权益三种相互独立的权利，从而证明对涉案知名商品，商标权人（广药集团）、外观设计专利权人（陈鸿道）、产品生产者（加多宝公司）可分别主张商标权、外观设计专利权、产品包装装潢权益，不能以其中一种权利覆盖其他两种独立的权利。

对证据 11 即"王老吉"凉茶早期产品图片：1. 无原件，对真实性、合法性不认可；2. 材料所示商品及其包装装潢与涉案知名商品特有包装装潢没有关联性；3. 其证明事项中所谓"王老吉凉茶饮料"也与涉案知名商品无关，且与证据内容不符，证明事项不能成立。

对证据 12 即"王老吉"商标在 1995 年之前所获得的荣誉的关联性和证明事项不认可：1. 本案为知名商品特有包装装潢纠纷，而非商标权纠纷，该证据及证明事项与本案无关；2. 所有证书都没有标明商标核定的商品类别，与证据 7 相结合，可以判断这些荣誉均是颁发于药品类别而非涉案的 32 类；3. 证据所显示的著名商标不是针对本案涉及的商品类别，与本案无关；4. 针对产品而非商标，与证据名称及证明事项不符，且其涉及的产品为羊城药业生产经销的王老吉牌清凉茶利乐包装产品，与涉案商品没有关联性。

对证据 13 即"王老吉"商标在 1995 年之后所获得的荣誉的真实性、合法性、关联性和证明事项均不认可：1. 本案为知名商品特有包装装潢纠纷，而非商标权纠纷，该证据及证明事项均与本案无关；而其中涉及的王老吉商标在 1995 年之后的知名度，甚至在 2009 年获得驰名商标，恰恰说明该商标的发展得益于加多宝公司在 1995 年签订合同后对涉案知名商品的大量生产和广泛宣传；2. 其证明事项中提及的产品均是指由王老吉药业生产的绿盒纸包装凉茶产品，与涉案商品无关，不能成为广药集团主张权利的依据。

对证据 14 即广州市中级人民法院（2012）穗中法知民初字第 263 号之一民

事裁定书及其复议决定书的内容真实性、合法性、关联性和证明事项均不认可：1. 该两份裁决书与本案属不同的诉讼，且其裁决内容不是对实体问题的终局认定，与本案不具有关联性和证明力；2. 该案应当以本案的审理结果为依据；3. 上述裁定禁止的只是"改名"的宣传用语，认为在双方针对特有包装装潢的争议尚未出现审理结果的情况下，加多宝公司使用"改名"一词不当；4. 该证据及证明事项不能成为广药集团主张权利的依据；5. 这份证据恰证明如不禁止大健康公司使用涉案包装装潢，则势必会造成消费者混淆和误认。

对于第三部分证明"王老吉"凉茶红罐包装装潢属于知名商品特有的包装装潢的证据，该部分证据不能成为广药集团据以主张权利的依据，反而证明加多宝公司生产的红罐凉茶产品包装装潢属于知名商品特有包装装潢，其权利主体是加多宝公司，而不是广药集团。

对证据 15 即加多宝公司生产的两面为"王老吉"包装装潢的产品包装实物的真实性、合法性、关联性、证明事项不认可：1. 因为市场上多次出现涉案红罐凉茶的仿冒品，所以不能确认广药集团提供的实物是加多宝公司生产的；2. 大健康公司生产的商品与加多宝公司生产的知名商品不同，大健康公司无权主张涉案包装装潢权。

对证据 16 即佛山中院第 19 号判决和广东高院第 212 号判决的关联性和证明事项不认可：1. 生效判决认定加多宝公司对涉案知名商品的包装装潢享有知名商品特有包装、装潢权；2. 两份判决认定涉案商品构成知名商品特有包装、装潢所依据的证据均是加多宝公司提供的加多宝公司生产销售及宣传推广红罐凉茶的证据，没有一份能够证明广药集团使用包装装潢的证据；3. 该证据表明广药集团认可涉案商品为加多宝公司生产经营及包装装潢为知名商品特有包装装潢；4. 该证据及其证明事项中的"王老吉凉茶"是加多宝公司生产的知名商品，附着于该商品上的特有红罐包装装潢权属于生产者加多宝公司；5. 二审判决才是生效判决，一审判决所认定的内容如未经生效判决所确认，不应适用于本案；6. 两审均认定知名商品装潢权归属于知名商品合法经营者，并可随知名商品在不同的合法经营者之间继受。由此可判定，两审法院均认为包装装潢权并非随商标而发生继受。本案中知名商品指的是罐内凉茶，即由加多宝公司依据王泽邦后人正宗配方生产的凉茶，现该凉茶仍由加多宝公司生产，大健康公司生产的被控侵权产品的配方与判决认定知名商品时的凉茶完全不同,即商品本身不同,自然无权主张继受。

对证据 17 即(2013)粤广广州 027964 号公证书的真实性、合法性、关联性和证明事项不认可:1. 该材料图片所示王老吉茶与涉案知名商品不是同一商品,其包装装潢也与涉案产品包装装潢不同,该证据与本案无关,不具有证明力;2. 该证据图片未显示任何主体信息,不能证明与广药集团有关联性,不能成为广药集团据以主张权利的依据;3. 该材料恰恰说明"红罐王老吉"属加多宝公司所有。

对于第四部分证明加多宝公司经营的"王老吉"凉茶知名商品是基于广药集团的授权,广药集团是"王老吉"凉茶知名商品特有的包装装潢权的权利人的证据,该商标许可协议许可标的仅为商标,其证明事项不能成立。

对证据 18 即 2000 年 5 月 2 日《商标许可协议》的关联性和证明事项不认可:1. 该证据许可的标的是商标,而非产品包装装潢,不能证明广药集团是王老吉凉茶知名商品特有包装装潢的权利人;2. 协议第 2.2 条"许可人授权被许可人生产及销售红色罐装及红色瓶装王老吉凉茶"是关于商标使用商品范围的约定,并非意指将装潢授予鸿道集团使用,也是对此前鸿道集团已经广泛使用红色包装装潢的既有事实的认可和重申,广药集团的证明目的无法实现;3. 该合同恰恰证明双方对各自产品及其包装装潢有明确约定:广药集团及其下属企业只生产销售绿色纸包装"王老吉"清凉茶,鸿道集团(加多宝公司)生产销售红色罐装及红色瓶装王老吉凉茶,红色罐装及红色瓶装凉茶的包装装潢权属于加多宝公司所有,广药集团对此明知却仍在其生产的凉茶产品上使用红色罐装包装装潢,具有明显的"搭便车"之恶意,构成不正当竞争,侵犯了加多宝公司知名商品特有包装装潢权。

对于第五部分证明大健康公司有权生产红罐"王老吉"凉茶产品的证据,即证据 19,对其内容真实性、合法性、关联性和证明事项均不认可:1. 本案是擅自使用知名商品特有包装装潢纠纷,不是商标权纠纷,广药集团与大健康之间的商标许可合同与本案无关;2. 广药集团仅为商标权人,不是涉案由加多宝公司生产的知名商品特有包装装潢的权利人,其授权许可的标的仅限于商标,无权授权他人许可使用包装装潢;"甲方许可乙方只限于在中国境内生产和销售的红色罐装及红色瓶装凉茶植物饮料上使用许可商标"明确许可使用的仅是商标;3. 该证明事项所谓"红罐王老吉凉茶产品"显然与前面的证据及证明事项中的"王老吉凉茶"不是同一概念,产品不同、包装装潢不同,其证据自身不能形成完整证据链证明广药集团和大健康公司的主张，该证明事项不能成立；4. 大健康公司只获得商标许可使用的授权，在未经加多宝公司同意下，没有也不可能获得使用包装装潢的权利，其擅自使用的行为，侵犯了加多宝公司的合法权益，构成不正当竞争；5. 根据广药集团和鸿道集团于 2003 年 5 月 2 日签订的商标许可合同，该合同已经商标局备案。该合同 2.6 条约定"许可人除本身及其下属企业已生产及销售的绿色纸包装'王老吉'清凉茶外，许可人不得在第一条 1.3 使用商品类别，第 32 类商品（饮品类）在中国境内使用（'王老吉'商标或授权第三者使用'王老吉'商标"。可见，广药集团无权在 2013 年前授权大健康公司使用该商标。

对于第六部分证明加多宝公司并非"王老吉"凉茶知名商品特有的包装装潢的权利人的证据，商标许可合同及补充协议只涉及商标许可使用，没有也无权涉及装潢许可使用，该证明事项不能成立。

对证据 20 即 1995 年 3 月 28 日《商标使用许可合同》、1995 年 9 月 14 日《商标使用许可合同补充协议（一）、（二）》和 1997 年 2 月 13 日《商标许可使用合同》，对真实性、合法性、关联性认可，对证明事项不认可：1. 商标使用许可的标的为商标，不包括包装装潢，其证明事项不能成立；2.1995 年 3 月 28 日《商标使用许可合同》、1995 年 9 月 14 日《商标使用许可合同补充协议（二）》的第 3 条相同，这一条款针对的是乙方对厂名厂址的标注必须规范的问题，而不能断章取义地理解为甲方将装潢授权给乙方使用，样板经认可不代表认可人是权利人，恰恰证明其不是权利人；3.1995 年 9 月 14 日《商标使用许可合同补充协议（一）》和 1997 年 2 月 13 日《商标许可使用合同》中并无"产品包装及商标使用样板经甲方认可才可生产"的表述；4.1997 年 2 月 13 日《商标许可使用合同》3.1 条明确约定乙方可自行决定产品的包装形式及尺寸，1.3 条同时约定甲方不参与有关被许可商品的生产和销售问题，由此可见，羊城药业不仅没有任何包装装潢权的授权资格，甚至无权干涉鸿道集团使用何种包装装潢；5. 该协议恰恰证明，羊城药业已经与鸿道集团通过协议的方式对双方各自使用的图案和颜色进行区分，只有鸿道集团可独家使用涉案红色装潢，羊城药业不可使用红色，也不可使用与鸿道集团生产的凉茶相同的图案，证明广药集团及其关联公司生产的凉茶饮料与鸿道集团（加多宝公司）生产的凉茶饮料是两种完全不同的产品。

对于大健康公司于 2013 年 5 月 8 日提交的证据 21：1. 该证据属举证期限届

满后提交的证据,且无原件,对真实性、合法性、关联性和证明事项均不认可;2.该证据为一份告知书,申请人、申请事项不明,未附提及的分析报告,未加盖公章,而且告知的对象即申请人有涂改,是不真实的;网页打印材料未显示时间及网址,不能确认真实性、合法性;3.该告知书内容不能证明大健康公司和广药集团的证明事项:第一,该告知书没有否定加多宝公司证据的效力,恰恰相反,证明了加多宝公司证据的出具主体中国行业企业信息发布中心与国家统计局的隶属关系,即中国行业企业信息发布中心是国家统计局所属的事业单位中国信息报社的下属机构,并非商业机构;事实上,该中心是国家统计局所属的信息发布机构,国家统计局1999年"国统函〔1999〕87号《关于对中国信息报社所属经济实体处理意见的批复》,同意保留中国行业企业信息发布中心,其职能主要是无偿发布重大行业企业信息及其他有关重大信息。"该中心长期从事消费品市场的监测和研究工作,与广药集团提交的赛立信市场研究有限公司的报告相比,由该中心出具的报告更具可信度;第二,该告知书出具单位国家统计局统计资料管理中心与中国信息报社是平级事业单位,无权互相评价数据的真实性,事实上,该管理中心也并没有否认报告本身或登载的数据的真实性,相反,该告知书反而说明《2012年前三季度中国饮料行业运行状况分析报告》确系中国行业企业信息发布中心做出的,是真实的,并告知申请人如想了解其中统计数据的具体情况,正确的取证方式是向中国行业企业信息发布中心询问情况;第三,该告知书只回复国家统计局层级的统计调查项目,没有细化到行业小类,但并没有否定中国行业企业信息发布中心的调查和研究成果;第四,该告知书恰恰证明了设立行业企业信息中心的必要性和合理性,国家统计局数据管理中心也并不掌握细化类别的统计信息,正好说明如凉茶这样的饮料子类别的统计数据由行业企业信息中心进行调查、研究并发布结果,合情合理。

对广药集团在开庭时提供的证据22-34,加多宝公司发表意见如下:属于超出法定举证期限提交的证据,不符合民事诉讼法的规定,且不属于法律规定的新证据,依法应予采纳;加多宝公司坚持开庭时不予质证的意见,下述意见只是对该材料的客观分析,供法院参考,并不代表同意质证,该材料不能作为定案依据。

关于证据22即第328241号"王老吉"商标注册证:1.本案为擅自使用知名商品特有包装装潢纠纷,而非商标权纠纷,该证据及其证明事项与本案无关;2.该商标的注册日期为 1988 年 10 月 30 日，注册类别为第 37 类，续展后的国际分类为第 30 类。非双方商标许可协议中涉及的第 32 类；3. 该商标的注册人为广州羊城滋补品厂，1997 年 8 月 28 日，广药集团才受让获得该商标，并非如广药集团在证明事项中所称的"自 1988 年 10 月 30 日至今是'王老吉'商标的注册人；4. 该商标也并非广药集团授权鸿道集团使用的商标，与本案不具有关联性；5. 广药集团据以主张权利的商品实物是加多宝公司生产的红罐凉茶，而该商标及其使用商品均非涉案产品及其使用的商标，故与本案不具有关联性。

关于证据 23 即广州羊城滋补品厂 1991 年 3 月 21 日的《营业执照》：1. 其主体并非本案当事人，也没有任何信息显示与涉案商品具有关联性，其证明事项不能说明实际生产产品，更加不能证明生产的就是涉案产品，故与本案无关；2. 该证据显示的经营范围为"加工、制造滋补营养保健品、非酒精饮料"，而非涉案的红罐凉茶。

关于证据 24 即《食品卫生许可证》：1. 其主体并非本案当事人，也没有任何信息显示与涉案商品具有关联性，故与本案无关；2. 该材料载明的符合卫生许可标准的是滋补营养品，不能证明其具备符合国家要求的饮料食品生产条件；3. 该证据显示广州羊城滋补品厂获得食品卫生许可证的时间为 1991 年 11 月 6 日，恰恰可以说明与广药集团所主张的"清凉茶"是不同产品，前者为药品，后者为饮料产品；4. 食品生产许可证在企业合并重组后应当更换，但广药集团并未提交其自身的许可证，即无法证明该证据中所述产品由广药集团继续经营。

关于证据 25 即《技术开发合同书》：1. 该合同的签订主体为广州羊城药厂和广州市轻工研究所，与广药集团无任何关联；2. 该证据本身没有写明签订时间，仅有一处体现签订时间，即受托单位联系人罗晓燕手写的"91.5.9"，但该签名与全文所有手写内容及其他人员签字明显不是同一时期所写，故不能确定该合同的签订与履行时间；3. 该材料没有任何信息显示与涉案商品具有关联性，与本案无关；4. 该材料恰恰证明广药集团生产的"清凉茶"商品与加多宝公司生产的涉案知名商品从来就不是同一商品。

关于证据 26 即《"王老吉"牌清凉茶的研制工作总结》《"王老吉"牌清凉茶饮料研制技术总结》，该材料无任何信息显示与涉案商品具有关联性，只能证明广州羊城药厂委托广州市轻工研究所研究"清凉茶"饮料，与本案知名商品红罐凉茶无关。

关于证据 27 即《广州市企业标准备案回执》，其所涉商品与本案红罐凉茶不是同一商品，与本案不具有关联性。

关于证据 28 即《食品标签认可申请表》《广州市食品标签认可合格证》及包装样本，该证据材料本身并非一体，且所附标签不能确定为证书所附，标签不完整且有明显涂改痕迹，极有可能是广药集团有意伪造；该证据包装装潢与涉案知名商品王老吉的红罐包装装潢不同，与本案无关。

关于证据 29、30 即第 893932 号《检验证书》、粤食卫检字〔1992〕第 27 号《检验报告》，其产品并非本案红罐凉茶商品，也并非涉案包装装潢，与本案无关。

关于证据 31 即《食品广告审批表》，其产品并非本案红罐凉茶产品，是广州羊城药厂内部的审批表，不能证明其中的广告内容实际是否得到投放，而且其中的广告内容与实际情况不符，属于虚假宣传。

关于证据 32 即王老吉清凉茶新产品介绍会照片及签到表，证明广州羊城药厂生产的"王老吉牌清凉茶"是自己研制的新产品，与证据 7 中的"王老吉"凉茶是不同产品，证据 7 中所涉的证据材料不能成为其主张"王老吉"凉茶为知名商品的证据；该证据否定了广药集团提交的证据 12 的效力，故证据 12 与本案无关联性。

关于证据 33 即《深圳特区报》1992 年 5 月 2 日刊登的《郑重声明》，其显示的产品非涉案产品，与本案不具有关联性；此为广州羊城药厂单方声明，无其他证据佐证其声明内容的真实性，证据本身说的是商标与外观设计专利，而不是产品包装装潢。

关于证据 34 即广药集团于 2003 年 3 月 3 日出具的《授权书》，是对侵犯第 626155 号商标权的侵权行为进行诉讼的授权，而不是对涉案装潢的授权；该证据恰恰证明广药集团与鸿道集团之间只存在单纯的商标许可使用关系，不存在与装潢有关的许可使用关系；该证据恰恰证明广药集团从始至终都明确承认加多宝公司才是涉案知名商品特有包装装潢的权利人。

综合双方当事人的质证意见，本院对原告加多宝公司提供的证据认定如下：

证据 1、7 属于证人证言，根据《最高人民法院关于民事诉讼证据的若干规定》第六十九条关于无正当理由未出庭作证的证人证言不能单独作为认定案件事实的依据的规定，因梁世和、潘良生没有正当理由未出庭作证，故其证言不能单独作为认定案件事实的依据。对证据2、3、4、5、6、8、9、10、11、14、15、18、19、20、22、23、25、34、36、37、40、41、42、43、44、46、47、49的真实性、关联性予以确认。对证据12、38、45，与涉案知名商品特有包装装潢无关，对其关联性不予确认。证据13中的《关于广东加多宝饮料食品有限公司生产许可证（QS证）信息说明》不属于证据种类，对其中的《生产许可证》的真实性、关联性予以确认。证据16、17，是加多宝公司自己委托审计或自己所制作的内部报表，其提供的会计报表或者材料是否客观、真实、全面无法核实，应结合其他证据进行分析。对证据24，其中《天水市工商行政管理局秦州分局责令改正通知书》《澄城县工商行政管理局当场处罚决定书》是在双方当事人均已对涉案知名商品特有包装装潢提起诉讼之后，工商行政管理机关对一方当事人涉嫌侵犯另一方当事人红罐凉茶包装装潢的查处，不应作为认定本案事实的依据。对其余的行政处罚决定书的真实性、关联性予以确认。证据26是网页打印件，对其信息内容的真实性应与其他证据结合进行分析。对证据27、28、29、30、31、39，是在双方当事人发生纠纷后有关媒体的报道，对其内容的真实性、关联性应结合其他证据进行分析。对证据32、48，未能提供数据的来源，与本院委托审计结果相差较大，其真实性无法核实。证据33是对双方当事人产品外包装装潢的对比意见，不属于证据种类。证据35是专家学者的法律意见书，不属于证据种类。

综合双方当事人的质证意见，本院对被告大健康公司提供的证据认定如下：

本院于2013年2月5日立案受理本案，通知当事人于2013年4月15日进行证据交换。2013年3月6日，加多宝公司变更了诉讼请求，2013年5月15日，加多宝公司又变更了诉讼请求，同日大健康公司补充提交了证据22-34。本院认为，因本案案情复杂，当事人在本院指定的证据交换日期前收集并提交全部证据确实存在一定的困难，而且加多宝公司在开庭当天再次变更了诉讼请求，因此，应给予大健康公司相应的时间提交证据，其在开庭审理时补充提交证据应予准许。

本院对大健康公司提供的证据1、2、3、12、13、16、18、19、20、21、23、24、25、27、28、29、30、31、32、34的真实性、关联性予以确认。对证据4、5、6、22的真实性予以确认，但证据6所涉注册商标于2012年2月7日才核准注册，与本案无关联性，其余三个注册商标均与本案所涉王老吉品牌的知名度有关，与本案具有关联性。对证据7，由于没有说明来源，也没有其他证据予以佐证，故对其真实性无法确认。对证据8,广药集团已提供原件予以核对,对其真实性予以确认,该证据证明王老吉清凉茶新产品的申请审批情况,与本案具有关联性。证据9均是手写材料,其来源不清楚,署名人员身份不清楚,对其真实性无法认定。对证据10,广药集团已提供原件予以核对;加多宝公司认为该材料为拼接复印,报刊名称和日期版面与正文排版方式不一致,对其真实性和合法性不认可,理由不成立;该证据可以证明王老吉凉茶的知名度,与本案具有关联性。对证据14的真实性予以确认,但只是诉中禁令的裁定书及复议决定书,不是实体判决,不能作为认定本案事实的依据。对证据15,加多宝公司认为因为市场上多次出现涉案红罐凉茶的仿冒品,所以不能确认该实物是加多宝公司生产的,但该实物与加多宝公司提供并确认是其生产的产品实物的外观在整体视觉效果上无实质性差异,本院对其真实性、关联性予以确认。证据17已包含证据11,对登录网站时所显示的页面信息予以确认,但由于网页上相关信息内容的形成以及修改都较为随意,其稳定性较差,而且两幅图片本身未显示日期,因此对该网页信息的内容的真实性、关联性不予确认。对证据26,由于没有任何人的签名或者单位的盖章,其真实性无法核对。对证据33,可与证据7相印证,对其真实性、关联性予以确认。

本院经审理查明:

(一)本案所涉相关公司的情况

1.广药集团及其相关公司的情况

王老吉牌凉茶,始创于公元1828年(清道光八年),创始人是王泽邦。1956年公私合营,王老吉与嘉宝栈等八家企业合组"王老吉联合制药厂",1965年改名为广州中药九厂,1982年改名为广州羊城药厂,1992年羊城药厂转制为股份制企业,成立广州羊城药业股份有限公司,1996年8月7日广药集团正式成立,王老吉商标等无形资产划归广药集团持有,2012年2月28日广药集团成立全资子公司大健康公司。

2.加多宝公司及其相关公司的情况

东莞鸿道公司成立于1995年9月19日,于1998年8月31日注销;鸿道集团于1998年9月17日投资成立了东莞加多宝公司,2000年5月21日,东莞加多宝公司企业名称变更为现原告名称即广东加多宝饮料食品有限公司。加多宝集团在国内设有6家企业,除本案原告加多宝公司于1998年设立外,其他五家加多宝公司的设立时间分别为：2004 年 3 月 3 日，加多宝（中国）饮料有限公司成立，为外国法人独资；2004 年 8 月 31 日，浙江加多宝饮料有限公司成立，为外国法人独资；2005 年 10 月 14 日,福建加多宝饮料有限公司成立,为外国法人独资；2006 年 12 月 27 日，杭州加多宝饮料有限公司成立，为台港澳法人独资；2007 年 3 月 28 日，武汉加多宝饮料有限公司成立，为台港澳法人独资。

（二）有关"王老吉"商标的注册情况

第 328241 号"图"注册商标核定使用商品为第 37 类的凉茶，注册人为广州羊城滋补品厂，注册有效期自 1988 年 10 月 30 日至 1998 年 10 月 29 日。1998 年 10 月 30 日核准续展注册在商品国际分类第 30 类商品上。1998 年 9 月，经国家工商行政管理局商标局核准，该商标变更注册人为羊城药业。1997 年 8 月 28 日，经国家工商行政管理局商标局核准，该商标转让给广药集团。该商标已续展至 2018 年 10 月 29 日。

第 626155 号"图"注册商标核定使用商品为第 32 类的无酒精饮料，固定饮料，注册人为广州羊城滋补品厂，注册有效期自 1993 年 1 月 20 日至 2003 年 1 月 19 日止。1993 年 9 月 1 日，经国家工商行政管理局商标局核准，该商标变更注册人为羊城药业。1997 年 8 月 28 日，经国家工商行政管理局商标局核准，该商标转让给广药集团。该商标已续展至 2023 年 1 月 19 日。

第 3980709 号"图"注册商标核定使用商品为第 32 类啤酒；果汁；水（饮料）；可乐；无酒精饮料；制饮料用糖浆；饮料制剂；奶茶（非奶为主）；豆奶；植物饮料（截止）。注册人为广药集团，注册有效期限自 2006 年 3 月 7 日至 2016 年 3 月 6 日。

第 9095940 号"图"注册商标核定使用商品为第 32 类啤酒；水果饮料（不含酒精）；乳清饮料；水（饮料）；苏打水；无酒精饮料；汽水；植物饮料；果子粉；饮料制剂（截止）。注册人为广药集团，注册有效期限自 2012 年 2 月 7 日至 2022 年 2 月 6 日。

（三）王老吉品牌所获得的荣誉

1991 年 5 月 9 日,广州羊城药厂与广州市轻工研究所就"王老吉牌凉茶饮料"项目签订了《广州市技术开发合同书》，约定由广州市轻工研究所利用广州羊城药厂提供的王老吉牌广东凉茶浸膏，研究并确定可供工业生产的王老吉牌凉茶饮料配方、工艺技术条件及设备要求。

1991年10月8日，广州市标准计量管理局标准管理处备案编号QB/440100X751-91《广州市企业标准备案回执》显示：兹收到广州羊城药厂、广州羊城滋补品厂送来备案企业产品标准壹份，标准名称《"王老吉"牌清凉茶饮料》，标准编号Q/（WS）YS1-91。

1991年10月15日，广州羊城药厂、广州羊城滋补品厂向广东省食品卫生监督检验所提交了《广东省食品新产品申请审批表》，申报产品名称为"王老吉"牌清凉茶。1992年1月18日，广州市食品卫生监督检验所同意上报，同年3月24日，广东省食品卫生监督检验所审批同意生产、销售"王老吉"牌清凉茶产品。

广州羊城滋补品厂就"王老吉"牌清凉茶使用的食品标签向广州市标准计量管理局申请批准，该局于1991年10月23日经审查后同意使用。

1991年12月2日，广州市食品卫生监督检验所出具食监检字第893932号《检验证书》，载明广州羊城滋补品厂送检的250mL/盒王老吉清凉茶符合食品卫生要求。1992年3月19日，广东省食品卫生监督检验所出具粤食卫检字（1992）第27号《检验报告》，载明广州羊城滋补品厂生产的复合纸包装王老吉清凉茶符合国家GB2759-81卫生标准。

1992年1月11日，《粤港信息日报》第三版登载了广州羊城药厂、广州羊城滋补品厂的《严正声明》，内容为：广州羊城药厂、广州羊城滋补品厂的王老吉牌商标，经国家工商行政管理局注册在案，包装装潢外观设计经国家专利局受理在案。但近年来，市场上不断出现侵犯我厂商标、专利权事件发生。……为此我厂严正声明：有关厂商应立即停止对我厂侵权行为，不得印刷、生产、销售仿冒我厂商标、包装外观设计的产品及包装品，否则我厂即向执法机构起诉，追究印刷、生产、销售者的法律责任。

1992年11月，广东省著名商标评选委员会认定广州羊城药厂"王老吉"商标为1992年广东省著名商标。1993年3月1日广州市人民政府授予羊城药业"王老吉牌"商标为"广州市著名商标"称号。1995年9月95中国（广东）十佳饮料推选活动组委会认定羊城药业生产经销的王老吉牌清凉茶（利乐包装）产品荣获"95中国（广东）首届最受欢迎的十佳饮料奖"。1998年2月广东省工商行政管理局认定羊城药业"王老吉"商标为广东省著名商标。2005年8月24日、

2006 年 2 月 18 日、2007 年 7 月 30 日广东省食品文化遗产认定委员会认定王老吉药业的凉茶为广东省食品文化遗产——"凉茶的配方及专用术语"。2008 年 4 月王老吉药业"王老吉"品牌被广东省优秀自主品牌评审委员会评为 2007 年度广东省优秀自主品牌。2008 年 10 月，广东省食品行业协会认定王老吉药业"王老吉"为"改革开放三十年凉茶产业最具影响力品牌"。2009 年 4 月 24 日国家工商行政管理总局商标局认定广药集团使用在商标注册用商品和服务国际分类第 32 类无酒精饮料商品上的"王老吉"注册商标为驰名商标。2010 年 11 月 10 日北京名牌资产评估有限公司评估广药集团的"王老吉"品牌的价值为 1080.15 亿元人民币。2011 年 12 月王老吉药业"王老吉（盒装）"品牌被广东省食品行业协会认定在同行业中具有极高的知名度，被评为"广东省凉茶行业领军品牌"。2011 年 12 月，王老吉药业的王老吉销售突破 50 亿盒。2012 年 7 月 15 日王老吉药业"王老吉"凉茶荣获 2012 中国国际轻工消费品展览会最受消费者喜爱产品奖。2012 年 7 月中国市场调查研究中心、中国社会经济决策咨询中心发给王老吉药业《荣誉证书》，称"始创于清朝道光年间百年民族品牌'王老吉'被认定为凉茶始祖"。

（四）有关王老吉商标许可使用情况

1995 年 3 月 28 日，羊城药业与鸿道集团签订《商标使用许可合同》，约定羊城药业许可鸿道集团独家使用第 626155 号注册商标，限于红色纸包装清凉茶饮料，鸿道集团可委托其他厂进行加工制造上述产品并送羊城药业备案；双方在各自生产的清凉茶商品上的所有包装图案和颜色均不得与另一方相同；鸿道集团生产的带有"王老吉"三个字的清凉茶产品，须符合中国食品卫生有关标准，其包装上须注明生产企业名称及地址，产品包装及商标使用样板经羊城药业认可才可生产；鸿道集团使用上述商标有效期自 1995 年 3 月 28 日起至 2003 年 1 月止；关于商标许可使用费，第一年为人民币 60 万元，从第二年起每年比上年递增 20%。

1995 年 9 月 14 日，羊城药业与鸿道集团签订了《商标使用许可合同补充协议（一）》和《商标使用许可合同补充协议（二）》，主要是对 1995 年 3 月 28 日《商标使用许可合同》中的许可使用期限及商标许可使用费进行了补充约定。其中，许可使用期限自 1995 年 9 月 14 日至 2003 年 1 月止。关于商标许可使用费，头三年每年支付人民币 10 万元，第四年支付 30 万元，以后每年比上年递增 23%。

　　1997 年 2 月 13 日，羊城药业与鸿道集团签订了《商标许可使用合同》，其中约定：鸿道集团已于 1995 年从羊城药业处取得了独家使用"王老吉"商标生产销售红色纸包装及红色铁罐装凉茶饮料的使用权。在本协议期内，鸿道集团有权在中华人民共和国境内为其生产或委托他人加工生产和销售的王老吉凉茶饮料和龟苓膏产品（以下简称：被许可商品）上使用王老吉商标（商标类别：32 类，编号：626155、30 类），这项权利是专有的、独占的，"被许可商品"取用铁罐（或铝罐装）。双方还约定，本合同生效后，羊城药业可以保留生产和销售原已生产的用纸包装的王老吉清凉茶，但包装颜色不能取用红色，包装设计图案不得与鸿道集团生产的"被许可商品"相同。许可期限自 1997 年 2 月 13 日至 2011 年 12 月 31 日止。关于商标许可使用费，双方约定 1997 年为人民币 200 万元，1998 年起为每年支付人民币 250 万元。

　　2000 年 5 月 2 日，广药集团与鸿道集团签订了《商标许可协议》，其中约定：广药集团许可鸿道集团独占使用第 626155 号"王老吉"商标，使用的商品范围为生产及销售红色罐装及红色瓶装王老吉凉茶，地域范围为中国境内，不包括香港、澳门和台湾地区，使用期限自 2000 年 5 月 2 日至 2010 年 5 月 2 日。关于商标许可使用费，双方约定如下：第一年及第二年每年为 450 万元，第三年至第六年为每年 472.5 万元，第七年至第十年为每年 491.4 万元。双方还约定，如鸿道集团知道任何第三者有任何侵权行为，可以书面形式将详细情况通知广药集团，在广药集团决定采取法律手段、制止侵权行为时，鸿道集团须向广药集团提供有关资料及予以协助，由此发生的一切费用（包括诉讼费用、律师费用和其他费用）及风险责任由鸿道集团承担，由此所获得的利益归鸿道集团享有；鸿道集团知道任何第三者有任何侵权行为时，可直接以鸿道集团的名义采取任何法律手段，制止任何侵权行为，由此引起的费用由鸿道集团承担，有关赔偿利益归鸿道集团享有。

　　2002 年 11 月 27 日，广药集团与鸿道集团签订《"王老吉"商标许可补充协议》（以下称"2002 年补充协议"），将 2000 年许可协议的许可期限从 10 年变更为 20 年，期限从 2000 年 5 月 2 日起至 2020 年 5 月 1 日；并将许可使用期间划分为 6 个时间段，许可使用费按时间段自每年 450 万元递增至 537 万元。

　　2003 年 3 月 3 日，广药集团出具《授权委托书》，授权鸿道集团在浙江省、广东省内对侵犯"王老吉"注册商标（注册号 626155）的一切侵权行为采取法律手段予以制止，并可以鸿道集团名义进行诉讼活动，授权期限为 2003 年 3 月 3 日至 2003 年 12 月 31 日止。

2003 年 6 月 10 日，广药集团与鸿道集团签订《关于"王老吉"商标使用许可合同的补充协议》（以下称"2003 年补充协议"，2003 年补充协议与 2002 年补充协议合称"两份补充协议"），约定：鸿道集团须在第 626155 号"王老吉"商标有效期终止日（2013 年 1 月 19 日）前办理续展注册手续，并且在此后办理"王老吉"商标的许可备案手续，以使得鸿道集团依 2000 年许可协议和两份补充协议在许可期限内能依法使用"王老吉"商标。

（五）本案所涉包装装潢情况

1995 年 12 月 18 日，陈鸿道向国家知识产权局申请名称为"饮料盒标帖"的外观设计专利，1997 年 2 月 12 日予以公开，公开号为 CN3054638，申请号为 95318534.6，请求保护色彩，见附图 1。

1996 年 6 月 5 日陈鸿道向国家知识产权局申请名称为"罐贴"的外观设计专利，1997 年 7 月 2 日予以公开，公开号为 CN3059953，申请号为 96305519.4，请求保护色彩，见附图 2。

2012 年 8 月 15 日，潘良生 [香港身份证号码：G448576（8）] 在香港德辅道中 199 号无限极广场 22 楼张永贤 李黄林律师行及在中国委托公证人及香港律师张德民面前作出《声明（独资东主的决定声明）》，其中声明其是新灵印刷设计公司（SUNNING PRINTING &DESIGN CO）独资东主，其为陈鸿道设计了许多罐装、纸盒装、瓶装的项目，红罐王老吉包装从 1995 年开始设计，1995 年为第一阶段设计，1996 年 2 月为第二阶段设计，1998 年 7 月为第三阶段设计。

2012 年 9 月 19 日，梁世和出具个人声明，称：本人梁世和（公民身份证号码：442527194502280217）于 1990 年 7 月 1 日至 1999 年 10 月 15 日期间在广东南方饮料厂任董事长职务。在本人任职期间，我厂受东莞鸿道公司委托，加工生产清凉茶。附件中的红色清凉茶利乐纸包装盒 [(香港) 王老吉（企业）有限公司监制，250 毫升，标准代号 Q/GDNF101-89，标签认可编号 441900-207] 是我厂受委托生产的清凉茶产品包装盒。该包装盒上标有此日期 1993 年 6 月 26 日前饮用，根据当年的产品质量要求，该产品的保质期为一年，因此该产品生产日期应为 1992 年 6 月 26 日。该声明附上（香港）王老吉（企业）有限公司监制的清凉茶纸包装盒照片一张。北京市长安公证处于 2012 年 9 月 21 日出具（2012）京长安内民证字第 9906 号《公证书》，证明梁世和于 2012 年 9 月 19 日来到公证处，在公证员面前在前面的《个人声明》上签名。

1996 年 5 月 1 日，东莞鸿道公司与广东国际容器有限公司签订《委托加工合同书》，约定由前者委托后者加工生产"王老吉"300mL 封易拉盖三缩颈三片罐 24 万套。2003 年 5 月 15 日，广东国际容器有限公司出具《证明》，证明鸿道集团所属东莞鸿道公司于 1996 年 5 月 1 日开始，一直委托其制造"王老吉"空罐至今，现证明所提供的"王老吉"凉茶（罐装）设计彩图与我司制造的罐体是相符的。1997 年 1 月 28 日，鸿道集团与广东国际容器有限公司签订《清欠及加工空罐协议书》，其中约定后者按前者所确认的 1997 年新版王老吉空罐的铁样于春节期间加工生产。

（六）1995 年以来王老吉凉茶的产销量、广告宣传、获得的荣誉等

2002 年 8 月 25 日，温州有线电视台广告部给喻梅霜出具的函称：加多宝公司在该台投放的红色罐装"王老吉"广告如下：1997 年 119956 元、1998 年 489526 元、1999 年 263288.8 元、2000 年 521368 元、2001 年 577062 元、2002 年 1-9 月 624744 元，合计广告费 3095944.8 元。

2003 年 7 月 15 日，温州晚报社广告部向广东省佛山市中级人民法院出具《证明》，称其于 1997 年 7 月 30 日与鸿道集团、东莞鸿道公司签订的红色罐装王老吉产品系列广告合同已执行完毕。

2003 年 7 月 15 日，温州有线电视台广告部向广东省佛山市中级人民法院出具《证明》，称其于 1997 年 7 月 30 日、1997 年 11 月 14 日、1997 年 12 月 3 日与东莞鸿道公司签订的红色罐装王老吉饮料的系列广告合同已执行完毕。

基于两份补充协议，2003 年鸿道集团通过国内投资公司投资数亿元首次竞标拿到中央电视台 3 个黄金时段"标王"广告播放权，启动"怕上火、喝王老吉"的品牌广告语宣传，以后长达近十年时间在中央电视台不间断进行广告投放。

加多宝公司提供的《央视广告带审带单名细》表明，从 2006 年 2 月 16 日至 2010 年 10 月 19 日、2011 年 11 月、12 月有 5 秒、10 秒、15 秒、30 秒的广告，内容均有"怕上火喝王老吉"的广告词。从 2012 年 1 月 11 日至 2012 年 4 月 5 日均有 5 秒、10 秒、15 秒、30 秒的广告，内容主要有"正宗凉茶，加多宝出品"

的广告词。

根据加多宝公司提供的《加多宝集团历年支出的建厂、广告、促销费用》提供的数据，1998 年至 2011 年上半年，加多宝集团为生产和销售红罐王老吉产品，共支出建厂、广告、促销费用各 22.2 亿元、32.8 亿元、29.5 亿元，共计 84.5 亿元。加多宝集团历年参加各种慈善、公益活动所支出的费用合计 3.09 亿元，其中，2008 年汶川大地震时捐助 1 亿元，2009 年玉树大地震时捐助 1.1 亿元。

2005 年 8 月 24 日，广东省食品文化遗产认定委员会认定凉茶为广东省食品文化遗产，加多宝公司提供的一种配方被认定为广东省食品文化遗产"凉茶的配方及专用术语"。

2006 年 5 月，加多宝公司和浙江加多宝饮料有限公司被湖北省消费者委员会授予"放心消费品牌"。

2006 年 5 月 26 日，东莞市食品（饮食）文化遗产工作领导小组授予加多宝公司的凉茶 16 号秘方及专用术语为国家级非物质文化遗产代表作。

2006 年 11 月，加多宝集团获得 2007 年中国成长百强最具成长性绿色产业奖。

2007 年 8 月，加多宝公司获得 2007 年首届中国品牌节金谱奖。

2007 年 9 月，红色罐装王老吉凉茶被授权在产品包装盒媒体宣传中使用"人民大会堂宴会用凉茶饮品"字样或广告语。

2007 年 11 月，加多宝集团以 2004—2006 三年销售额的最大增长率，入选成为中国高峰年会组委会、中国成长百强评选组委会主办的"2007 中国成长百强"第 48 名。

2007 年 11 月，加多宝公司被中国红十字会授予中国红十字人道服务奖章。

2007 年 12 月，加多宝集团被湖北省质量管理协会评为重质量、守诚信企业。

2008 年 1 月，加多宝公司获得新浪、蒙牛组织的 2007 年度创新营销奖。

2008 年度至 2012 年度，加多宝集团生产的罐装王老吉饮料连续名列中国行业企业信息发布中心颁给的上年度全国罐装饮料市场销售额第一名。

2008 年 4 月，加多宝集团生产的红色罐装王老吉凉茶饮料获得"中华民族凉茶行业第一品牌"称号。

2008 年 10 月，加多宝集团分别被广东省食品行业协会授予"改革开放三十年广东省食品行业最具社会责任企业"称号、"改革开放三十年广东省食品行业突出贡献奖""改革开放三十年广东省食品行业创新企业"称号。

2008年10月,加多宝集团被中国扶贫基金会授予"2008中国民生行动先锋"称号。

2008年12月,加多宝饮料有限公司被销售与市场杂志社、中国营销盛典评委会授予2008年中国营销盛典年度中国企业营销创新奖。

2008年12月,加多宝饮料有限公司成为广州2010年亚运会高级合作伙伴,其与广州亚运会标识并列的是"王老吉"三个字。

2008年,加多宝饮料有限公司获得2008中国体育营销案例奖——赫尔墨斯奖。

2009年,加多宝(中国)饮料有限公司获得北京大学、经济观察报主办的"08—09年度中国最受尊敬企业"称号。

2009年4月,加多宝集团被中国食品工业协会评为中国软饮料制造业十强企业、中国食品工业百强企业。

2010年8月,加多宝集团被国际食品科技组织授予全球食品工业奖。

2012年12月17日,中国行业企业信息发布中心为加多宝(中国)饮料有限公司出具《关于〈2012年前三季度中国饮料行业运行状况分析报告〉的说明》,称:本次报告中涉及的凉茶行业及罐装饮料市场的相关数据如下:1.从行业产品品类结构看,截至2012年9月末,在饮料行业中,饮用水、碳酸饮料、茶饮料、凉茶、果汁、功能饮料分别占据了25.65%、21.91%、16.36%、7.21%,22.24%和6.63%销量份额。2.1—9月全国主要的凉茶品牌销量情况看,排名前三位的品牌为加多宝(加多宝生产并销售的凉茶)、王老吉、和其正,分别占据72.96%、8.9%、4.34%,其他品牌占据13.8%。3.1—9月全国罐装饮料主要品牌的销量情况分析,排名前三位的品牌为加多宝(加多宝生产并销售的凉茶)、可口可乐、露露,分别占据11.21%、10.27%、10.03%。针对加多宝(中国)饮料有限公司要求说明以上数据的统计单位的需求,我中心说明如下:(1)计算全国凉茶品类的主要品牌的销售量时,以"升"为统计单位,即各品牌凉茶的统计总量包括其生产和销售的各种包装形态,含罐装、瓶装或盒装;(2)计算罐装饮料市场销售份额时,以"罐"为统计单位。

2013年3月,中国行业企业信息发布中心出具《统计调查信息证明》,称加多宝集团生产的罐装饮料荣获 2012 年度全国罐装饮料市场销量第一名。

2013 年 4 月 23 日，国家统计局网站发布了部告第 G20130409-1 号《政府信息部分公开告知书》，内容为：您好！ 2013 年 4 月 3 日，我局受理了您提出的政府信息公开申请 G20130409-1 号。经查，申请获取的信息部分属于我局公开范围。根据《中华人民共和国政府信息公开条例》第二十二条规定，现将申请的内容答复如下：一、目前，《统计用产品分类目录》没有单设"凉茶"这一统计指标。国家统计局开展的国家统计调查项目，只对"软饮料"这一类别进行统计，没有对凉茶品牌及销量进行统计。二、中国行业企业信息发布中心是中国信息报社的下属机构。中国信息报社是国家统计局所属的事业单位（经费自理）。三、《2012 年前三季度中国饮料行业运行状况分析报告》，是中国行业企业信息发布中心独立调查和研究的结果。有关详情请询该中心。

从 2009 年开始，由于市场上不断发现仿冒红罐王老吉凉茶的产品，莆田市城厢区工商行政管理局、鄂州市工商行政管理局华容分局、汝城县工商行政管理局、泰州工商行政管理局、常宁市工商行政管理局、奉节县工商行政管理局、太原市工商行政管理局小店分局、富宁县工商行政管理局等分别对仿冒行为进行查处并作出相关的处罚决定。

2013 年 3 月 26 日，在新浪微博上登载了一篇《王泽邦后人王健仪发布联合声明：从未将祖传配方授予广药集团》的报道，称：2013 年 3 月 26 日，凉茶创始人王泽邦先生第五代玄孙王健仪女士携家族成员在深圳召开"凉茶创始人王泽邦后人媒体见面会"。王氏家族发表联合声明，表示从未将祖传秘方授予广药集团使用。同时，王健仪对广药集团滥用王泽邦及其他先祖的肖像注册商标及利用其先祖的名字、凉茶创始年份进行广告宣传等行为表示强烈抗议，或将会依法律程序捍卫家族的合法权利。

（七）有关判决及仲裁裁决情况

2003 年 2 月 13 日，加多宝公司向佛山中院提起诉讼，请求判令：被告三水华力饮料食品有限公司停止使用与"王老吉"凉茶相似的罐贴，销毁现存的该外包装装潢，停止销售有该罐贴和外包装的凉茶产品，赔偿经济损失 50 万元。2003 年 9 月 10 日，佛山中院作出第 19 号判决，其中认定："加多宝公司是红色罐装'王老吉'凉茶饮料的合法经营者和实际生产者，故加多宝公司作为争议装潢使用权人，是民事权利义务关系的主体……"、"'王老吉'凉茶是在市场上具有一定知名度，并为相关公众所知悉的商品，应确认为知名商品，那么罐装'王老吉'凉茶饮料作为'王老吉'凉茶系列产品中的一种，与知名商品'王老吉'凉茶具有不可分离性，并且东莞鸿道公司从 1996 年已开始使用该装潢，并投入大量的广告宣传，因此其亦应是知名商品。""本案中加多宝公司在其产品'王老吉'凉茶饮料上的装潢，在文字、色彩、图案及其排列上，寓意明确，设计独特，该装潢底色、图案与其名称融为一体，具有显著的区别性特征，并非为相关商品所通用，为该商品所特有，应确认为知名商品的特有包装装潢，应受法律保护。""根据原告提供，被告认可的国家工商行政管理局商标局出具的《核准转让注册商标证明》可以确认第 626155 号'王老吉'商标注册人已经合法由羊城药业变更为广药集团。在'王老吉'商标权利人变更前后，两个权利人均许可给鸿道集团独占使用'王老吉'商标，从上述 1997 年的商标许可合同可以看出鸿道集团于 1995 年开始就取得了独家使用'王老吉'商标生产红色罐装凉茶饮料的使用权。鸿道集团取得该权利后，于 1996 年设计了本案诉争的装潢并许可给东莞鸿道公司予以生产，东莞鸿道公司于 1996 年 5 月 1 日开始委托广东国际容器有限公司制造红色的'王老吉'凉茶饮料的包装标识，至此本案诉争的包装装潢开始使用。东莞鸿道公司于 1998 年 8 月 31 日注销后，鸿道集团于 1998 年 9 月 17 日投资成立了加多宝公司，并许可其继续生产带有本案诉争的包装装潢标识的红色罐装'王老吉'凉茶饮料。本院认为，特有包装装潢具有与知名商品不可分离的显著特征，这种显著特征是基于反不正当竞争法可产生对于该装潢排他使用的权利，但这种排他性使用包装装潢的权利是否产生仅取决于该商品在相关公众和市场中的知名程度，商品达到了一定的知悉度，这种排他性使用装潢的权利可依《中华人民共和国反不正当竞争法》第五条的规定而产生，并自产生之日起归属该知名商品的合法经营人，并可随商品在不同的合法经营者之间继受。"被告三水华力饮料食品有限公司不服该判决，向本院提起上诉，本院于 2004 年 12 月 13 日作出第 212 号判决，本院认定："涉案'王老吉'罐装凉茶饮料在广东地区为广大消费者所知悉，在凉茶饮料市场中占有较大份额，享有比较高的知名度，在广东地区应属知名商品。'王老吉'商标在 1998 年被评为广东省和广州市著名商标。2002 年被国家体育总局体育器材装备中心授予在其形象宣传、广告、品牌推广和其产品包装上使用'中国体育代表团专用标志''第十四届亚运会中国体育代表团合作伙伴''第十四届亚运会中国体育代表团唯一专用茶饮料'。东莞鸿道公司从1996年开始在罐装凉茶饮料上使用该装潢，并投入了大量的广告进行产品宣传。上述事实进一步佐证说明本案'王老吉'罐装凉茶属知名商品。""本案中'王老吉'罐装凉茶饮料上的装潢，在文字、色彩、图案及其排列组合上，设计独特，该装潢底色、图案与其名称融为一体，具有显著的区别性特征，并非为相关商品所通用，为该商品所特有，应为知名商品特有的装潢。""知名商品特有的装潢权是随着该特有的装潢在商品上使用，当该商品成为知名商品时，而产生的一种排他使用的一种民事权利，该权利与知名商品密不可分，由知名商品的合法经营者享有，并随知名商品的经营者的变化而可由新的合法经营者继受。在1996年，东莞鸿道公司已开始在罐装'王老吉'凉茶饮料上使用本案讼争的装潢标识，并投入大量的广告宣传，使该商品成为知名商品，该装潢在'王老吉'罐装凉茶饮料上的使用时间明显早于上诉人使用的时间，加多宝公司是'王老吉'罐装凉茶饮料的合法经营者，继受了该知名商品特有的装潢权，故其是本案知名商品特有装潢权的权利主体。""通过以上分析，可以认定加多宝公司对其使用的'王老吉'罐装凉茶饮料的装潢享有知名商品特有装潢权。"2011年4月26日，广药集团向中国国际经济贸易仲裁委员会提出仲裁申请，要求裁决：1.广药集团与鸿道集团2002年11月27日签订的《"王老吉"商标许可补充协议》和2003年6月10日签订的《关于"王老吉"商标使用许可合同的补充协议》无效；2.鸿道集团停止使用"王老吉"商标；3.鸿道集团承担本案仲裁费。2012年5月9日，中国国际经济贸易仲裁委员会作出（2012）中国贸仲京裁字第0240号《裁决书》，裁决：1.《"王老吉"商标许可补充协议》和《关于"王老吉"商标使用许可合同的补充协议》无效。2.鸿道集团停止使用"王老吉"商标。3.本案仲裁费为人民币928517元，由广药集团、鸿道集团各负担50%，即各负担人民币464258.5元。裁决的主要理由是：2005年7月1日，广州市中级人民法院作出一审判决，其中认定："2000年至2003年，被告人李益民在担任广州医药集团公司副董事长、总经理期间，利用职务之便，在广州医药集团有限公司与香港鸿道（集团）有限公司签订'王老吉'商标许可协议的过程中，先后三次收受香港鸿道（集团）有限公司董事长陈鸿道贿送的港币共计300万元。""被告人李益民身为国家工作人员，利用其职务上的便利，非法收受他人财物，为他人谋取利益，数额特别巨大，情节特别严重，其行为已构成受贿罪，依法应予惩处。"被告人李益民不服，提出上诉，广东省高级人民法院于 2005 年 9 月 26 日经二审审理作出终审判决，维持了原审法院的认定，但是采纳了上诉人关于"不存在情节特别严重，请求从轻处罚"的上诉意见。裁决书称：根据申请人提交的"广州市人民检察院拘留决定书""广州市人民检察院立案决定书""广州市人民检察院取保候审决定书"、广州市人民检察院"关于原广州医药集团总经理李益民涉嫌受贿及陈鸿道涉嫌行贿的情况说明"，被申请人董事长陈鸿道涉嫌为获取和延长申请人所享有的"王老吉"商标使用权，贿送李益民 300 万元港币，涉嫌构成行贿罪，决定立案侦查。上述"广州市人民检察院立案决定书"于 2004 年 12 月 27 日作出；上述广州市人民检察院的情况说明于 2011 年 12 月 12 日作出。上述情况表明，陈鸿道涉嫌刑事责任问题，目前仍处于取保候审状态。"综合以上分析仲裁庭认为，申请人公司的原副董事长、总经理李益民与被申请人公司董事长陈鸿道之间三次受贿和贿送共计三百万元港币的事实已经法院判决认定，受贿和贿送的时间与补充协议订立的时间契合，陈鸿道向李益民贿送三百万港币的目的是补充协议的订立，李益民利用职位之便为陈鸿道担任董事长的被申请人谋取利益，李益民为被申请人谋取的利益是补充协议的订立，补充协议的订立既损害由李益民担任副董事长和总经理的申请人的利益，也损害国家利益。根据以上分析仲裁庭认为，补充协议的订立属于《中华人民共和国合同法》第五十二条第（二）项所规定的'恶意串通，损害国家、集体或者第三人利益'的情形，补充协议应当被认定为无效。"

广州市中级人民法院于 2013 年 1 月 31 日作出的（2012）穗中法知民初字第 263 号之一《民事裁定书》及于 2013 年 2 月 28 日作出的（2012）穗中法知民初字第 263 号《复议决定书》，认为"言及'全国销量领先的红罐凉茶'，普通消费者会自然联想到红色罐身的名为'王老吉'的凉茶饮料"。

（八）有关产品目前使用的包装装潢情况

纠纷发生前加多宝公司生产的王老吉凉茶产品见附图 3、4。

从 2011 年 12 月开始，加多宝公司开始生产、销售一面标注有"王老吉"、另一面标注有"加多宝"的凉茶产品，见附图 5。

从 2012 年 5 月 10 日开始，加多宝公司开始生产、销售两面均标注有"加多宝"的凉茶产品，见附图 6、7。

2012 年 5 月 25 日，广药集团与大健康公司签订《商标许可合同》，约定广药集团将第 4771572 "GPC+广药集团"、第 3980709 "王老吉+图"、第 9095940 "王老吉"、第 958049 "王老吉"、第 626155 "王老吉+图"商标独家许可给大健康公司使用。

广药集团于 2012 年 6 月 3 日在北京八达岭长城举行红色易拉罐装王老吉凉茶的新装上市活动，该产品由大健康公司生产，见附图 8、9。

（九）原告加多宝公司要求被告大健康公司赔偿经济损失的依据

加多宝公司提供的广州药业股份有限公司《2012 年年度报告》显示，其下属子公司大健康公司净利润为 30962000 元。从大健康公司向广药集团支付许可费 1903.6 万元可推算出大健康公司销售净额为 17 亿元，按照广药集团主张的 7.3% 的行业利润来计算，净利润应为 1.24 亿元。

加多宝公司向本院申请证据保全，请求对大健康公司凉茶产品自 2012 年 6 月以来的财务账册进行证据保全。本院于 2013 年 3 月 27 日对大健康公司进行了证据保全，依法复制了大健康公司《广州市会计报表及纳税申报表》（2012 年 4 季度 12 月、2013 年 1 季度 1、2 月）、《主要产品销售毛利明细表》（2012 年 12 月、2013 年 1、2 月）。

加多宝公司向本院申请，请求对大健康公司 2012 年 6 月 1 日至 2013 年 3 月 31 日的财务账册等会计资料进行审计，审计该公司在此期间生产、销售的"王老吉"红罐凉茶的数量、利润。2013 年 5 月 16 日，在双方当事人派出代表到场监督下，本院通过公开摇珠的方式，确定由大信会计师事务所（特殊普通合伙人）广东分所进行审计，该分所于 2013 年 8 月 19 日作出粤大信专审字〔2013〕第 11020 号《专项审计报告》，结论为：大健康公司在 2012 年 6 月 1 日至 2013 年 3 月 31 日期间红罐凉茶产、销量及利润数据如下：1. 生产红罐凉茶 1455826536 罐；2. 销售红罐凉茶 1293149988 罐；3. 销售毛利：1217946221.09 元；4. 利润总额：174199825.22 元；5. 净利润：130589868.91 元。大健康公司在此期间用于非销售及出口销售情况：产品非销售出库情况。大健康公司在审计期间红罐凉茶非销售出库 3742536 罐，占产品出库总量的 0.29%。其中：部门领用 1344144 罐用于产品宣传和员工福利；研发领用 326640 罐、报废 742072424 罐、盘亏调整 −672 罐，大健康公司解释，由于生产过程中产生的次品、散罐，因而作上述处理。

本院认为：本案为擅自使用知名商品特有包装装潢纠纷。综合原告加多宝公司的起诉意见和大健康公司的答辩意见，本院归纳本案双方当事人争议的焦点是：1. 涉案知名商品及其特有包装装潢的内容是什么；2. 涉案知名商品特有包装装潢权益归属应如何认定；3. 大健康公司生产、销售"王老吉"红罐凉茶所使用的包装装潢是否构成不正当竞争。

（一）关于涉案知名商品及其特有包装装潢的内容是什么的问题

1. 关于本案知名商品所指向的对象

《中华人民共和国反不正当竞争法》第五条第（二）项规定：擅自使用知名商品特有的名称、包装、装潢，或者使用与知名商品近似的名称、包装、装潢，造成和他人的知名商品相混淆，使购买者误认为是该知名商品的，构成不正当竞争。《最高人民法院关于审理不正当竞争民事案件应用法律若干问题的解释》第一条第一款规定：在中国境内具有一定的市场知名度，为相关公众所知悉的商品，应当认定为反不正当竞争法第五条第（二）项规定的"知名商品"。因此，知名商品是指不为相关商品所通用，具有显著区别性特征，并通过在商品上的使用，使消费者能够将该商品与其他经营者的同类商品相区别的商品名称。本案中，加多宝公司起诉称本案知名商品是指由加多宝公司生产的、"使用王泽邦后人的正宗独家配方"的红色罐装凉茶，而大健康公司则称本案知名商品为"王老吉凉茶"。

本院对此认为，加多宝公司在起诉状中明确陈述："加多宝公司为鸿道集团在广东东莞独资设立的全资子公司，负责红罐王老吉凉茶的生产和销售。1997 年 6 月 14 日，陈鸿道取得红罐王老吉凉茶外观设计专利，并许可加多宝公司实施，用于生产王老吉凉茶。""在加多宝公司开始生产红罐王老吉之初，市场上并无其他红罐王老吉产品，红罐王老吉的市场知名度和占有率非常低，2000 年红罐王老吉的销售总额只有 866 万元。而且王老吉凉茶作为一种地区产品，其市场前景非常不确定。从 2002 年到 2010 年，红罐王老吉的市场销售额得到大幅提升，而这一提升是加多宝公司和其他加多宝集团公司大规模投资建厂和对红罐王老吉产品的大规模广告宣传和市场推广形成的，红罐王老吉销量连续多年居全国罐装饮料第一，并获得各种荣誉，从而成为全国知名品牌。在加多宝公司长期的经营活动中，'红罐''红罐凉茶''红罐王老吉'获得了特定的指向性和确切的识别功能。"因此，从加多宝公司的上述陈述中，可以明确确定其在本案中所称的知名商品，就是指其与广药集团发生纠纷之前的"王老吉凉茶"。而大健康公司在其答辩状中亦陈述："本案的知名商品是指带有'王老吉'商标的王老吉凉茶。'王老吉'凉茶历史悠久，在广东省及东南亚几乎家喻户晓，产品行销全国，有良好的口碑，受到消费者的青睐。'王老吉'商标在 1992 年及 1998 年被评为广东省著名商标，1993 年和 1998 年被评为广州市著名商标。正由于'王老吉'凉茶是在市场上有一定知名度，并为相关公众所知悉的商品，才被确认为知名商品。'王老吉'凉茶成为知名商品历史悠久，并非是在 1996 年之后因为红罐王老吉才会成为知名商品。"从大健康公司的上述陈述中，亦可以明确确定其所称的知名商品，就是指广药集团与加多宝公司发生纠纷之前的"王老吉凉茶"。因此，综合双方当事人的主张，本案知名商品指的是"王老吉凉茶"，其中"凉茶"属于此类商品的通用名称，"王老吉"属于特有名称。

而且在涉案的王老吉红罐凉茶的包装装潢中，既标注有第 626155 号图注册商标，更用黄色字体竖排突出标注"王老吉"三个汉字，再结合该包装装潢中标注的"凉茶始祖王老吉创业于清朝道光年已有百余年历史""王老吉凉茶依据祖传秘方……"等内容，足以认定该竖排标注的"王老吉"三个黄色汉字并不仅仅指第 626155 号图注册商标，而且同时也是作为该商品名称使用，即该商品名称为"王老吉凉茶"。这从加多宝公司在中央电视台投放"怕上火、喝王老吉"的广告语中也可以得到充分的印证，该广告语中的"王老吉"既包含了该商品所用的商标为"王老吉"，也包含了该商品的名称为"王老吉凉茶"。

综上所述，从一般消费者的知识水平和认知能力出发，将本案知名商品界定为"王老吉凉茶"，已足以使消费者能够将该商品与其他经营者的同类商品相区别。加多宝公司认为本案知名商品是指"由加多宝公司生产的、使用王泽邦后人的正宗独家配方的红色罐装凉茶"，该主张显然与消费者的辨识习惯、称呼习惯、记忆习惯不相符，不能成立，本院不予支持。

2. 关于"王老吉凉茶"是不是知名商品的问题

根据《最高人民法院关于审理不正当竞争民事案件应用法律若干问题的解释》第一条第一款的规定，人民法院认定知名商品，应当考虑该商品的销售时间、销售区域、销售额和销售对象，进行任何宣传的持续时间、程度和地域范围，作为知名商品受保护的情况等因素，进行综合判断。

本案证据证明，"王老吉"品牌始创于公元1828年（清道光八年），创始人是王泽邦，在广州靖远路开设第一家凉茶铺，成为公认的凉茶始祖。1956年公私合营，王老吉成为国有企业。1991年5月，广州羊城药厂开始研制王老吉清凉茶饮料，并于1991年10月15日向广东省食品卫生监督检验所提交了《广东省食品新产品申请审批表》，产品名称为"王老吉"牌清凉茶，于1992年3月24日获得批准。至此，在广州羊城药厂的创新推动下，将王老吉凉茶从传统的药品开发出新的食品饮料产品。1992年1月11日，《粤港信息日报》第三版登载了广州羊城药厂、羊城滋补品厂就近年来市场上不断出现侵犯其商标、专利权事件发表《严正声明》，证明当时王老吉品牌已经具有一定的知名度。1992年11月，广州羊城药厂"王老吉"商标被广东省著名商标评选委员会认定为广东省著名商标，1993年3月1日，广州市人民政府授予羊城药业"王老吉牌"商标为"广州市著名商标"称号。至此，在1995年3月"王老吉"商标被许可鸿道集团使用前，"王老吉"品牌凉茶在广东地区已为相关公众所知悉，已经具有较高的知名度。

1995年3月28日，羊城药业与鸿道集团签订《商标使用许可合同》，约定羊城药业许可鸿道集团独家使用第626155号"王老吉"注册商标，并约定鸿道集团使用红色包装。此后，双方还先后签订了多份《商标使用许可合同》及补充协议，均约定鸿道集团独家使用"王老吉"商标生产销售红罐王老吉凉茶。为此，鸿道集团在广东省东莞市投资设立东莞鸿道公司，开始生产、销售王老吉红罐凉茶。1998年东莞鸿道公司注销后，由加多宝公司承继生产经营。随着加多宝公司及其关联公司通过大规模生产、持续性的市场推广、广泛媒体宣传和积极参与公益活动，王老吉凉茶生产、销售数量不断攀升，并连续多年稳居全国罐装饮料销量首位，多次获得各种荣誉，如2007年度至2011年度连续多年名列中国行业企业信息发布中心颁给的全国罐装饮料市场销售额第一名，2008年4月获得"中华民族凉茶行业第一品牌"称号等。至此，王老吉凉茶成为名副其实的知名商品，实现了由地区知名到全国知名的知名度的飞跃。因此，本院在第212号案中认定："涉案'王老吉'罐装凉茶饮料在广东地区为广大消费者所知悉，在凉茶饮料市场中占有较大份额，享有比较高的知名度，在广东地区应属知名商品。'王老吉'商标在 1998 年被评为广东省和广州市著名商标。2002 年被国家体育总局体育器材装备中心授予在其形象宣传、广告、品牌推广和其产品包装上使用'中国体育代表团专用标志''第十四届亚运会中国体育代表团合作伙伴''第十四届亚运会中国体育代表团唯一专用茶饮料'。东莞鸿道公司从 1996 年开始在罐装凉茶饮料上使用该装潢，并投入了大量的广告进行产品宣传。上述事实进一步佐证说明本案'王老吉'罐装凉茶属知名商品。"

因此，综合考虑涉案"王老吉凉茶"商品的销售时间、销售区域、销售额和销售对象，宣传的持续时间、程度和地域范围，以及作为知名商品受保护的情况等因素，应当认定"王老吉凉茶"是知名商品。

3. 本案知名商品特有包装装潢所指向的对象

涉案知名商品王老吉凉茶的包装装潢采用红色为底色，主视图中心是突出、引人注目的三个竖排黄色装饰的楷书大字"王老吉"，"王老吉"右边为两列小号宋体黑色文字"凉茶始祖王老吉创业于清朝道光年已有百余年历史"，"王老吉"左边下部为褐色底、宋体白色文字"凉茶"，再左边为三列小号宋体黑色文字"王老吉凉茶依据祖传秘方采用上等草本配制老少咸宜诸君惠顾请认商标"；罐体上部有条深褐色的装饰线，该装饰线上有黄色英文"herbal tea"和"王老吉"楷书小字相间围绕，罐体下部有一粗一细两条装饰线；后视图与主视图基本相同；左视图是中文和英文的配料表及防伪条形码；右视图上部是"王老吉"商标及"王老吉凉茶"字样，下部是"东莞鸿道食品有限公司"及其地址、电话、传真、保质期等商品生产者的信息。此后，王老吉灌装凉茶一直沿用该包装装潢，虽然期间有更改之处，但只是在罐体的文字上等处作少许更改。在本院第 212 号案中，本院已经认定："本案中'王老吉'罐装凉茶饮料上的装潢，在文字、色彩、图案及其排列组合上，设计独特，该装潢底色、图案与其名称融为一体，具有显著的区别性特征，并非为相关商品所通用，为该商品所特有，应为知名商品特有的装潢。"

综上，本案所涉知名商品特有包装装潢的内容是指标明在王老吉红罐凉茶产品的罐体上包括黄色字体"王老吉"等文字、红色底色等色彩、图案及其排列组合等组成部分在内的整体内容。

（二）关于涉案知名商品特有包装装潢的权益归属应如何认定的问题

知名商品的特有包装装潢之所以受反不正当竞争法保护，是因为其经使用而具有识别商品来源的功能。而商品来源的识别功能是由其知名度而产生。因此，商品具有知名度及其包装装潢的实际使用并形成特有性、显著性，是该包装装潢受到反不正当竞争法保护的法定要件。因此，本案要判断大健康公司是否侵犯了加多宝公司的权利，首先要确定的是涉案王老吉红罐凉茶特有包装装潢权益的归属。本案中，广药集团与加多宝公司在王老吉商标许可使用合同中并没有对涉案王老吉红罐凉茶的包装装潢权益归属作出明确的约定，双方当事人均主张其对涉案王老吉红罐凉茶的特有包装装潢享有权利。

本院对此认为，正如前面所分析，在 1995 年 3 月 28 日广药集团的前身羊城药业将"王老吉"商标许可给鸿道集团使用之前，"王老吉"品牌已经具有百年历史，已经成为中华老字号，并先后获得广州市、广东省著名商标称号，在相关公众中已经具有相当高的知名度。对此，王老吉品牌的权利人先后做出了巨大的历史贡献。虽然由于历史更迭，王老吉品牌的所有权人先后发生变更，现在已经变更为广药集团，但是，前人对王老吉品牌所创造的商誉应由后人继承及享有。正是基于"王老吉"品牌的知名度以及该品牌实在的及潜在的巨大市场价值，鸿道集团才先后与羊城药业及广药集团签订王老吉商标许可使用协议，并在此基础上推出王老吉红罐凉茶。而在该王老吉红罐凉茶的包装装潢中所突出使用的"王老吉"三个汉字，就承载着王老吉品牌巨大的商誉和价值。涉案王老吉红罐凉茶的商誉和价值与涉案商标许可使用协议签订前的王老吉品牌的商誉和价值一脉相承，因此，广药集团及其前身对本案所涉知名商品及其特有包装装潢的知名度做出了巨大贡献，使涉案王老吉红罐凉茶刚推出市场，即享有较高的关注度，拥有较好的消费者群体基础和市场前景，同时广药集团作为"王老吉"商标权所有人，其对"王老吉"知名度和美誉度的维护和提高，是涉案王老吉红罐凉茶知名度得以延续和发展所不可或缺的因素。加多宝公司认为，在本案所涉商标许可使用协议签订前，所有涉及王老吉的商誉均是在药品方面，与本案作为饮料食品的红罐凉茶没有关联，该主张既与广药集团的前身早已开发出"王老吉"清凉茶产品的事实不符，显然也是将王老吉品牌的历史断然割裂开来，是不能成立的。加多宝公司认为，装潢是为识别与美化商品而在商品或者其包装上附加的文字、图案、色彩及其排列组合，因此，在设计产品装潢时，必然将商品使用的商标及上述需要标识的内容，通过文字、图案、色彩及排列组合，从整体上形成显著区别特征，以识别商品来源，但是包括商标在内的上述标识内容本身并不是装潢保护范围，包装装潢权与注册商标专用权可以分离，即该两项权利可以分别属于两个不同的主体。本院对此认为，包装装潢是由文字、图案、色彩等元素及其排列组合而成的，既可以将商标作为包装装潢的组成要素，也可以将商标排除在包装装潢的组成要素之外。如果将商标标识作为包装装潢的一个组成部分，即商标与包装装潢已经融为一体，此时不应将商标与包装装潢的其他组成部分割裂开来，应将包括该商标标识在内的包装装潢作为一个整体而受到法律的保护。从本案所涉包装装潢可以看出，其最吸引相关公众注意之处在于红色主调和竖排的、黄色字体"王老吉"三个字，"王老吉"三个字已经与王老吉红罐凉茶包装装潢的其他组成部分紧密地结合在一起，已经成为该包装装潢的一个重要组成部分，即商标与包装装潢已经融为一体，不可分离，而且正如前面所分析的，该竖排的、黄色字体的"王老吉"三个字不仅仅指"王老吉"商标，同时还承载着百年老字号"王老吉"品牌的历史底蕴，承载着"王老吉凉茶"这一商品商誉的作用。因此，广药集团的"王老吉"商标和该装潢中的其他构成要素，一并构成本案包装装潢，本案包装装潢已经不能脱离王老吉商标而单独存在，各构成要素作为一个整体在市场上发挥了识别商品来源的作用。对于相关公众而言，他们也是将本案所涉包装装潢的各种构成要素作为一个整体进行观察，从而对商品来源予以识别。因此，正是因为本案包装装潢包含了广药集团的"王老吉"商标，故在实际使用过程中，相关公众并不会刻意区分法律意义上的商标权与特有包装装潢权，而是认为本案所涉知名商品与广药集团存在密切联系。因此，加多宝公司认为涉案王老吉红罐凉茶包装装潢记载的所有信息无一指向广药集团，消费者根本无从知晓红罐凉茶与广药集团有何关系，甚至无从知晓广药集团是王老吉商标的权利人，自然无法将涉案装潢与广药集团联系起来，并认为本案所涉知名商品特有包装装潢权与商标权应分属于加多宝公司和广药集团，加多宝公司的该主张缺乏事实和法律依据，不能成立，本院不予支持。

加多宝公司还认为，本案所涉知名商品特有包装装潢是由鸿道集团委托他人设计并首先投入使用，此后加多宝公司及其各关联公司对涉案知名商品的生产、销售、宣传、推广做出了巨大贡献，使之成为全国知名的商品，而广药集团对此没有做出任何贡献，因此该包装装潢权应归属加多宝公司。本院对此认为，鸿道集团与广药集团及其前身先后签订王老吉商标许可使用合同，约定由广药集团授权鸿道集团使用第626155号图注册商标并约定由鸿道集团生产经营红色罐装王老吉凉茶，鸿道集团据此先后在东莞投资设立东莞鸿道公司、加多宝公司，从事生产经营王老吉红罐凉茶，因此加多宝公司之所以有权生产经营王老吉红罐凉茶，是基于广药集团的授权。加多宝公司及其各关联公司确实对王老吉红罐凉茶知名度的提升做出了贡献，但是，由此所产生的商誉仍然附属于知名商品王老吉凉茶，应由该知名商品的权利人广药集团享有，这也是鸿道集团在签订商标许可使用合同时就应该预见到的。因此，在广药集团收回王老吉商标时，附属于涉案知名商品的特有包装装潢亦应一并归还给王老吉的商标权人广药集团。至于加多宝公司及其各关联公司对王老吉红罐凉茶在商标许可使用合同期内所投入的资金、广告宣传费用等，也已经在王老吉商标许可使用期内获得了巨额经济回报，即使未能收回其全部投资，也是其在签订商标许可使用合同时所能预计到的，由此所造成的后果亦应由其自行承担。因此，涉案知名商品特有包装装潢权在王老吉商标许可使用期满后，由广药集团收归其所用，并不会损害加多宝公司的利益，也不会造成不公平。

需要指出的是，本案系擅自使用知名商品特有包装装潢纠纷，而不是侵害专利权纠纷或者专利权属纠纷，因此，即使本案所涉包装装潢是由鸿道集团委托他人设计并获得外观设计专利权，但是外观设计本身并不能产生知名商品特有包装装潢权，其只能受专利法保护，而知名商品特有包装装潢权系通过使用而形成，其受反不正当竞争法保护。因此，专利权与知名商品特有包装装潢权属于两种不同的权利，分别受不同法律调整。加多宝公司认为涉案包装装潢系鸿道集团委托他人设计并获得专利授权，涉案知名商品特有包装装潢权应归加多宝公司所有，理由不成立，本院不予支持。

加多宝公司认为佛山中院第19号判决和本院第212号判决均认定知名商品特有包装装潢权益归属于知名商品合法经营者，并可随知名商品在不同的合法经营者之间继受，由此可判定，两审法院均认为包装装潢权益并非随商标而发生继受，而加多宝公司是"王老吉"罐装凉茶饮料的合法经营者，继受了东莞鸿道公司该知名商品特有的包装装潢权益，是本案知名商品特有包装装潢权益的主体。本院对此认为，在上述纠纷案件中，加多宝公司之所以能以其名义提起诉讼，一、二审法院之所以认定加多宝公司是涉案知名商品特有包装装潢权益的主体，是基于：（1）广药集团及其前身与鸿道集团签订了系列商标许可使用协议，许可鸿道集团使用王老吉商标，而加多宝公司是鸿道集团投资设立的公司，据此获得许可生产、销售王老吉红罐凉茶，成为该产品的生产者。其中2000年5月2日签订的《商标许可协议》的约定：鸿道集团知道任何第三者有任何侵权行为时，可直接以鸿道集团的名义采取任何法律手段，制止任何侵权行为，由此引起的费用由鸿道集团承担，有关赔偿利益归鸿道集团享有。（2）广药集团于2003年3月3日出具的《授权委托书》，授权鸿道集团在浙江省、广东省内对侵犯"王老吉"注册商标（注册号626155）的一切侵权行为采取法律手段予以制止，并可以鸿道集团名义进行诉讼活动。（3）当时广药集团与加多宝公司之间的关系相对于三水华力饮料食品有限公司而言属于内部关系，而且广药集团与加多宝公司之间并没有对涉案知名商品特有包装装潢的权属发生争议，因此在上述案件中无需对涉案知名商品特有包装装潢权是属于广药集团所有还是属于加多宝公司所有或者由两者共同享有予以明确界定。（4）在佛山中院第19号判决和本院第212号判决中，只是认定加多宝公司继受了涉案知名商品特有包装装潢权，解决了加多宝公司的诉权问题，但并没有对涉案包装装潢权作原权利归属的认定。综上，加多宝公司的主张不能成立，本院不予支持。

综上，本案所涉知名商品特有包装装潢权应由广药集团享有，加多宝公司无权享有该权利。

（三）关于大健康公司生产、销售"王老吉"红罐凉茶所使用的包装装潢是否构成不正当竞争的问题

《中华人民共和国反不正当竞争法》第五条第（二）项规定将"造成和他人的知名商品相混淆，使购买者误认为是该知名商品"规定为此类不正当竞争行为的构成要件之一。《最高人民法院关于审理不正当竞争民事案件应用法律若干问题的解释》第四条规定：足以使相关公众对商品的来源产生误认，包括误认为与知名商品的经营者具有许可使用、关联企业关系等特定联系的，应当认定为反不正当竞争法第五条第（二）项规定的"造成和他人的知名商品相混淆，使购买者误认为是该知名商品"。

本案中，加多宝公司认为大健康公司从2012年6月开始生产、销售标有黄

色字体"王老吉"字样的红罐凉茶侵犯了其涉案知名商品特有包装装潢权。本院对此认为，正如前面所述，涉案知名商品特有包装装潢权属于广药集团，不属于鸿道集团或者加多宝公司。在 2012 年 5 月 9 日中国国际经济贸易仲裁委员会仲裁裁决广药集团收回"王老吉"商标的许可使用后，广药集团将"王老吉"商标及相应的包装装潢许可给大健康公司使用，由大健康公司生产、销售王老吉红罐凉茶，因此，大健康公司生产、销售王老吉红罐凉茶是有合法授权的，具有正当性。而加多宝公司对涉案知名商品特有包装装潢并不享有权益，因此，加多宝公司指控大健康公司生产、销售王老吉红罐凉茶侵害了其涉案知名商品特有包装装潢权并构成不正当竞争的主张，缺乏充分的事实和法律依据，本院不予支持。

综上所述，经本院审判委员会讨论认为，原告加多宝公司认为被告大健康公司生产、销售的王老吉红罐凉茶侵害了加多宝公司知名商品特有包装装潢权，要求判令大健康公司立即停止侵权行为、消除不良影响、赔偿经济损失和承担诉讼费用等诉讼请求均缺乏事实和法律依据，不能成立，依法应予驳回。依照《中华人民共和国反不正当竞争法》第一条、第二条第一款、《中华人民共和国民事诉讼法》第一百四十二条的规定，判决如下：

驳回原告广东加多宝饮料食品有限公司的全部诉讼请求。本案一审案件受理费 196600 元，证据保全费 30 元，审计费 400000 元，均由原告广东加多宝饮料食品有限公司负担。

如不服本判决，可在判决书送达之日起十五日内，向本院递交上诉状，并按对方当事人的人数提出副本，上诉于最高人民法院。

审　判　长　陈国进

审　判　员　邓燕辉

代理审判员　肖海棠

（广东省高级人民法院公章）

二〇一四年十二月十二日

本件与原本核对无异

书　记　员　张胤岩

黄慧懿

广东省高级人民法院
民事判决书
（2013）粤高法民三初字第2号

原告： 广州医药集团有限公司。住所地：广东省广州市荔湾区沙面北街45号。

法定代表人： 李楚源，董事长。

委托代理人： 史玉生，北京市金杜律师事务所律师。

委托代理人： 倪依东，广州医药集团有限公司副总经理。

被告： 广东加多宝饮料食品有限公司。住所地：广东省东莞市长安镇青北路。

法定代表人： 张树容，总经理。

委托代理人： 刘平，北京市德君律师事务所律师。

委托代理人： 杨晓岩，北京市信睿律师事务所律师。

原告广州医药集团有限公司（以下简称"广药集团"）诉被告广东加多宝饮料食品有限公司（以下简称"加多宝公司"）擅自使用知名商品特有包装装潢纠纷一案，本院于2013年2月5日受理后依法组成合议庭，于2013年4月15日、5月8日组织双方进行证据交换和证据质证，5月15日公开开庭审理。本案现已审理终结。

本案原告广药集团于2012年7月6日向广东省广州市中级人民法院提起诉讼，最高人民法院于2012年11月22日作出（2012）民三他字第27号《最高人民法院对〈广东省高级人民法院关于申请指定广州市中级人民法院合并审理"王老吉"凉茶知名商品特有名称、包装、装潢纠纷案的请示〉的批复》，指定由本院管辖本案。

广药集团原法定代表人为杨荣明董事长，后变更为李楚源董事长。广药集团在向广州市中级人民法院提起诉讼时，委托了广东明境律师事务所唐耀君律师、刘洪波律师作为其代理人参加诉讼。2013年4月12日，广药集团向本院提交了《变更授权委托书》，将原委托代理人唐耀君律师、刘洪波律师变更为委托北京市金杜律师事务所史玉生律师、广东明境律师事务所胡福传律师参加诉讼。2013年5月14日，广药集团向本院提交了《变更授权委托书》，将原委托代理人胡福传律师变更为委托广药集团副总经理倪依东参加诉讼。2013年8月15日，广药集团再次向本院提交《变更授权委托书》，将原委托代理人之一史玉生律师变更为委托北京市金杜（广州）律师事务所刘军律师参加诉讼。2013年9月24日，广药集团又向本院提交《变更授权委托书》，将委托刘军律师参加诉讼重新变更为委托史玉生律师参加诉讼。

2013年5月15日，原告广药集团委托代理人史玉生、倪依东，被告加多宝公司委托代理人刘平、杨晓岩到庭参加诉讼。

本案广药集团起诉时，将加多宝公司及鸿道（集团）有限公司（以下简称"鸿道集团"）作为共同被告。本院按照鸿道集团的公司注册地址即香港中环皇后大道中183号新纪元广场中远大厦38层3806-3810号，通过特快专递、委托中国法律律师事务所、委托香港高等法院三种方式向鸿道集团送达《应诉通知书》《起诉状副本》《证据副本》《举证通知书》《合议庭组成通知书》《传票》等法律文书，但均未能成功送达。2013年4月10日，本院收到寄自上述地址、并盖有"鸿道（集团）有限公司 HUNGTO（HOLDINGS）COMPANYLIMITED"印章的《管辖权异议申请书》。

原告广药集团起诉称：广药集团是第626155、3980709、9095940号"王老吉"商标注册人，该商标核定使用商品为第32类（包括无酒精饮料，固体饮料等商品）。"王老吉"商标于1992年和1998年被评为广东省著名商标，1993年和1998年被评为广州市著名商标，2009年被评为"中国著名商标"。2000年5月2日，广药集团曾与鸿道集团签订《商标许可协议书》，约定由广药集团许可鸿道集团生产及销售红色罐装及红色瓶装王老吉凉茶，许可使用期限自2000年5月2日到2010年5月2日止。2010年8月30日广药集团向鸿道集团、加多宝公司发出停止使用"王老吉"商标的律师函，2011年5月2日广药集团向中国国际经济贸易仲裁委员会提起仲裁后，鸿道集团、加多宝公司明知将要败诉的情况下恶意将原两边均为"王老吉"装潢的产品包装改为一边是"王老吉"，一边是"加多宝"装潢的产品包装，实施去"王老吉"化的不道德商业手段，将"王老吉""加多宝"装潢标识混为一体。2012年5月9日经中国国际经济贸易仲裁委员会裁决：（一）《"王老吉"商标许可补充协议》和《关于"王老吉"商标使用许可合同的补充协议》无效。（二）被申请人停止使用"王老吉"商标。之后，鸿道集团、加多宝公司又将红罐两边字样都改为"加多宝"，并未再使用王老吉注册商标，其他装潢基本未变。"王老吉"红色罐装装潢属知名商品特有的装潢，依《反不正当竞争法》第五条第（二）项规定，应受法律保护，这在广东省高级人民法院已生效的判决书中亦作了认定："'王老吉'罐装凉茶属知名商品，商标是商品的标识，其有表彰商品的质量功能，商标的著名与商品的两者之间有着内在的联系"。判决还认为："本案中'王老吉'罐装凉茶饮料上的装潢，在文字、色彩、图案及其排列组合上，设计独特，该装潢底色、图案与其名称融为一体，具有显著的区别特征，并非为相关商品所通用，为该商品所特有，应为知名商品特有的装潢。"鸿道集团、加多宝公司在失去许可使用"王老吉"商标之后，现生产和销售的"加多宝"装潢的红罐饮料，在设计的文字、色彩、图案及排列组合上与广药集团知名商品"王老吉"相似，其装潢近似程度达到了足以引起与"王老吉"商品混淆。鸿道集团、加多宝公司在全国大小报纸、杂志刊物、网络和电视台大肆宣传作虚假广告，"红罐王老吉更名加多宝""罐装凉茶更名加多宝凉茶"，并在网络以有奖手段转发，大造社会舆论，"王老吉"更名为"加多宝"。事实上"王老吉"并没有更名。鸿道集团、加多宝公司的上述行为违反了《反不正当竞争法》第九条"发布虚假广告"，性质恶劣，情节极为严重，在全国造成不良影响。鸿道集团、加多宝公司侵权商品在全国、重点在广州市各大商店、士多店销售，侵犯了广药集团合法权益。因此请求判令：1. 鸿道集团、加多宝公司立即停止侵犯广药集团"王老吉"品牌的虚假宣传，在全国地市级以上报刊、电视台及网络刊登向广药集团道歉的声明，消除不良影响；2. 鸿道集团、加多宝公司立即停止使用与"王老吉"凉茶饮料包装装潢相近似的罐装、瓶装"加多宝"凉茶饮料的包装装潢，并销毁全部库存侵权的装潢和停止生产、销售带有侵权包装装潢的凉茶产品；3. 判令鸿道集团、加多宝公司赔偿自2012年5月10日始其在广州地区侵犯广药集团知名商品包装装潢造成广药集团经济损失暂定为500万元（以评估机构核定数额为准）；4. 判令鸿道集团、加多宝公司赔偿广药集团为维护知识产权支付的合理费用100万元；5. 本案的诉讼费用由鸿道集团、加多宝公司承担。2012年12月4日，广药集团请求撤销上述诉讼请求第1项，保留其他第2至第5项诉讼请求。2013年4月15日，广药集团向本院提交了《增加、变更诉讼请求申请书》，将原诉讼请求增加、变更为：1. 判令鸿道集团、加多宝公司立即在罐装、瓶装上停止使用与广药集团"王老吉"凉茶特有包装装潢相同或相近似的包装装潢；停止生产、销售带有与广药集团"王老吉"凉茶特有包装装潢相同或相近似包装装潢的罐装、瓶装凉茶产品（"被控侵权产品"）；销毁全部库存的被控侵权产品以及带有与广药集团"王老吉"凉茶特有包装装潢相同或相近似包装装潢的空罐、空瓶；停止使用并移除或销毁所有载有被控侵权产品的广告（包括但不限于电视广告、视频广告和平面媒体广告）以及各种介绍、宣传材料等。2. 判令鸿道集团、加多宝公司连带赔偿广药集团自 2012 年 5 月 10 日始至本案终审判决作出前，鸿道集团、加多宝公司因侵犯广药集团"王老吉"凉茶特有包装装潢造成广药集团经济损失人民币 1.5 亿元。3. 判令鸿道集团、加多宝公司赔偿广药集团为制止上述侵权行为所支付的合理维权费用人民币 100 万元。4. 判令鸿道集团、加多宝公司在中央电视台、各省级电视台、省级以上报刊及其官网上连续 6 个月公开发布声明，澄清事实，消除因其使用与广药集团"王老吉"凉茶特有包装装潢相同或相近似的包装装潢而给广药集团造成的严重不良影响。5. 本案的诉讼费用由鸿道集团、加多宝公司共同承担。2013 年 4 月 16 日，广药集团向本院提交了《关于撤回对鸿道集团起诉的申请书》。2013 年 4 月 23 日，本院作出（2013）粤高法民三初字第 2 号之一民事裁定书，准许广药集团撤回对鸿道集团的起诉。2013 年 5 月 15 日开庭审理时，原告广药集团明确表示放弃 4 月 15 日诉讼请求中第 1 项有关"瓶装"凉茶的诉讼请求，即只保留"罐装"凉茶的诉讼请求，同时将第 2 项诉讼请求中计算赔偿的起始日期从"2012 年 5 月 10 日始至本案终审判决作出前"变更为从"2011 年 11 月或 12 月起至本案终审判决作出前"。

被告加多宝公司答辩称：（一）涉案知名商品特有包装装潢权的权利人为加多宝公司，而非广药集团。加多宝公司使用自有知名商品包装装潢权并未侵害广药集团任何权利。1. 在 2013 年 4 月 15 日及 5 月 8 日法院组织的证据交换中，广药集团及广州王老吉大健康产业有限公司（以下简称"大健康公司"）的共同代理人明确表示，其提交的主张构成知名商品的实物是由加多宝公司生产销售的红罐凉茶。据此，双方当事人针对以下事实已经达成共识：加多宝公司多年来生产销售的红色罐装凉茶商品是知名商品以及该知名商品具有特有的包装装潢、该装潢应当获得排他性法律保护。同时，这一事实已经被广东省高级人民法院（2003）粤高法民三终字第 212 号民事判决书（以下简称"广东高院第 212 号判决"）认定。2. 加多宝公司对涉案知名商品特有包装装潢享有知名商品特有装潢权。（1）由于加多宝公司通过大规模生产、持续性的市场推广、广泛媒体宣传和积极参与公益活动，涉案红罐凉茶凭借优良品质和独特口感，连续多年稳居全国罐装饮料销量首位，成为知名商品。（2）加多宝公司提供的一系列证据形成完整的证据链，证明涉案知名商品包装装潢是由陈鸿道先生提出创意、委托设计并申请外观设计专利，进而加多宝公司作为凉茶商品的包装装潢使用的。广药集团自始至终从未参与任何涉案知名商品包装装潢的设计、专利申请、投入生产、广告宣传过程，自己并不享有任何权利，广药集团主张是其授权加多宝公司生产红色罐装凉茶纯属无稽之谈。（3）加多宝公司生产的涉案知名商品是市场上第一个也是本案争议发生前唯一一个红色罐装凉茶商品，故加多宝公司是涉案红罐凉茶知名商品特有包装装潢权的权利人。（4）加多宝公司生产的红罐凉茶知名商品是传承王泽邦后人的正宗配方，消费者对于广药集团委托生产的绿盒凉茶和加多宝公司生产的红罐凉茶业已形成明确的区分识别，应当尊重、确认这一事实。（5）通观涉案知名商品的实际包装装潢，仅有三处体现了该商品的生产者，第一处为正面和背面相同的位置用中号黄色字体突出标注的"加多宝出品"，第二处为黑色字体标注的"鸿道集团有限公司授权"，第三处侧视图中黑色字体标注的为具体生产厂家加多宝公司。可见，消费者已将涉案知名商品红罐凉茶的包装装潢与加多宝公司建立了稳固而唯一的联系。与此相对，没有任何一个信息能够体现广药集团是商品的来源，因此，涉案知名商品的装潢权应归商品的生产者加多宝公司享有。（6）加多宝公司是涉案知名商品特有包装装潢的权利人已经广东高院第212号判决明确认定，在没有相反证据推翻该生效判决的情况下，该认定可以直接作为定案事实。3.广药集团无权主张涉案知名商品特有包装装潢权。（1）根据鸿道集团与羊城药业、广药集团签订的商标许可使用合同的约定，广药集团及其下属企业不能使用红色作为凉茶包装装潢颜色、只能生产绿色纸包装凉茶。正是基于该约定，加多宝公司生产的红罐凉茶中从未标注任何指向商标权人广药集团的信息，广药集团也从未要求加多宝公司进行标注。广药集团签署合同、收取商标许可费、让渡王老吉商标使用权、主动禁用红色装潢的一系列行为应当视为其承诺对红色包装装潢不主张任何权利，并承担一切法律后果。即使商标许可协议终止，广药集团如欲生产红色包装凉茶，也应当自己设计，而不能不问自取使用加多宝公司的知名商品特有包装装潢。（2）在2012年6月前，广药集团及其下属企业从未生产或委托生产过任何一罐红罐凉茶，亦没有对涉案知名商品的生产和宣传做出任何贡献，自无权针对涉案知名商品享有任何权利。(3)广药集团认为加多宝公司设计及使用涉案知名商品红色罐装包装装潢均是基于广药集团的授权,由此形成的知名商品特有包装装潢权归属商标权人,是毫无根据的主观臆断。(4)广药集团及其下属企业在生产销售绿色纸包装凉茶的过程中一直试图借加多宝公司生产的知名商品红罐凉茶知名度搭便车,增加绿盒凉茶的销量。(5)广药集团主张加多宝公司生产的红罐凉茶成为知名商品完全是依靠王老吉商标的良好声誉不符合事实。第一,广东高院第212号判决据以认定涉案知名商品的全部证据均为加多宝公司生产涉案知名商品及大规模广告宣传的证据,没有任何一份证据能够说明王老吉商标是涉案商品构成知名的前提和必要条件,广药集团的说法显然与判决相悖。第二,退一步讲,即使王老吉商标在双方签订商标许可协议时具有一定的知名度,但这只能证明在鸿道集团刚刚使用该商标的前一两年,商标原有群众基础能够起到一定的促进销售的辅助作用。实际上,加多宝公司在2000年时的销售收入也只有800余万元,此时鸿道集团已经获得许可使用王老吉商标5年时间,销售业绩并不理想。此后涉案商品销量大幅提升,商品知名程度有质的飞跃,都是加多宝公司持续的大力投入和广泛的宣传推广造就的。第三,广药集团未能提供任何证据证明在规定加多宝公司生产涉案知名商品之前其已经开始生产红罐凉茶,也没有任何证据证明在鸿道集团与羊城药业签订商标许可协议之前涉案王老吉商标已经在第32类具有知名度。第四,加多宝公司已经提交证据表明王老吉商标同时被广药集团及其下属企业使用在多种商品上,包括润喉糖、龟苓膏、口服液和各种药品,没有证据证明这些产品已经构成知名商品,可见,广药集团和大健康公司主张的涉案商品因王老吉商标而知名是不成立的。第五,事实上,如果广药集团认为涉案商品之所以知名完全是因为其王老吉商标,则其根本无需费尽心思抢夺涉案装潢,只需继续经营好已有的绿盒包装足矣。4.商标权与知名商品的特有包装装潢权是相互独立、分别行使的权利,广药集团、大健康公司试图以“王老吉”商标权人身份偷换概念,将商标权扩大保护至知名商品特有装潢,缺乏法律及事实依据。(1)我国现行所有的规范知名商品的特有名称、包装、装潢权的法律法规,均没有以商标权作为知名商品特有名称、包装、装潢权保护的条件或前提,二者相互独立,不能互相移植。广药集团和大健康公司有关包装装潢识别商品来源的作用是依托于商标而实现的观点显然是错误的,其试图将“王老吉”商标扩大保护至知名商品特有包装装潢，缺乏法律依据。（2）广药集团起诉状中主张其是涉案知名商品权利人的事实和理由及其所附证据，均围绕广药集团为"王老吉"商标权人的事实，与本案知名商品特有装潢权无直接关联性。5. 由加多宝公司继续享有涉案知名商品特有包装装潢权不会对广药集团行使其"王老吉"商标权造成任何不良影响，亦不会使相关公众产生混淆及误认；相反，如果将涉案知名商品的相关权利判归广药集团，则不仅使广药集团、大健康公司不合理的攫取相应商业利益，而且会造成消费者的认知混乱，严重扰乱正常的市场竞争秩序。（1）涉案知名商品红罐凉茶的配方从前及以后均由王泽邦后人授予加多宝公司使用，涉案知名商品也仍由加多宝公司继续生产，符合广东省佛山市中级人民法院（2003）佛中法民三初字第19号民事判决（以下简称"佛山中院第19号判决"）中知名商品特有包装装潢权随知名商品而继受的认定。（2）由于加多宝公司生产的红罐凉茶和广药集团委托生产的绿盒凉茶已在市场上并存多年，各自特有的包装、装潢是消费者区分二者的显著标记，继续沿用这一区别方式，有利于各自开展经营，也避免发生消费者混淆和误认的可能。（3）如果判令广药集团、大健康公司可以使用涉案商品的红罐包装装潢，实际上是人为地强硬地摧毁消费者已经根深蒂固的认知习惯，不仅是对市场交易主体的不公平，而且是对消费者的漠视和欺骗。（4）广药集团及大健康公司在涉案红罐凉茶成为知名商品的过程中，没有做出任何贡献，没有付出任何成本，由鸿道集团及加多宝公司享有涉案知名商品的相关权利不会对广药集团造成任何经济损失和不良影响；相反，鸿道集团和加多宝公司在涉案知名商品的经营管理中付出无法估量的人力财力物力，如果判决无法继续使用该知名商品的特有包装装潢，则鸿道集团和加多宝公司的上述努力将付诸东流，蒙受无法挽回的巨额损失。（二）广药集团主张的损害赔偿及诉讼支出合理费用缺乏事实及法律依据。广药集团并未证明其因加多宝公司使用自有知名商品包装装潢而遭受任何损失，实际上，广药集团在涉案红罐凉茶成为知名商品的过程中，没有做出任何贡献，没有付出任何成本，当然无法提供证据证明其所谓的损失。1. 广药集团主张以所谓的网站登载200亿元销售额及饮料行业的利润率7.3%计算损害赔偿缺乏依据。广药集团提供证据24以证明加多宝公司2012年销售额超过200亿元，但是该证据显示的网站并无证据直接指向为加多宝公司网站，这个数据也不能确定与加多宝公司的销售额直接相关，另外，这一数据是否是已经扣除经营支出等费用的销售净额尚不可知，因此不能仅以该网站中提及的数据作为计算赔偿数额的依据。广药集团另提供证据25证明饮料行业的利润率7.3%，并主张以此利润率计算索赔，显然是缺乏依据的。该利润率数据即使真实也是针对所有饮料的，考虑到不同的饮料产品原料成本不同、生产工艺和销售渠道都有差别，因此，不能直接适用于涉案凉茶产品。广药集团针对加多宝公司在同样的期间内生产的同一产品依据同样的事实提起多个诉讼，分别为侵害商标权诉讼、虚假宣传诉讼，在多个案件中广药集团均主张以加多宝公司同一时间段的同一产品的利润作为计算赔偿的依据，属于重复主张赔偿，不应获得支持。2.广药集团请求判令加多宝公司在中央电视台、各省级电视台、省级以上报刊及其官网上连续6个月公开发布声明，澄清事实，消除不良影响。但是，广药集团已经撤销了本案中虚假宣传诉讼的理由和请求，并早已另案起诉，在该案中也提出了与此类似的请求，依据的具体事实及理由亦与本案密切相关，因此，该项请求属重复请求，应另案解决。另外，广药集团并没有提供任何证据证明加多宝公司曾经在上述媒体上发表过时长多久的有关广告，更未提供证据证明加多宝公司生产涉案商品的行为给广药集团带来何种不良影响，以致亟需澄清事实、消除影响。故广药集团的该项请求应当予以驳回。3.广药集团请求判令加多宝公司赔偿其合理维权费用100万元不应获得支持。广药集团提供了大量的律师费、公证费、调研费发票，但没有提供证据证明这些费用是为本案所支付。另外，其中大部分款项的付款主体为大健康公司，并非本案原告广药集团，因此与本案无关联性，不能计入诉讼支出；同时其提供的发票数额与其诉讼请求不符。因此，广药集团的该项诉讼请求应予驳回。综上，请求贵院依法驳回广药集团的诉讼请求，维护加多宝公司的合法权利。

（双方证据及法院对证据的认定与1号案基本相同的部分，此处省略）

综合双方当事人的质证意见，本院对广药集团提供的证据认定如下：

本院于2013年2月5日立案受理本案，通知当事人于2013年4月15日进行证据交换，当日，广药集团向本院提交了《增加、变更诉讼请求申请书》，变更了诉讼请求，加多宝公司以此为由，向本院申请给予答辩期间及反驳证据举证期间，本院予以准许。2013年5月6日，本院收到加多宝公司邮寄的补充证据，5月8日本院进行了质证，5月15日开庭时，广药集团补充提交了证据27—39。本院认为，因本案案情复杂，当事人在本院指定的证据交换日期前收集并提交全部证据确实存在一定的困难，而且加多宝公司在第二次质证前两天才向本院提交补充证据，因此，应给予广药集团相应的时间提交证据，广药集团在开庭审理时补充提交证据应予准许。

（本院经审理查明的内容与1号案基本相同的内容在此省略）

（九）广药集团要求加多宝公司赔偿经济损失的依据

加多宝官方活动网站有一篇发布日期为2013年3月23日的《中国行业企业信息发布中心权威发布：10罐凉茶8罐加多宝》的报道，称：由中国行业企业信息发布中心举办的"第十七届全国市场销量领先品牌信息发布会"在京隆重举行，加多宝获得"2012年度全国罐装饮料市场销量第一"的称号。此次信息发布会公布的相关数据显示加多宝罐装凉茶市场占有率远超80%，再次印证"10罐凉茶，7罐加多宝"的言之凿凿。"加多宝凉茶持续六年的畅销，销售额呈现爆炸式增长，公开资料显示2012年销量超过200亿元，加多宝凭借王泽邦后人独家授权的正宗配方，不断创造着凉茶行业奇迹，其凉茶领导者地位稳如泰山。"

中国产业经济信息网有一篇发布时间为2013年1月22日的《2012年全国饮料行业逆势上涨，同比上年增长10%》的报道，称："2012年全国饮料行业逆势上涨，同比上年增长10%，其中凉茶行业市场增幅超过30%，远高于行业平均水平。""饮料市场占有率差异明显，凉茶市场前四强占比最高。这意味着凉茶市场份额高度集中：加多宝占比73%、王老吉占比8.9%、和其正占比4.3%、宝庆堂占比0.5%，这四家企业的销售量占行业总销量的86.7%。""1—9月累计，规模以上饮料企业实现利润257.6亿元，同比增长10.6%，增速较上年同期回落15.9个百分点，明显好于同期全部规模以上工业企业实现利润下降1.8%的水平。1—9月饮料行业利润率水平（利润占主营业务收入比重）为7.3%，高于规模以上工业5.4%的平均水平。"

广药集团在向广东省广州市中级人民法院提起诉讼时，同时申请证据保全，请求对加多宝公司的财务账册、纳税报表、仓库进出记录及库存侵权产品进行查封，核实加多宝公司从2012年5月10日至今的生产和销售"红罐加多宝"产品数量。广州市中级人民法院于2012年8月15日依法复制了加多宝公司《增值税纳税申报表》（2012年5月1日至7月31日）、《电子缴税凭证》（2012年4月1日至6月30日）、《产品入库明细表》（2012年5月14日至7月31日）及《产品说明》。2013年4月12日，广药集团又向本院提出申请，要求对加多宝公司自 2012 年 8 月 1 日至今能够反映被诉侵权的红罐"加多宝"凉茶产品数量的财务账册、出仓单、税单等证据采取扣押、封存或者复制的保全措施，以及向东莞市地方税务局调取加多宝公司自 2012 年 8 月 1 日起至今的纳税凭证。本院于 2013 年 4 月 26 日对加多宝公司进行了证据保全，依法复制了加多宝公司《产品入库明细表》（2012 年 8 月至 2013 年 3 月）、《产品销售出库明细表》（2012 年 8 月至 2013 年 3 月）、《增值税纳税申报表》（2012 年 8 月至 2013 年 3 月）、《企业所得税完税证明》（2012 年第二、三、四季度、2013 年第一季度）。

广药集团向本院申请，请求对加多宝公司 2012 年 5 月 10 日至年 3 月 31 日的财务账册等会计资料进行审计，审计该公司在此期间分别所生产、销售的一边为"王老吉"、一边为"加多宝"的红罐凉茶、两边均为"加多宝"的红罐凉茶的数量、利润。2013 年 5 月 16 日，在双方当事人派出代表到场监督下，本院通过公开摇珠的方式，确定由大信会计师事务所（特殊普通合伙人）广东分所进行审计，该分所于 2013 年 8 月 19 日作出粤大信专审字〔2013〕第 11019 号《专项审计报告》，结论为：加多宝公司在 2012 年 5 月 10 日至 2013 年 3 月 31 日期间红罐凉茶产、销量及利润数据如下：1. 生产红罐凉茶 1139560331 罐；2. 销售红罐凉茶 1107818863 罐；3. 销售毛利：940967603.38 元；4. 利润总额：42719811.54 元；5. 净利润（税后利润）：32039858.65 元。加多宝公司在此期间用于非销售及出口销售情况：1. 产品非销售出库情况。加多宝公司在审计期间红罐凉茶非销售出库 7426358 罐，占产品出库总量的 0.67%。其中：用做员工福利 6349453 罐；公关用品、报废等 1076905 罐，加多宝公司解释，由于生产过程中产生的次品、散罐和因市场变化改版不能上市销售，因而作上述处理。2. 产品出口销售（关联交易）情况。加多宝公司在审计期间红罐凉茶对母公司（鸿道集团）出口销售 8825328 罐，占产品销售总量的 0.79%。出口单价 1.78 元/罐，出口销售收入 15705411.79 元，相对内销平均售价 2.22 元/罐，少 0.44 元/罐，合计比内销少收入 3883144.32 元，加多宝公司解释，考虑市场拓展费用承担问题，境外销售的推广由母公司负责，故单价存在一定差异。

广药集团提供了以下证据证明其所支付的合理维权费用：1. 广东省广州市广州公证处于 2012 年 7 月 23 日出具的、号码为 10081065《发票》，记载收取广药集团公证费 2000 元、副本费 240 元。2. 广东省广州市广州公证处于 2012 年 7 月

30 日出具的、号码为 10076177《发票》，记载收取广药集团公证费 6000 元、副本费 180 元。3. 广东省广州市广州公证处于 2012 年 9 月 12 日出具的、号码为 10106981《发票》，记载收取广药集团公证费 2000 元。4. 北京市金杜律师事务所于 2012 年 11 月出具的、号码为 03552640《北京增值税普通发票》，记载收取广药集团法律咨询费价税合计 10 万元。5. 广东明境律师事务所于 2013 年 1 月 7 日出具的、号码为 02577653《发票》，记载收取广药集团咨询服务费 95000 元。6. 广东明境律师事务所于 2013 年 1 月 7 日出具的、号码为 02577654《发票》，记载收取广药集团咨询服务费 95000 元。7. 北京市金杜（广州）律师事务所于 2013 年 4 月 12 日出具的、号码为 09030690《广东增值税专用发票》，记载收取大健康公司律师费价税合计 69000 元。8. 北京市金杜（广州）律师事务所于 2013 年 4 月 12 日出具的、号码为 09030691《广东增值税专用发票》，记载收取大健康公司律师费价税合计 69000 元。9. 北京市金杜（广州）律师事务所于 2013 年 4 月 12 日出具的、号码为 09030692《广东增值税专用发票》，记载收取大健康公司律师费价税合计 92000 元。10. 广东赛立信市场研究有限公司于 2013 年 1 月 31 日出具的、号码为 00927495《发票》，记载收取大健康公司调研费 20000 元。11. 广东赛立信市场研究有限公司于 2013 年 1 月 31 日出具的、号码为 07319848《发票》，记载收取大健康公司调研费 20000 元。12. 广东赛立信市场研究有限公司于 2013 年 1 月 31 日出具的、号码为 07257677《发票》，记载收取大健康公司调研费 20000 元。13. 广东赛立信市场研究有限公司于 2013 年 1 月 31 日出具的、号码为 02180310《发票》，记载收取大健康公司调研费 12981 元。14. 广东赛立信市场研究有限公司于 2013 年 3 月 1 日出具的、号码为 03169398《发票》，记载收取大健康公司调研费 50000 元。15. 广东赛立信市场研究有限公司于 2013 年 3 月 1 日出具的、号码为 03652757《发票》，记载收取大健康公司调研费 22981 元。以上费用合计公证费 10420 元、律师费 520000 元、调研费 145962 元。

本院认为：

（与 1 号案基本相同的内容在此省略）

（三）关于加多宝公司生产、销售一边标注"王老吉"、一边标注"加多宝"的红罐凉茶以及两边均标注"加多宝"的红罐凉茶所使用的包装装潢是否构成不正当竞争的问题

《中华人民共和国反不正当竞争法》第五条第（二）项规定将"造成和他人的知名商品相混淆，使购买者误认为是该知名商品"规定为此类不正当竞争行为的构成要件之一。《最高人民法院关于审理不正当竞争民事案件应用法律若干问题的解释》第四条规定：足以使相关公众对商品的来源产生误认，包括误认为与知名商品的经营者具有许可使用、关联企业关系等特定联系的，应当认定为反不正当竞争法第五条第（二）项规定的"造成和他人的知名商品相混淆，使购买者误认为是该知名商品"。在相同商品上使用相同或者视觉上基本无差别的商品名称、包装、装潢，应当视为足以造成和他人知名商品相混淆。认定与知名商品特有名称、包装、装潢相同或者近似，可以参照商标相同或者近似的判断原则和方法。因此，认定包装装潢相同或者近似，应当按以下原则进行：1. 以相关公众的一般注意力为标准；2. 既要进行对包装装潢的整体比对，又要进行对包装装潢主要部分的比对，比对应当在比对对象隔离的状态下分别进行；3. 判断包装装潢是否近似，应当考虑请求保护包装装潢的显著性和知名度。

知名商品特有包装装潢的权利人享有排除他人使用，维护其正当竞争利益的权利。本案中，正如前面所述，涉案知名商品特有包装装潢权属于广药集团，不属于鸿道集团或者加多宝公司，因此，广药集团有权排除他人使用与涉案知名商品特有包装装潢相同或者近似的包装装潢。广药集团认为加多宝公司从 2011 年11 月或者 12 月起开始生产一边标注"王老吉"、一边标注"加多宝"的红罐凉茶、从 2012 年 6 月开始生产两边均标注"加多宝"的红罐凉茶侵犯了其涉案知名商品特有包装装潢权。将该两款被控侵权产品与广药集团王老吉红罐凉茶的包装装潢按照上述比对原则分别进行比对，两者均是采用红色为底色，主视图中心是突出、引人注目的三个竖排黄色装饰的楷书大字，两者的主要区别在于被控侵权产品将王老吉红罐凉茶包装装潢中两边竖排的、黄色的"王老吉"三个大字的一边改为"加多宝"、另一边仍保留"王老吉"三个大字，或者两边均改为"加多宝"三个大字。从整体上看，被控侵权产品与王老吉红罐凉茶包装装潢的各种构成要素，包括文字、色彩、图案及其排列组合，在整体视觉效果上无实质性差异，足以使相关公众对商品的来源产生误认，包括误认为加多宝公司与广药集团之间具有许可使用、关联企业关系等特定联系的，故应认定两者属于相近似的包装装潢。

加多宝公司未经广药集团许可，在同类商品上擅自使用与广药集团涉案知名商品特有包装装潢相近似的包装装潢，不正当地挤占了广药集团的市场份额，侵害了广药集团的合法权利，损害了消费者的利益，构成不正当竞争。因此，广药集团要求判令加多宝公司立即停止使用、生产、销售与涉案知名商品王老吉红罐凉茶特有包装装潢相近似的包装装潢、销毁库存侵权产品，停止使用并移除或销毁所有载有被控侵权产品的广告（包括但不限于电视广告、视频广告和平面媒体广告）以及各种介绍、宣传材料等，有充分的事实和法律依据，本院予以支持。

关于广药集团请求判令加多宝公司有关经济损失的问题，《中华人民共和国反不正当竞争法》第二十条第一款规定："经营者违反本法规定，给被侵害的经营者造成损害的，应当承担损害赔偿责任，被侵害的经营者的损失难以计算的，赔偿额为侵权人在侵权期间因侵权所获得的利润；并应当承担被侵害的经营者因调查该经营者侵害其合法权益的不正当竞争行为所支付的合理费用。"《最高人民法院关于审理不正当竞争民事案件应用法律若干问题的解释》第十七条规定，对于擅自使用知名商品特有包装装潢不正当竞争行为的损害赔偿额的确定，可以参照确定侵犯注册商标专用权的损害赔偿额的方法进行。广药集团认为加多宝公司从 2011 年 11 月或者 12 月起开始生产、销售一边标注"王老吉"、一边标注"加多宝"的红罐凉茶，从 2012 年 5 月 10 日开始生产、销售两边均标注"加多宝"的红罐凉茶，因加多宝公司对广药集团的上述主张没有否认，而广药集团不能证明加多宝公司是从 2011 年 11 月开始还是从 12 月开始生产被诉侵权产品，因此从有利于被告的原则出发，应从 2011 年 12 月开始计算加多宝公司的侵权时间。

广药集团认为，根据加多宝官方活动网站 2013 年 3 月 23 日发布的《中国行业企业信息发布中心权威发布：10 罐凉茶 8 罐加多宝》的报道，可知加多宝公司 2012 年销量超过 200 亿元，而根据中国产业经济信息网 2013 年 1 月 22 日发布的《2012 年全国饮料行业逆势上涨，同比上年增长 10%》的报道，可知饮料行业的利润率为 7.3%，因此广药集团仅请求判令加多宝公司赔偿经济损失 1.5 亿元，是合理的。本院对此认为，上述加多宝官方网站并无证据直接指向为加多宝公司网站，这个数据也不能确定就是加多宝公司本身 2012 年的销售额还是加多宝公司及其各关联公司 2012 年的销售额；至于中国产业经济信息网关于饮料行业利润率为 7.3% 的报道，即使该利润率数据是真实的，但也是针对所有饮料行业，不能直接适用于涉案凉茶产品，同时需要有加多宝公司的销售量才能计算其获利情况。因此，不能仅以上述加多宝官方网站中提及的2012年销售数据以及中国产业经济信息网所公布的饮料行业利润率的数据作为本案计算加多宝公司赔偿数额的依据。

广药集团为了证明加多宝公司侵权获利情况，向本院申请对加多宝公司2012年5月10日至2013年3月31日的财务账册等会计资料进行审计，审计该公司在此期间分别所生产、销售的一边为"王老吉"、一边为"加多宝"的红罐凉茶、两边均为"加多宝"的红罐凉茶的数量、利润。根据大信会计师事务所（特殊普通合伙人）广东分所作出的《专项审计报告》，加多宝公司在此期间销售红罐凉茶获得的净利润（税后利润）为32039858.65元，对母公司（鸿道集团）出口销售收入15705411.79元，两项共计47745270.44元，该数额应为加多宝公司在此期间生产、销售侵权产品所获得的利益。该数额按11个月计算，每月为4340479.13元。因双方当事人均没有提供证据证明加多宝公司在2011年12月至2012年5月10日期间以及从2013年4月1日起至今期间生产、销售侵权产品所获得的利益，因此，本院参照前述审计期间加多宝公司每月获得的利益来计算该两段时间加多宝公司的获利情况，该两段时间计算至2014年10月31日止共24个月，计4340479.13元×24个月=104171499.12元，故从2011年12月计至2014年10月31日止加多宝公司的获利为47745270.44元+104171499.12元=151916769.24元。而本案中，广药集团只请求判令加多宝公司赔偿自2011年12月起至本案终审判决作出前给广药集团造成的经济损失1.5亿元，因该请求赔偿的数额在加多宝公司获利的幅度范围内，故本院对广药集团在本案中请求加多宝公司赔偿1.5亿元的诉讼请求予以支持。

广药集团请求判令加多宝公司赔偿其为制止侵权行为所支付的合理维权费用100万元，并提供了有发票证明的公证费10420元、律师费520000元、调研费145962元。但是，广药集团系作为原告提起本案诉讼，而其全资子公司大健康公司则作为本院（2013）粤高法民三初字第1号案的被告参加诉讼，不管作为原告的广药集团还是作为被告的大健康公司，其提供的证据基本相同，委托参加诉讼的代理人也有部分相同，因此，有关公证费、律师费应在该两案中作适当的分担。至于广药集团委托赛立信公司所进行的调查分析，是广药集团的单方行为，而且该证据只是作为认定本案事实的参考依据，并不是本案必要的证据，因此，由此所产生的相关费用支出，应由委托人广药集团自行负担，不应由加多宝公司负担。综上，本院综合考虑本案的实际情况，认定加多宝公司应赔偿广药集团为制止侵权行为所支付的合理费用 265210 元。

加多宝公司大规模地、持续地侵害广药集团涉案知名商品特有包装装潢权，不仅给广药集团造成了严重的经济损失，还给广药集团的企业商誉和产品声誉造成了严重的不良影响，因此广药集团请求判令加多宝公司在有关电视台、报刊及官网上公开发布声明，澄清事实，消除不良影响，该诉讼请求有事实和法律依据，本院予以支持。考虑到本案的实际情况，本院认为加多宝公司在《南方日报》第一版、《广州日报》第一版、人民网首页上连续七天公开发布声明即可。

综上所述，经本院审判委员会讨论，依照《中华人民共和国民法通则》第一百三十四条，《中华人民共和国反不正当竞争法》第五条第（二）项、第二十条第一款，《最高人民法院关于审理不正当竞争民事案件应用法律若干问题的解释》第一条第一款、第二条、第四条、第十七条第一款，《中华人民共和国民事诉讼法》第一百四十二条的规定，判决如下：

一、被告广东加多宝饮料食品有限公司于本判决生效之日起立即停止使用与涉案知名商品王老吉红罐凉茶特有包装装潢相同或者相近似的包装装潢；立即停止生产、销售与涉案知名商品王老吉红罐凉茶特有包装装潢相同或者相近似的包装装潢的产品；立即销毁与涉案知名商品王老吉红罐凉茶特有包装装潢相同或者相近似包装装潢的库存侵权产品；立即停止使用并移除或销毁所有载有被控侵权产品的广告（包括但不限于电视广告、视频广告和平面媒体广告）以及各种介绍、宣传材料等。

二、被告广东加多宝饮料食品有限公司于本判决生效之日起七日内赔偿原告广州医药集团有限公司的经济损失 1.5 亿元以及合理维权费用 265210 元。

三、被告广东加多宝饮料食品有限公司于本判决生效之日起七日内连续七天在《南方日报》第一版、《广州日报》第一版、网址为 www.people.com.cn 人民网首页上刊登声明，向原告广州医药集团有限公司公开消除影响（声明内容由本院审定）。如果被告广东加多宝饮料食品有限公司未能按期履行该判决主文，本院将本判决全部判项主文刊载在上述媒体上，有关费用由被告广东加多宝饮料食品有限公司承担。

四、驳回原告广州医药集团有限公司的其他诉讼请求。

本案一审案件受理费 796800 元，证据保全费 30 元，审计费 420000 元，均由被告广东加多宝饮料食品有限公司承担。上述费用均已由原告广州医药集团有限公司预交，本院退回原告广州医药集团有限公司一审案件受理费796800元，被告广东加多宝饮料食品有限公司应于本判决发生法律效力之日起七日内向本院交纳一审案件受理费796800元，向原告广州医药集团有限公司支付证据保全费30元、审计费420000元。

如果未按本判决指定的期间履行给付金钱义务，应当依照《中华人民共和国民事诉讼法》第二百五十三条之规定，加倍支付迟延履行期间的债务利息。

如不服本判决，可在判决书送达之日起十五日内，向本院递交上诉状，并按对方当事人的人数提出副本，上诉于最高人民法院。

审　判　长　陈国进

审　判　员　邓燕辉

代理审判员　肖海棠

（广东省高级人民法院公章）

二〇一四年十二月十二日

本件与原本核对无异

书　记　员　张胤岩

黄慧懿

后 记

　　作为制造业大国的中国正在积极推进由"中国制造"向"中国智造"转变的进程，大量知识产权纠纷随之而生。一项智力成果可能起到关乎企业发展前景甚至存亡的重要作用，同时也凝聚了成果创造人的智慧结晶，更涉及社会各个方面的公众利益，因而知识产权纠纷已越来越得到企业经营者及社会公众的广泛和高度关注。

　　信睿自2006年成立以来的10年间，专注承办知识产权案件，代理了多起具有重大影响力的案件，在业界具有相当的知名度，得到客户的高度认可。自2013年开始承办该案以来，我们对《反不正当竞争法》的基础理论以及商品包装装潢保护制度产生一些新的思考。恰逢目前国家正在对《反不正当竞争法》进行全面修订，我们也时刻保持着与时俱进的时代精神，在学无止境的道路上继续对反不正当竞争、知识产权法进行深入学习研究和探索。故无论该案最终结果如何，我们都希望能够将此间形成的理论研讨、法律分析意见和办案心得体会等与大家分享，以便于有兴趣的公众能够了解这类案件所涉及的法律问题，为面临同类案件的企业提供应对思路的参考，同时激励年轻律师将做研究的严谨态度贯彻到律师代理实务中，并于实践中提高理论水平，学以致用，更好地服务社会。

　　围绕该案相关法律问题，信睿团队多次与加多宝公司和合作律师团队进行研究讨论，集思广益，开拓思路，通过多角度换位思考等方式，加深了对问题的理解，并建立了和谐友好的合作模式，借此机会对参与本案代理的德君律师事务所刘平律师团队和中国人民大学姚欢庆教授，为本案诉讼提供支持的众明律师事务所团队和加多宝公司法务部的协力配合，表示真挚谢意。

　　未来我们将延续这一很好的学习与工作模式，以代理的实务案例引导理论学习研究，并计划将研究成果与办案心得编纂为系列丛书，陆续与大家分享。

编者

2016 年 4 月

北京市信睿律师事务所简介

北京市信睿律师事务所成立于 2006 年，秉承"积信德以成誉于天下，纳睿士而专心于智本"之所训，构建了一支专业、德馨、博学、务实的中青年精英律师团队。

信睿以知识产权专业性法律服务为核心优势，为国内国际企业及自然人客户提供了金融、证券、投资、公司治理、税务、贸易、房地产、劳动争议、刑事诉讼、行政纠纷及仲裁等方面的科学、规范、高效的法律服务。信睿承办的诸多案件或被评为全国年度大案要案，或在司法界具有里程碑意义，引起了所涉业界及社会公众的普遍关注和广泛影响。

信睿经典知产案例

◆ **加多宝集团各公司与广州医药集团有限公司知名商品特有包装装潢、商标侵权及虚假宣传不正当竞争系列纠纷（网称"加多宝"与"王老吉"之争）**

2013—2015 年度国内最受关注、最为公众熟知的"中国包装装潢第一案"，被列为中国十大最具研究价值知识产权裁判案例，引发全民关于"红罐之争"的讨论热潮，普及了公众反不正当竞争法领域的相关知识。

◆ **施耐德电气与正泰集团专利侵权纠纷**

"2009 年中国法院知识产权司法保护十大案件"，本案创下当时中国知识产权侵权案件最高标的额纪录，因当事双方分别为国内国际低压电器行业的龙头企业，引起了国内外的广泛关注。

◆ **陆道培与北京大学人民医院科技成果权纠纷**

本案因中国工程院院士、血液病学家、中国造血干细胞移植创始人陆道培教授创建的"HLA 配型不合的造血干细胞移植方案"而引发，该方案使我国造血干细胞移植的成功率居国际领先地位，信睿帮助陆道培院士有效维护了其科技成果权。

◆ **交互数字通信有限公司与华为技术有限公司标准必要专利使用费纠纷**

"中国标准必要专利第一案"，我国首例适用"FRAND"原则作为裁判依据审理的标准必要专利使用费诉讼，于国际上亦为前沿性新兴案件，具有开创性借鉴意义，也将直接影响国际国内通信领域的产业格局。

◆ **达能集团与娃哈哈集团商标使用许可合同纠纷**

全球食品业巨头之一达能集团与中国最大食品饮料生产企业娃哈哈集团针对合资以及商标使用许可合同所产生的纠纷引起了所在业界、法律界乃至中法两国政府的广泛关注，我所就其有关法律问题出具了专业详尽的论证意见。

◆ **台湾四维企业股份有限公司与美国艾利丹尼森公司侵害商业秘密纠纷**

本案涉及中国台湾和美国两大胶带生产巨头，历时十余年，先后在美国，中国的台湾、广东、江苏诉讼，其审理结果不仅直接影响世界胶带行业的发展格局，而且将开启商业秘密司法保护的新篇章。

◆ **广汽丰田汽车有限公司与深圳市赛格导航科技股份有限公司专利无效及侵权纠纷**

被国家知识产权局评为"2012年中国十大知识产权案件"，涉案双方在业界均享有举足轻重的显赫市场地位，一方为世界第一大汽车制造商丰田公司，另一方为卫星导航汽车在线服务行业领军企业赛格公司，立案伊始即备受瞩目，涉案专利对于车载互动导航技术在行业内的应用具有深远意义。

主要客户名录